Practice of
Convertible Bond Investment

可转债
投资实战

张继强 殷超 张劲文 ◎著

机械工业出版社
CHINA MACHINE PRESS

本书是由资深固收研究专家编写的有关 A 股转债的投资指南，旨在为投资者提供 A 股转债的研判框架与操作策略。本书从基础概念入手，讲解了可转债的起源、发展和市场结构，以及条款博弈等其独有特性。同时，结合大量数据和真实案例，深入探讨了可转债估值、择券技巧，并梳理了历史上被验证有效的成功经验和需要明确规避的潜在风险。此外，本书还涵盖了当下可转债市场的主要监管体系，以及对相关政策和交易规则的解读，确保读者了解可转债市场运行的基本逻辑。本书适合不同水平的读者，无论是新手还是专业人士，都能从中获得有关可转债投资的宝贵经验，建立简洁、有力、高效的可转债分析框架。

图书在版编目（CIP）数据

可转债投资实战 / 张继强，殷超，张劲文著 .
北京：机械工业出版社，2024. 8. -- ISBN 978-7-111-76015-3

Ⅰ. F830.91

中国国家版本馆 CIP 数据核字第 2024YD2713 号

机械工业出版社（北京市百万庄大街22号　邮政编码100037）
策划编辑：张竞余　　　　　责任编辑：张竞余　刘新艳
责任校对：王荣庆　牟丽英　责任印制：任维东
北京瑞禾彩色印刷有限公司印刷
2024 年 8 月第 1 版第 1 次印刷
170mm×230mm・17.25印张・250千字
标准书号：ISBN 978-7-111-76015-3
定价：89.00元

电话服务　　　　　　　　　　网络服务
客服电话：010-88361066　　　机 工 官 网：www.cmpbook.com
　　　　　010-88379833　　　机 工 官 博：weibo.com/cmp1952
　　　　　010-68326294　　　金 书 网：www.golden-book.com
封底无防伪标均为盗版　　机工教育服务网：www.cmpedu.com

FOREWORD
推荐序

我与作者之一的张继强先生相识于 2004 年，那时的他还是刚踏入卖方研究这个行业的有为青年，在团队里开始负责可转债研究。当时的可转债市场非常小众，关注度低，没有形成系统的分析框架。张继强先生在工作中很快崭露头角，展现出出类拔萃的分析能力，迅速在市场上确立了可转债研究的领军地位。我有幸与张继强先生在中金公司共事近十年，一起见证了中国的可转债市场从无到有、从小到大的跨越，如今可转债市场的规模已达到万亿元级别，是大类资产配置中不可或缺的重要品种，也是固收类基金获得超额回报的主要来源。当我得知张继强先生打算写一本关于如何投资可转债的书时，我感到由衷兴奋，张继强先生凭借在该领域近二十年的研究功力，回到"授之以渔"的初心，对金融市场的参与者以及热爱投资的各位朋友来说无疑是一个巨大的福音。

讲述可转债的书已不少，但这本书在我看来非常与众不同，体现在如下几个方面。

第一，提供了浅显易懂的估值分析框架。作为最复杂的金融衍生品之一，可转债兼具股性和债性，如果用复杂的数学模型来判断估值是否合理，可能会让很多人望而却步。张继强先生是理工科出身，建模能力自然不在话下，难能可贵的是，书中将重点放在了衡量股性和债性的最朴素的指标上，用转债气泡图这种简洁明了的方式来呈现可转债的性价比，这种分析框架更加清晰透彻，让每位读者都能一目了然。

第二，介绍了A股特有的可转债盈利模式，更接地气。可转债的魅力在于"进可攻、退可守"，但这并不意味着投资可转债就比投资别的资产更容易赚钱。网上有这么一个段子：以前投资股票的时候，只有下跌才会亏钱；后来学会了投资期货，上涨和下跌都会亏钱；现在学会了投资期权，价格不动也能亏钱。可转债作为一种衍生品工具，最重要的并不是通过量化模型精准定价来把握投资机会，而是结合A股的市场环境抓住可转债价格驱动的底层逻辑，灵活运用多种策略来获利。海外的可转债市场由于可以将债券和期权进行分离交易，参与主体以对冲基金为主，所以盈利的驱动来自波动率的变化，对定价模型的精准度要求较高。但A股市场中正股走势才是可转债回报的核心驱动因素，模型的指导作用并不大，甚至过度重视模型在有些时候会带来严重的误导。所谓"橘生淮北则为枳"，这本书针对牛市、熊市和震荡市都提供了明确的投资策略，并辅以案例分析，使得整本书更加务实，也具备了指导实战操作的价值。

第三，突出可转债投资不同于股票投资的特色，关键在于挖掘条款博弈机会，同时规避可能遇到的各种"陷阱"。好公司不代表好股票，好股票未必都能带来好可转债，可转债和正股最重要的差异细节体现在可转债条款上，而这又与发行人促转股的意愿和能力有关，从而导致"差公司，好转债"的效应。这本书借助经典案例，细致解读了可转债的条款，以及如何挖掘这些条款背后隐藏的投资机会。此外，这本书还特别列举了可转债投资中常见的五类"坑"，这些内容都是多年经验的总结，对于投资者避免常见错误、提高投资胜率大有裨益。通过阅读这些实战经验，读者犹如身临其境，从而拉平认知差距，并在未来具体操作中加以运用。

第四，对可转债市场过去二十年的发展进行了细致的复盘，让读者能够从可转债的角度对中国宏观环境的变化以及股债两大类资产的牛熊切换有更深刻的认识和理解。以史为鉴，学习历史才能洞察人性，金融市场似乎变化无常，但实际是有规律的，而这个规律性在于不变的人性。通过时间脉络的梳理，这本书用生动的文笔让读者体会过去二十年来可转债市场的起伏和演进。这本书呈现的不仅仅有可转债市场那些精彩的瞬间，还有张继强先生对中国宏观经济、股市和债市投资理念的深入思考。

投资是认知的变现，可转债市场更是如此，张继强先生将多年经验倾囊而出，不单单停留在科普介绍上，而且更注重实战方法和经验。如果你是一个初入市场的新手，我相信这本书能让你茅塞顿开，少走弯路；如果你是一个沙场老将，我相信这本书能让你变得更加优秀和睿智。

徐小庆
敦和资管首席经济学家

PREFACE
序 言

  短短二十年，可转债市场已经经历了几波起伏，但整体在不断壮大之中，可转债（又称转债）现在已经成为资本市场中不能忽视的证券品种。我从事可转债和固收研究近二十年，这两年突然萌生了写本书的念头。一方面，借此机会系统性地梳理自己的框架；另一方面，想与读者分享一些经验和心得。

  我们期待读者通过本书能得到如下收获：

  认识可转债。可转债品种的条款相对复杂，魅力在于兼顾股性和债性，具备"进可攻、退可守"的投资特性。可转债品种能兼顾各方利益，对投资者较为"友好"，具有天然的"纪律性"，在过去为投资者贡献了不少超额回报。

  弥补鸿沟。从业之后常会感慨教材与投研实操之间有巨大的鸿沟。教材中的可转债更多是概念、市场状况、估值模型的介绍。实操中，投资者当然对市场要有基本认识，但主要的关注点是如何获利，角度差异很大。本书要解决的就是如何快速获取实操经验，并将知识"落地"的问题。

  少走弯路。我在从业初期也走过一些弯路，比如当时将很多精力放在估值模型上。可转债投资需要有估值模型，但不要高估估值模型的重要性。A股转债市场的盈利模式是正股上涨驱动可转债上涨，不同于海外的对冲交易，对估值模型的依赖度不高。

  挖掘本质。把握好核心矛盾，会起到事半功倍的效果，可转债投研同样如此。比如，绝大多数发行人都是将可转债作为"间接的股权融资"，目前重点在于早日促成转股,这是我们理解可转债条款和促转股行为的核心和本质。

动态视角。我们建议动态地看待问题,从正股、估值等回报驱动力着手,投研思路将更为清晰。但与权益投资者不同,我们不仅仅关注发行人的促转股能力,还会兼顾促转股意愿和弹性。此外,在不同的股市环境中,投资者的操作思路也会不同。在牛市中,仓位和个券弹性更重要,震荡市中挖掘个券机会是主要任务。

注重细节。减少低级错误,可能就成功了一半。比如,可转债品种的条款相对复杂,这孕育了条款博弈机会,但也会暗藏赎回风险等。直觉上,好公司肯定也会是好可转债。但实际未必如此,可转债作为衍生品,条款和估值都不同于正股,这导致所谓"牛股"往往最伤人,业绩不好的公司未必是差可转债。

独到方法。随着可转债市场的大扩容,投资者进入注意力稀缺时代。如何快速了解市场全貌、有效筛选个券,是投资者面临的现实问题。我们推出的转债气泡图是较好的辅助工具,并在实践中不断应用和优化,我们在书中分享了相关方法和经验。

基于这些期待,我们将全书的章节安排如下:第一、二章,我们从基础知识和条款入手,介绍可转债市场的基本概念和条款博弈;第三章,我们探讨可转债估值问题,重点介绍如何理解和应用估值,为不影响阅读,我们将晦涩的模型介绍放在附录;第四章,详细介绍可转债操作策略,盈利模式是思考的起点,回报驱动力思维是关键;第五、六章讲解可转债操作策略的落脚点——择券,鲜有书对这部分有清晰、完整的剖析;第七、八章,我们通过历史复盘,将策略和择券方法代入其中,快速获得实战经验;第九章介绍了可转债防"坑"指南。

本书是笔者多年从业经验的总结,希望能起到"授之以渔"的作用,但由于学识、精力和篇幅限制,难免有疏漏之处。期待本书能让新手更快了解市场、获取经验,能让可转债老手有新的感悟。

张继强

CONTENTS
目 录

推荐序
序 言

第一章 从零起步认识可转债 /1

引言 /2
从基本概念讲起 /3
从两条支撑线理解可转债 /6
可转债的投资特性与共赢属性 /8
可转债市场中的"玩家" /12

第二章 解密可转债条款博弈 /17

引言 /17
回售条款：投资者的权利，发行人的硬约束 /18
转股价修正条款：条款博弈的核心，"推倒重来"的魅力 /19
赎回条款：国内外相差最小的附加条款 /21
条款博弈：参与各方"众生相" /23
条款博弈中的发行人动因和典型模式 /26

　　　　条款博弈的四次迭代　/ 33

　　　　条款博弈：两个误区与四个异常　/ 36

　　　　条款博弈：如何寻找机会？依托赔率，提高胜率　/ 38

第三章　可转债估值知多少　/ 40

　　　　为何要关注可转债估值　/ 41

　　　　如何衡量可转债估值　/ 43

　　　　实战中，我们是怎么做的　/ 47

　　　　哪些因素会影响可转债估值　/ 49

　　　　可转债估值的跟踪方法和历史轨迹　/ 53

　　　　可转债为何会表现出估值分化　/ 61

　　　　还有哪些细节需要了解　/ 65

　　　　实践中的几条经验之谈　/ 73

第四章　可转债操作策略　/ 80

　　　　可转债"友好"的投资属性　/ 80

　　　　可转债带有天然的纪律性　/ 81

　　　　"金牛债基靠转债"　/ 83

　　　　可转债投资常见的误区　/ 85

　　　　盈利模式才应该是思考的起点　/ 87

　　　　可转债回报的驱动力思维　/ 88

　　　　不同市场环境下的操作策略　/ 89

　　　　操作策略回溯与启示　/ 94

第五章　择券定成败：框架篇　/ 102

　　　　引言　/ 102

　　　　择券的基本框架和思维　/ 103

"识地利"：可转债择券要考虑产品特性 / 104

"知天时"：可转债择券要考虑市场环境 / 105

"求人和"：可转债择券需要多种思维 / 106

第六章　择券定成败：经验篇　/ 115

实战中的六类特殊可转债 / 116

可转债的价格边界 / 121

买入可转债的时点 / 122

卖出可转债的时点 / 124

可转债存续周期中的重要时点 / 125

第七章　可转债市场二十年复盘　/ 128

引言 / 128

回溯历史我们能发现什么 / 129

黄金时代（2002～2006年）/ 136

趋势为王（2007～2009年）/ 143

震荡行情（2010～2014年）/ 150

跌宕起伏（2015～2016年）/ 162

峥嵘岁月（2017年后）/ 167

第八章　可转债顶底识别指南　/ 177

引言 / 177

识"底"篇 / 178

鉴"底"篇：记忆中的底部 / 181

识"顶"篇 / 215

鉴"顶"篇：回首四次大顶 / 218

第九章 可转债防"坑"指南 / 227

可转债有哪些"坑" / 228
正股"坑" / 228
条款"坑" / 229
发行"坑" / 235
估值"坑" / 240
其他"坑" / 241

附录 / 242

附录 A 可转债信息哪里找 / 242
附录 B 可转债的法律法规 / 245
附录 C 可转债定价模型简介 / 255

CHAPTER 1
第一章

从零起步认识可转债

本章要点

- 可转债起源于1843年的美国，而后历经百年，在世界各地的资本市场都有长足发展。
- 可转债品种的魅力在于兼顾股性和债性，在国内市场还有条款博弈等独特之处。
- 可转债对投资者较为友好，源于其"进可攻、退可守"的投资特性，参与各方促成早日转股的诉求一致，是个典型的"赢家市场"。此外，可转债融资能够兼顾各方利益，往往被发行人视为间接的股权融资方式。
- 国内可转债市场由机构投资者主导的特征明显，其中，公募基金是重要的"玩家"和边际定价力量，银行理财、保险等通过直接投资或委外投资参与其中。

引言

被大众所熟知的股神巴菲特，一直以来都以价值投资闻名于世。巴菲特在权益市场成绩斐然，但也曾在某次股东大会上提出："我更喜欢大量买入可转债。因为它最能满足我的投资原则——不要赔钱。"尽管美股转债远没有 A 股转债的条款优厚，巴菲特还是会在股市低迷的阶段大量买入可转债，看中的正是可转债独特的投资属性。譬如巴菲特 2001 年投资 Level 公司发行的可转债、2008 年投资高盛发行的可转债等均获得丰厚回报。图 1-1 显示了美国可转债指数。

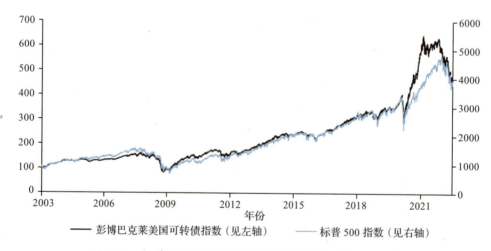

图 1-1 彭博巴克莱美国可转债指数和标普 500 指数

资料来源：Bloomberg。

可转债（Convertible Bonds）起源于美国，但早期规则、条款、理论模型的缺失，使得市场对可转债并不重视。1843 年，美国 Erie 铁路公司发行了历史上第一只可转债，早期的可转债没有繁杂的条款，且仅能按照债券的票面价格进行转股，因此在功能上与普通债券几乎无异。而后，其他一些工业企业仿照 Erie 公司发行可转债进行融资，但最后大多都以到期的方式退出历史舞台。事后来看，市场不规范、条款缺乏吸引力/保护性、没有科学的定价方法及理论模型（B-S 公式在 1973 年才正式问世）导致可转债市场发展缓慢。

多年之后，日本企业改善并创造性地设计了回售、转股价修正等条款，使得可转债不再仅仅是企业进行融资的一种手段，而渐渐成为二级市场中重要的投资品种。A 股转债最早出现在 1993 年，由宝安公司发行了中国第一只可转换债券。2001 年 4 月中国证券监督管理委员会（简称"证监会"）发布了《上市公司发行可转换公司债券实施办法》（简称《实施办法》），《实施办法》确定了可转债的基础要素，2006 年证监会发布的《上市公司证券发行管理办法》进一步规范了可转债的发行以及条款，中国可转债市场真正起步。2017 年，定增受到限制，债券进入低利率时代，信用债违约增加，可转债市场扩容迅速，至今存量已达万亿元级（见图 1-2）。

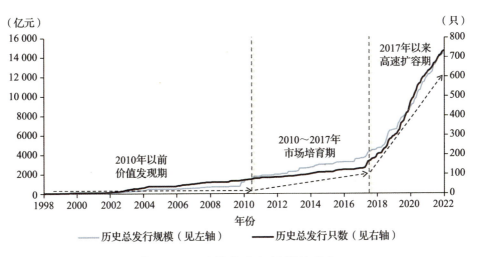

图 1-2　A 股转债发行规模的变化

资料来源：Wind。

从基本概念讲起

什么是可转债？简单说，可转债就是在一定条件下可以按约定比例转换成股票的债券。

可转债相比一般债券或股票，条款更为复杂。条款好比说明书，但其实从 2006 年《上市公司证券发行管理办法》发布之后，可转债条款已经模式化，差别不大。其中，基本条款和信用债差不多，也有规模、评级、存续期、票息。但很容易注意到，可转债票息都是递增的。A 股转债最早参考了日本的经验，但在日本这种条款也基本上绝迹了，A 股转债条款在世界上是独一无二的。票息递增的原因是什么？一方面，要保证一定的收益率水平，以吸引投资者；另一方面，前期票息低，实际支付的现金流少，中途如果成功转换成股票，发行人就不用付后面的票息了。

很多条款在《上市公司证券发行管理办法》中都有规定，比如，一般来讲存续期是 1~6 年，以前还有 3~5 年，现在大家统一为 6 年。为什么选择 6 年？如果发行了 1 年期的可转债，结果这一年股市行情不好，就没法转股。股市一般 3 年会赶上一轮大行情，期限定得长一点，能给发行人留下更多转股的空间。

有些条款是可转债独有的，比如可转债一般上市 6 个月之后才能进入转股期。为什么要设置转股期呢？我国香港市场的可转债就很少这样设置，第二天或者一个月后就可以转股。这是因为当年监管机构怕发行人把可转债作为定增替代品，所以规定 6 个月之后才能转股。此外，转股价不能低于发行前 20 个交易日正股的均值。为什么有这个条款呢？也是为了避免大家把可转债作为定增替代品，如果股价高于转股价，理论上投资者马上就可以转股了。

转股价调整条款（不是修正条款）的设计，是为了让可转债投资者也能享受权益投资者的权益。股票分红、转股或送股后，发行人都会对转股价进行调整，使得平价（转股价值）提高。

图 1-3 是可转债条款的典型示例，总体看来，A 股转债条款是比较优厚的。原因有以下几点：第一，发行人特别想促成转股，愿意提供优厚的转股条件。在海外市场发行的时候，转股价都是特别高的，但从 A 股转债发行人的角度来讲，他们尽量都会控制初始转股价格，初始转股价格都会很低，

贴近当前股价，总体来讲，和发行人促转股意愿有关系。第二，经历了长时间审批，这个时候对发行人来讲，尽量不要失误，发行成功是最重要的。第三，在发行过程中，大股东等通过优先配售能获得一、二级利差，所以也有设置优厚条款的意愿。

转债名称	大秦转债	正股名称	大秦铁路
债券代码	113044.SH	正股代码	601006.SH
发行规模	320亿元	正股行业	交运－铁路货运（动力煤）
主体/债项评级	AAA/AAA	担保人	无
存续期	6年	存续时间	始：2020年12月14日；终：2026年12月14日
票面利率	0.2%、0.5%、1.0%、1.8%、2.6%、3.0%	到期赎回价	108元（含最后一年利息）
转股价格	7.18元	平价	82.45元（2021年8月24日）
转股期	6个月	转股起始日	2021年6月18日
转股价调整条款	派送红股、转增股本、增发新股、配股以及派发现金股利等情况，将按公式进行转股价格的调整			
下修条款	存续期内，15/30，85%			
赎回条款	（1）到期赎回：期满后五个交易日内，按债券面值的108%（含最后一期利息）赎回 （2）提前赎回：转股期内，15/30，120%（含120%）；未转股余额不足3000万元			
回售条款	（1）有条件回售：最后两个计息年度，任何连续30日，股票收盘价低于转股价的70% （2）附加回售条款：当投资项目的实施情况出现重大变化，且证监会认定为改变募集资金用途			

图1-3 可转债条款的典型示例

资料来源：公司公告。

具体而言，条款中最特别的有三项，我们不妨在此多着一些笔墨：

首先是赎回条款。赎回条款是指股价超过转股价一定幅度并持续一定时间后，发行人就有权利以面值或者比面值多一点的价格赎回可转债。读者们有没有发现问题？第一，股价大涨才有可能达到这个条件；第二，这是发行人的权利，也就是发行人可以选择赎回或不赎回，投资者只能被动接受；第三，赎回价只是面值加上一点利息。触发赎回条款前，转股价值可能已经达到150元了，可转债价格这时肯定也不低（否则就有套利机会了），当然不能接受低价赎回了。那怎么办？投资者的选择是要么赶快转股，要么卖出可转债让别人去转股，总之最终的持有人得及时转股。其实赎回条款是发行人促成转股的方法，意思是告诉你赶快转成股票，不转发行人就要低价收回了。

在赎回公告中，一般会给一定的时间准备转股或卖出。后面我们提到可转债的买点和卖点时，就会涉及赎回条款的影响。当然，在实操当中，投资者一般都卖出可转债，让别人去转股。

其次是回售条款和下修条款，这两个条款为什么放在一块看呢？原因在于两者会互相牵制：股价跌到一定程度之后，发行人有权利提请董事会和股东大会审议转股价向下修正条款。比如，发行人把转股价从20元下修到10元。

为什么转股价修正条款要跟回售条款相结合呢？我国香港市场也有回售条款，但香港市场的回售条款一般是时点回售，比如第三年投资者有权利以一定的价格将可转债回售给发行人。A股转债不一样，股价跌破一定幅度之后，如果触发回售条款，投资者就有权利将可转债回售给公司。回售条款临近触发后，如果真的触发回售，意味着融资失败，甚至面临巨大的流动性冲击风险。所以为了避免回售，就要被迫选择修正转股价。比如现在转股价为20元，股价跌到10元，投资者肯定选择回售。但发行人把转股价修正到10元，就不符合回售条款了（股价低于转股价的70%），从而能避免被回售。

从两条支撑线理解可转债

仅仅停留在概念层面，大家可能还是没有太多感受，图1-4有利于理解可转债。

横轴是股价（或正股价格），纵轴是可转债价格。可转债价格有两条支撑线，一条支撑线是横的虚线，表示债底或纯债。可转债跟一般债券有相似之处，有票息，也有到期日，按照相似评级、期限的信用债利率折现，计算出来的价格就是债底。债底在很长时间都很稳定，一旦可转债跌到这个位置肯定有一个强支撑。所以债底是个强支撑，简单来说，大不了就将可转债当作普通债券。债底一般用于衡量可转债的安全边际。

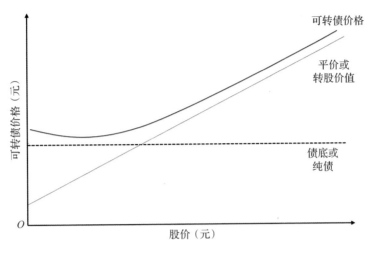

图 1-4　可转债价格与支撑线示意图

另一条支撑线是斜向上的线，表示转股价值，即如果将可转债转换成股票值多少钱。这里就涉及一个概念——转股价，转股价的意义其实在于测算转股比例。比如转股价是 5 元，这只可转债能转换成 20 股股票（100/5 = 20，100 元是面值），现在如果股价到 6 元了，一只可转债还是能转换成 20 股股票，再乘以股价 6 元，就转换成值 120 元的股票。

可转债价格要比斜线（平价）更高，一般不会更低，为什么？原因在于如果倒挂的话，可转债价格低于平价或转股价值，就有套利机会了。比如现在可转债价格是 110 元，购买可转债并转换成值 120 元的股票，那不就白白赚了 10 元吗？

可转债价格超出平价的幅度称为转股溢价率或平价溢价率。可转债价格超过平价的部分（斜线），理论上有各种说法，比如认为是时间价值。其实我们不需要那么学术的理解，投资者未必在当前转股，可以等未来正股表现更好时再转，可转债拿在手中还有债底保护，而转股以后债底就会消失。因此，投资者为了持有这份时间期权，就要付出相应的溢价，最终表现为可转债的平价溢价率。

可转债价格超过债底（或纯债）的幅度叫纯债溢价率，就是所谓的转股期权。为什么可转债价格要比纯债高？是因为和纯债比多了一个转股期权，如果正股上涨，转股价值就提升了，间接分享正股上涨的收益，纯债溢价率就是可转债持有者为此付出的溢价。

为什么可转债价格越高，其与平价越接近呢？因为正股越涨，可转债价格越高，债底的支撑微乎其微了，所谓的支撑作用显然也就越弱。比如可转债到了 200 元，估计跌 50% 才有债底支撑，对投资者而言，债底是多少已无所谓了。图 1-4 显示了可转债价格与支撑线的关系。

在正股上涨时，转股价值随之提升，可转债价格也会水涨船高，而相应的债底和条款支撑变弱，可转债特性也会越接近股票，这就是所谓的"进可攻"。但在正股下跌的时候，可转债由于有债底（其实还有条款支撑），跌幅一般比正股小，这就产生了"退可守"效应。显然，通过这两条支撑线，我们能更清晰地理解可转债"进可攻、退可守"的特性。

纯债价值、纯债溢价率、平价溢价率的计算公式如下：

$$纯债价值 = \sum_{i}^{T} \frac{CF_i}{(1+r)^i} \qquad (1\text{-}1)$$

其中，CF 表示当期现金流，T 表示可转债的剩余期限，r 表示折现率。

$$纯债溢价率 = \left(\frac{可转债价格}{当前债底} - 1\right) \times 100\% \qquad (1\text{-}2)$$

$$平价溢价率 = \frac{可转债价格 - 平价}{平价} \times 100\% \qquad (1\text{-}3)$$

可转债的投资特性与共赢属性

与其他资产比，可转债具备"进可攻、退可守"的投资特性。而商品和股票的涨跌都是无限的，理论上可以跌到 0，上涨空间可以很大。长期看，可转债指数相对于纯债和上证指数均表现出较好超额回报特征（如图 1-5 所示）。信用债上涨空间有限，持有到期最多就是拿到票息，但遭遇信用违约时跌幅很大。从投入产出比来看，信用债由于上、下行空间不对称，且流动性普遍不佳，事前风险防控要做得非常好，否则容易事倍功半。可转债下跌相对有限，债底保护较为坚实（迄今仍未出现可转债自身违约现象，历史上债底保护也曾是可转债整体上非常坚实的保护），还可以通过下修推倒重来；而上涨空间又可以很大，可能具备很好的弹性。从投资角度看，可转债具有优良的投资属性，但前提是可转债需要被合理估值。

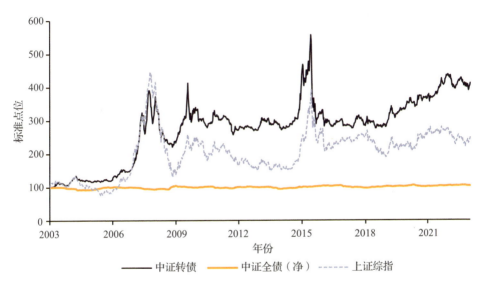

图1-5　长期看，可转债指数相对于纯债和上证指数均表现出较好超额回报特征
资料来源：Wind。

可转债还有天然的"反脆弱性"，有助于克服人性的弱点。投资者往往不具备信息完备性，也就是不能了解所有信息，更应该以弱者心态看待投资。所谓弱者心态是指即便不利的情形出现，也能立于不败之地或损失有限，这往往需要估值足够低，而可转债作为投资工具，其"进可攻、退可守"的投资属性恰恰就符合这一要求。可转债的产品特性已经帮助投资者天然做到了很好的风险控制。相比较而言，信用债需要做好事前排查、事中跟踪、事后处理。股票则更多的是通过仓位和投资纪律控制风险，遭遇超预期系统风险就应果断砍仓，通过较好的流动性规避更大的调整风险。

此外，可转债具有天然的"纪律性"，并为可转债投资者带来丰厚回报。有时我们发现，一些股基看起来过往净值表现很好，但投资者没有真正赚到多少。原因就在于，部分投资者是在大涨过程中逐步加仓的，股市上涨过程中仓位是倒挂金字塔型；一旦股市见顶回落，投资者将面临全仓下跌，底部仓位轻赚钱少、顶部仓位重亏损多。可转债市场很友好的一点就是，底部往往是投资者筹码最多的时候，投资者习惯在底部左侧埋伏。随着正股上涨，可转债逐步触及强赎线，可转债强赎又使得筹码逐步减少，事实上逼迫投资者适时止盈，涨时仓位重、跌时仓位轻，形成天然的纪律性。投资可转债时，产品特性和纪律性已经帮助投资者做了很多风险规避动作。图1-6总结了可转债的投资特性。

可转债的【不同之处】

- 【股票、商品】上涨和下跌空间均无限
- 【信用债】上涨空间有限，下跌空间无限
- 【可转债】上涨空间大，下跌空间小

可转债市场是一个赢家市场！

① "进可攻、退可守"的产品特性
   可转债存在债性和股性以及"进可攻、退可守"的产品特性……

② 利益诉求的一致性
   促转股是发行人、投资者的共同愿望，利益诉求存在一致性……

③ 持赢止损与天然的纪律性
   在有利的情况下放大收益，在不利的情况下控制回撤。赎回条款帮助投资者建立了天然的纪律性……

④ 事半功倍
   克服信息的不完备性，用产品的特性对抗市场的不确定性，拿得住、心不慌……

⑤ 赢家市场
   与信用债正好相反，可转债的产品特性是超额回报的重要来源。发行人与投资者利益一致，条款保护化解系统性风险……

⑥ 操作空间
   可转债特性决定了可转债的操作空间，借助条款设计克服人性的弱点。产品具有流动性和条款保护，价格连续，比信用债更适合博弈风险……

图 1-6　可转债是赢家市场

可转债投资者、发行人甚至和监管机构的目标存在一致性——早日转

股。一个市场是"赢家市场"还是"输家市场"取决于市场参与者之间的关系。如果参与各方均是竞争者,且其他参与者均有信息或分析优势,最后的输家可能就是自己了。但可转债市场参与各方不是竞争关系,利益一致性很强,核心就在于促转股的目标具有一致性。如图1-7所示,历史上,绝大多数可转债都以转股退市结束。对投资者而言,目标不要局限于波段操作等,那仅仅是赚了其他可转债投资者的钱,目标应该是赚股票投资者的钱,即将可转债成功转股。对发行人而言,可转债本就是间接的股权融资方式,促转股显然是第一要务,这才是可转债融资的终极目标;而对于监管机构,可转债不单是重要的再融资方式,对股市的冲击远低于直接股权融资,可转债最终实现转股也意味着正股出现了上涨。不难看出,可转债投资者与发行人、监管机构存在内在的目标一致性,相比权益等投资,博弈的色彩会弱化很多。

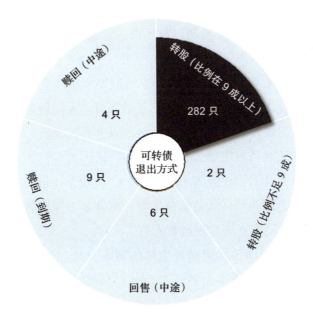

图1-7 A股转债9成以上能顺利转股

资料来源:Wind。

可转债市场中的"玩家"

为什么发行人想发可转债？从海外市场看，可转债融资具有优化资产负债表、不立即摊薄股权、扩宽需求群体、对信用资质影响小、财务约束低、信号作用正面等诸多优势。发行主体多为海外科技产业公司等，这些发行人很难在债券市场低价融资，但又不愿过度稀释股权，可转债成为最佳选择。A股市场可转债融资除继承海外市场的优势外，还有如下特点：

第一，可转债是间接的股权融资方式。在A股市场，股权融资的门槛很高，耗时长，发行难度在市场状况不佳的情况下也较大，很多上市公司将可转债作为替代方式，先以可转债方式融资，如能实现可转债转股，就实现了间接股权融资。

第二，可转债融资成功率较高，是较好的替代性融资方式。融资环境是可转债融资的重要推动力，当信用债和定增等其他融资工具受限时，可转债的替代效果增强。比如当利差走高时信用债融资成本增加，相比而言可转债的票息负担较轻而且有转股预期，对评级的容忍度高（机构入池标准放松，且A+评级的公司根本发不出信用债，但可以发行可转债）；2017年后，定增新规（《关于修改〈上市公司非公开发行股票实施细则〉的决定》）出台，可转债作为再融资工具的替代品，需求显著提升。A股转债条款整体较为优厚，需求群体更为多元，融资失败的案例在历史上极少。

第三，可转债融资可以最大化满足各方诉求。对发行人来说，可转债在不同时间转股可以延迟股权摊薄（相对定增），大股东也可以通过以面值优先配售并在上市后抛售获利。从监管角度看，可转债分阶段转股对股市的影响也显著小于定增，同时还能发展股权融资。

第四，可转债能满足特定融资主体的需求。比如银行转债发行后超过债底部分可以直接补充资本金，转股后可以全部补充核心一级资本，即使转股失败，融资成本也低于金融债。市场上的"转二代""转三代"越来越多，发行人对可转债融资轻车熟路之后，在下一次再融资中也愿意再次选择可转债。

需要特别强调的是，在多数发行人眼中，可转债是间接的股权融资方式，这是我们后续理解条款博弈等行为的关键。此外，可转债条款等较为复杂，发行人融资后的后续管理难度相对较大。

可转债市场有自己的生态环境，与股票、纯债、大宗等都有明显差异。如图1-8所示，一方面，可转债市场仍以债基等债券投资者为主，风险偏好度整体不高；另一方面，A股转债的盈利模式仍以正股价格上涨驱动可转债价格上涨为主，因此投资者的分析方法、操作思路更偏向权益。此外，可转债存在T+0、更宽松的涨跌幅限制等交易机制，使得散户与游资等机构更容易参与。可以说，可转债市场有自己独特的生态环境，不能简单地用债市或股市思维去类比。

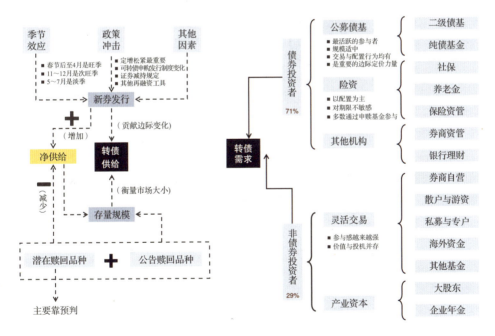

图1-8　可转债主要投资者和净供给示意图

可转债市场是个"聪明人"的市场。如图1-9所示，上海证券交易所（简称"上交所"）与深圳证券交易所（简称"深交所"）的官方数据显示，目前上交所可转债持仓中机构投资者占绝对主导地位。截至 2022 年 8 月以一般法人为代表的产业资本持仓占比约为 33%；传统的机构投资者（基金、保险等）持仓占比约为 44%，其中公募基金与保险机构分别约占 26% 与 5%，堪称市场上的最大参与者；而散户（自然人）约占 11%，与 A 股呈现较大反差。不难发现，可转债投资者群体的风险偏好度整体不高、散户比例较低，纯粹题材炒作没有群众基础，"聪明人市场"的特征可能比股市更明显。再加上 T+0 等交易制度的存在，可转债价格的出清速度往往比正股更快，也意味着这里的机会比股市更难挖掘。

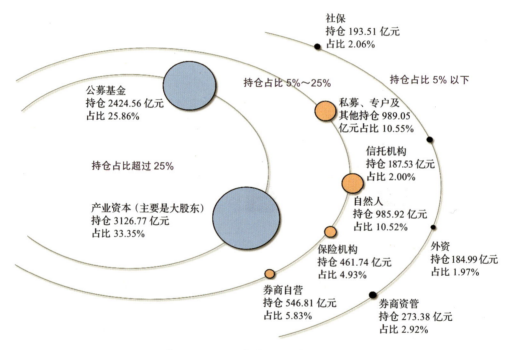

图 1-9 可转债市场投资者结构

资料来源：上海证券交易所，深圳证券交易所。

但由于 T+0 交易规则以及参与者越来越多等问题，近年来可转债市场经常出现短期定价权紊乱的现象，导致"不理性"因素明显增加。炒作个券等乱象背后的根源其实就是投资者（个人、私募等较为灵活的资金）利用

T+0 机制进行多次回转交易，再加上一部分中小品种流动筹码少、持仓比较集中，很容易被放大波动。2022 年 6 月 17 日上交所和深交所的可转债交易细则出台后，可转债也有了涨跌幅、异常波动的明确定义、大宗及二级市场大额买卖强制披露、个人投资者投资门槛提升，以往的炒作乱象逐渐退潮（详细可转债法规体系可参考附录）。

不同的投资者共同构成了可转债的二级市场。我们参考上交所和深交所的官方口径，并基于投资者的风险承受能力、收益目标等要素，将可转债投资者大致分为"私募、专户及其他""产业资本""保险机构""信托机构""券商自营""券商资管""公募基金""外资""社保""自然人"十类群体。但不同投资者的制度约束、品种偏好和操作习惯差异很大，这造就了 A 股转债市场的丰富生态。简单总结如下：

大股东持券比例高但交易行为不活跃，往往表现为只出不进，有着特殊的利益诉求，条款博弈时通常扮演着极为重要的角色。

公募基金是可转债市场中活跃且坚定的参与者，公募基金一般看重相对排名，参与可转债的主要目的是博取相对纯债的超额回报、间接参与权益市场、满足大类资产轮动的配置需要。在公募基金中，最"坚定"的需求群体又是可转债基金，其投资能力最强，配置也最为刚性，是可转债需求最关键的观察点。

险资一般是可转债市场中传统配置方，其参与可转债的方式主要是委外，直投比例较小。而险资考核机制与公募基金不同，虽然内部会兼顾相对与绝对排名，但实际上仍以绝对收益为核心诉求。因此，险资无论是直接参与还是间接参与，都更注重可转债的安全边际及可预见性，对时间不敏感。此外，由于资金规模庞大，保险资金一般对可操作性较为看重，不会频繁交易。在择券方面，险资偏爱规模大（容易满足仓位需求）、业绩明朗（有可预见性）、回报稳定（波动小）且到期收益率更高（安全边际较厚）的品种。

银行等机构未来潜力较大，主要诉求是借道可转债实现"固收+"策略，目前几乎全部是以委外方式参与。近两年由于非标减少，负债端压力仍大，加上可转债规模大幅扩容，可以预期银行理财很可能成为后市可转债市场最大的增量资金。

外资包含 QFII、RQFII 以及陆股通账户等，其中 QFII 是绝对主力。外资对估值和风险收益比比较敏感，操作限制不多，腾挪灵活，大多数机构的诉求是配置，少部分通过借券（Security Lending）对冲。与股市类似，可转债市场中的外资机构也相对偏好"白马"品种。

CHAPTER 2
第二章

解密可转债条款博弈

本章要点

- A 股转债一般都设置了三个特别条款，即回售、转股价修正和赎回条款。
- 条款博弈对可转债价格的影响取决于预期差，投资者参与博弈的关键在于依托赔率，尽可能提升胜率。

引言

一提到博弈，大家可能想到几个问题，与谁博弈？博弈什么？为何博弈？凭什么参与博弈？如何提高博弈的胜率？

A 股转债一般都设置了三个特别条款：回售条款、转股价修正条款和赎回条款。围绕着三个特别条款的博弈，我们称之为条款博弈，是 A 股转债市场的特色之一。其中，转股价修正条款往往是博弈的重点。

三个特别条款是什么？A 股转债的条款最早参考了日本市场，但又独具特色。经过多年实践，基本形成了标准模式。除银行和少数个例外（石化转债等），绝大多数 A 股转债品种都设置了回售和赎回条款，所有可转债都有转股价修正条款，其基本要素往往大同小异，多数遵从主流设置。

回售条款：投资者的权利，发行人的硬约束

回售条款是对投资者的保护性条款，一般包括所谓"条件回售"和"附加回售"。

主流的条件回售条款为："在本次可转债最后两个计息年度内，如果公司股票收盘价在任何连续三十个交易日低于当期转股价格的 70% 时，本次可转债持有人有权将其持有的本次可转债全部或部分以面值加上当期应计利息回售给公司。"（招路可转债发行公告）

为方便起见，我们一般习惯上将此回售条款的触发条件简记为"30，70%，面值 + 当期应计利息"，分别对应持续时间、幅度和回售价格。

需要注意的是：①回售往往在正股跌幅较大且已经进入回售期时才会触发；②回售是投资者的权利，是对其最直接的保护；③在回售期内投资者每年仅有一次机会选择是否执行。

在 2009 年之前，很多可转债的回售期和转股期相同，多数是发行的 6 个月开始，显然对投资者非常有利。但是 2009 年之后，可转债品种的稀缺性开始显现，开始转为卖方市场，条款对发行的约束开始显现，发行人开始逐步弱化对自身的条款约束，回售期的主流设置逐步变成到期前最后两年。对投资者的保护力度较之前有所降低，也就是我们平时所说的条款"弱化"。

具体而言，这种弱化主要表现在：①回售期后置，经常置于最后两年甚至一年才生效。②回售价格明显降低，不少个券回售价只有"面值加应计利息"，就算被回售，当作纯债融资发行人也不吃亏。而 2006 年之前华菱、招行等回售价格为 107 元、108 元的情况并不鲜见。③触发条件更加苛刻，现在多为股价连续低于转股价的 70%。①、③导致触发回售的难度在增大，

②则导致发行人铤而走险的成本降低。

其实，海外市场也经常设置回售条款，但往往是时点回售，比如发行后的第2、5年整，投资者可以选择将可转债回售给发行人，而回售价对应的回售收益率一般都不低，从而给投资者提供一定的保护和退出机制。

主流的附加回售条款大致为："若本次可转债募集资金运用的实施情况与公司在募集说明书中的承诺相比出现重大变化，且该变化被中国证监会认定为改变募集资金用途的，本次可转债持有人享有一次以面值加上当期应计利息的价格向公司回售其持有的部分或者全部本次可转债的权利。"

不难看出，附加回售和条件回售的不同主要在于：①触发条件与正股价格无关；②更改资金用途的时点不确定性较大，而且触发概率也不高，因此容易被遗忘。当然，历史上存在触及该条款的案例，多数投资者都因为可转债价格远超回售价而"有恃无恐"。

转股价修正条款：条款博弈的核心，"推倒重来"的魅力

转股价修正条款是条款博弈的核心，我们先来看看其一般模式。

主流的转股价修正条款："当公司股票在任意连续三十个交易日中至少有十五个交易日的收盘价低于当期转股价格的90%时，公司董事会有权提出转股价格向下修正方案并提交公司股东大会审议表决。"（招路可转债发行公告）

一般地，我们将此转股价修正条款的触发条件简记为"15/30，90%"。

对于转股价修正条款，我们有几点经验要提示读者注意：

第一，稍加对比就不难看出，修正条款一般比条件回售的触发条件更宽松（时间和触发条件都如此），所以在时间顺序上基本是先触发下修，再触发回售。

第二，下修是发行人的权利而非义务，触发条款后发行人有执行与否的选择权。2006年之前，董事会决议就可以决定转股价下修与否及幅度。但随着2006年《上市公司证券发行管理办法》的出台，下修决议需要董事会

提议，然后经股东大会表决通过方可执行。也就是说，董事会只有提议权，且持有可转债的股东需要回避表决。

第三，下修空间存在两个限制。主要依据是 2006 年颁布的《上市公司证券发行管理办法》与上交所和深交所的相关规定——"修正后转股价不得低于股东大会召开日前 20 个交易日正股均价和前一交易日正股均价"。此外，绝大多数发行人在募集说明书当中还会再加上"转股价不得低于最近一期每股净资产"的要求（南山铝业等民企发行人则有例外）。这些限制主要是避免可转债的转股价修正过度，损害股东利益，对于国企发行人，也为避免引发国有资产流失之嫌。但需要注意的是，该要求并非完全不可更改，历史上就有发行人通过召开债券持有人大会进行调整，譬如湖广转债等。

转股价修正对投资者的意义不言而喻。比如，一只可转债如果转股价本来为 10 元，当前股价为 7 元，平价为 70（=100/10×7）元，股性不佳。假如此时下修，假设股价表现平稳，修正后的平价往往能接近 100 元；如果赶上了股价下行阶段，受制于前二十个交易日均值等限制，修正后的平价可能偏低（90 元左右），但仍显著好于修正前的平价。如图 2-1 所示，修正后可转债平价修复、股性大幅增强，无论之前正股股价表现如何，可转债基本上回到了发行时的平价水平，即获得了"推倒重来"的机会。

需要稍加提醒的是，很多投资者将转股价修正和转股价调整条款相混淆。转股价调整条款是指因送红股、转增股本、增发新股或配股等情况（不包括因可转换公司债券转股增加的股本）使股份或股东权益发生变化时，按照约定公式进行转股价格的调整。实质是可转债投资者享受了权益投资者的权利，与修正条款完全不同。在实操当中，转股价调整过程中，如果股价明显偏离转股价，可能会影响调整后的平价水平，经典案例是英科转债。举例来说，如果转股价为 10 元，当前股价为 20 元，公司分红为 3 元/股，调整前平价为 200（=100/10×20）元，如果股价按照理论值除权，调整后平价上升到 243（≈100/(10-3)×(20-3)）元，可转债投资者成为受益者。反之，如果股价严重低于转股价，可转债持有人可能利益受损。当然，在实践当中，分红比例较小，实际影响往往很有限。

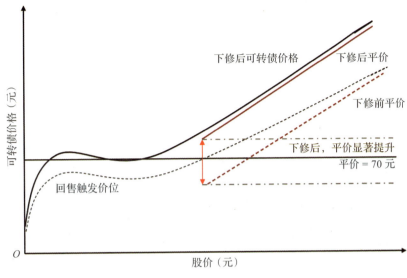

图 2-1　可转债下修和回售示意图

赎回条款：国内外相差最小的附加条款

美国、日本等国的可转债都设有提前赎回条款，且和 A 股类似。一个标准的 A 股转债赎回条款内容为："在本次发行的可转债转股期内，如果公司 A 股股票连续三十个交易日中至少有十五个交易日的收盘价不低于当期转股价格的 130%（含），或本次发行的可转债未转股余额不足人民币 3000 万元时，公司有权按照债券面值加当期应计利息的价格赎回全部或部分未转股的可转债。"（招路可转债发行公告）

实际中为简单起见，我们也将该触发条件写成 "15/30，130，面值＋应计利息"。可以看出，赎回条款是发行人的一种权利而非义务。

例如，可转债的转股价为 10 元，正股经过一段上涨行情后持续 20 天股价超过 14 元，触发赎回条款。此时平价超过 140 元，可转债价格一般也在 140 元以上，投资者仅以约 100 元赎回可转债显然不划算。因此，如果发行人决定执行提前赎回条款，投资者只能选择转股或卖出。忽略中间多次转手的影响，赎回公告后转股节奏将明显加快，并于赎回前无疑会基本完成转股。

不难看出，赎回条款最大的意义在于"逼迫"投资者转股，从而实现促转股的目的。由于赎回条款的存在，我们会经常说可转债存在上涨"天花板"，比如对于多数可转债，可转债价格到了130元以上就要小心赎回风险。

如图2-2所示，在实操中，赎回条款变数横生，投资者应当提防其中的例外，同时把握常识：

第一，很多可转债其实不存在价格"天花板"。比如历史上曾有过几百元的可转债品种。尤其是对没有进入赎回期的品种而言，赎回条款的约束就不明显。对于正股极为强势的品种，在赎回登记日之前，也可能有较高的涨幅，从而使得可转债价格远远超过140元。尤其是在2020年以后，越来越多的可转债发行人选择暂不赎回可转债，无论是出于何种原因，这都变相抬升了很多可转债的价格上限，中矿、小康、英科等超高价个券都给我们留下了十分深刻的印象。

第二，赎回条款是典型的"止盈信号"。一旦临近触发赎回，可转债的时间价值消失（赎回公告发布日期与赎回登记日一般间隔两周到一个月），平价溢价率将逐步归零甚至变为负值（转股的投资者需要承受转股时的T+1股价风险）。尤其是在可转债对正股的稀释率较高的情况下，投资者需要尽早兑现获利。

第三，何时卖出或转股也充满博弈，关键指标是正股强弱程度、可转债对正股的稀释率、发行人促转股动作等。正股表现越强势，投资者就越应该尽量推迟卖出或转股时间，比如当年的国投转债。可转债对正股的稀释率越高，可转债转成股票之后会增大正股流通盘抛售压力，从而利空正股表现，比如当年的中海、南山等触发赎回后都出现了正股大幅调整（叠加股市表现不佳）。发行人在触发赎回前促转股越积极，一般触发赎回之后的正股将失去上涨动力，表现往往越差。

当然，修正与回售条款的初衷就是保护投资者利益，借此增加产品吸引力。所谓的"条款博弈"主要围绕着修正和回售条款展开。2021年后，赎回执行和信息披露监管更加透明，相关内容可参见附录。

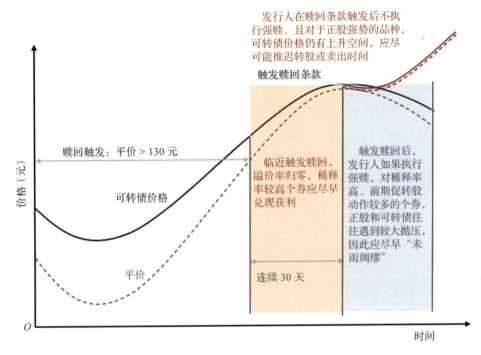

图 2-2 赎回触发示意图及注意事项

条款博弈：参与各方"众生相"

说到条款博弈就必须先了解参与各方分别是谁，以及各方的诉求是什么。自 2006 年《上市公司证券发行管理办法》发布后，下修提案经董事会审议后还要经股东大会表决通过，因此目前 A 股转债条款博弈的参与方包括了发行人（公司管理层）、股东（尤其是大股东）和投资者三大群体。在此过程中，各方原始诉求本就不同，后续往往还存在试探、施压等博弈行为，最后就如同巧克力盒子，揭开盖子前，没有人会知道准确的结果。这样的众生百态也为可转债市场奉上了不少"好戏"（如图 2-3 所示）。

首先，投资者的诉求是显而易见的，下修直接提升可转债平价，相当于"推倒重来"。一般而言，转股价修正完成之后，新的转股价会比较接近当前股价，这就使得平价回到了临近 100 元的水平，可能与发行初期较为相似。当然，可转债投资者手中的博弈筹码往往是回售权。

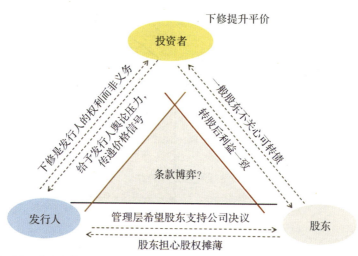

图 2-3 条款博弈众生相

其次，对发行人而言，下修转股价也有利于其规避回售。传统上，发行人下修的动因往往来自回售的压力：①可转债被回售意味着转债融资变相失败，由此导致的资金链冲击可能给公司经营带来不利影响；②从融资成本等角度看，如果可转债在发行后很快被回售，承销费、回售价格、审批成本等因素造成的实际融资成本可能比想象的更高；③回售对上市公司的资本市场形象也是不小的打击。

下修可以帮助发行人有效避免回售压力（条件回售）。比如，转股价为 10 元，回售触发线是股价连续 30 个交易日跌破 7 元。如果股价在 5 元水平已经持续 10 天左右，发行人将感受到回售压力（等到回售被触发时就必须给投资者回售的权利）。但在触发回售前，修正条款早已被触发，只要将转股价下修到 5 元，就不再满足股价低于转股价的 70% 的条件，从而化解回售压力。

除回售外，下修动力也源于发行人促转股等诉求。很多案例表明，发行人并不完全因回售压力进行下修。修正后平价（转股价值）提升、股性恢复，如果正股价格上涨，触发赎回条款并成功转股的概率大增。最终可转债顺利完成转股，财务费用压力大大减轻、负债结构得到明显优化，对公司经营无异于锦上添花。毕竟如果做增发，可能需要较当前股价给予10%~20%的折扣，可转债却是相对股价溢价发行，如果付出一定的下修成本（更多地稀释股权）促成转股，也是不错的选择。

大股东的诉求一般比较复杂，往往是最大变数。大股东与管理层的利益多数时候较为一致，毕竟避免回售、促转股也是大股东的诉求，但大股东需要权衡接受回售等与股权摊薄、控股权等的成本。

此外，持有可转债的股东需在股东大会表决时回避。对于持有可转债的大股东而言，如果存在可转债被套的情况，则往往会通过沟通或施压等方式影响有表决权的股东，推进下修成功；如果没有被套，那么对控股权和可转债收益则会有所权衡。总之，大股东的态度对下修能否达成以及最终结果有着至关重要的作用。

对可转债条款的认知程度也会影响公司决策。可转债对于不少发行人而言是陌生且复杂的融资工具，他们对下修的积极作用认识得并不充分。另外，部分发行人对正股和可转债价格存在侥幸心理，相信凭借市场自身的力量可以挽回颓势，但结果往往难如人愿。还有一些发行人热衷于与投资者博弈，通过设计回售和转股价修正的生效时间等令投资者陷于两难选择。

在参与条款博弈时，投资者还应注意的因素包括：

发行人的资金情况。触发回售后，按要求发行人需要提前备齐款项，即使不需要支付，对资金周转也是一种考验。现金流不佳或短期回款困难的发行人避免回售的意愿更强。

下修空间。"不得低于每股净资产"可能是不小的限制，多数发行人并未突破此限制。对于正股市净率水平较低的可转债，由于每股净资产的限制，规避回售都未必能"达标"，条款博弈的空间并不大，需要提防修正不足的问题。

股权结构和股东持可转债比例。大股东的下修意愿和股权控制能力是判断下修能否成功的重要因素。股权分散的发行人在股东大会表决时可能出现意外（例如当年的民生可转债），股东对股权摊薄可能也更加敏感，进而站在管理层的对立面。当然，大多数发行人和股东的目标能达成一致，但要警惕持有可转债不能投票等异常情况的发生。

回售价格高低也是个小的考量因素。回售价格可能对发行人的下修意愿形成扰动。可转债价格比回售价高出越多，发行人的下修意愿可能越低。因此，投资者应选择合理价位介入条款博弈的投资机会，一方面，机会成本较低；另一方面，合理的可转债价格也能向发行人传递回售压力的信号，增加下修成功的概率。

发行人的一贯表现和对下修的态度。发行人的行为存在一致性，曾经成功的下修对投资者有一定的参考意义。对类似恒源、山鹰等熟知下修作用且执行到位的发行人，再次面对正股困难时往往仍能展现出专业性和较强的下修意愿。不过，过往经历并不简单代表未来，部分发行人因为股权摊薄等原因抵触多次下修或对下修幅度存有"底线"。面对新的条款博弈周期，发行人的表态也至关重要。

条款博弈中的发行人动因和典型模式

显然，发行人才是条款博弈的发起方，其动因是条款博弈的核心问题，值得我们更深入地了解。我们将其归纳为如下类型：

第一类：避回售

回售对发行人意味着什么？这是理解众多条款博弈问题的关键。显然，如果可转债被回售，首先，会导致发行人突然遭遇资金链考验（条件回售意味着触发时间不确定）。其次，在国内股权融资较为困难的情况下，可转债被回售也意味着通过可转债间接股权融资失败。尤其是在之前回售期设置较为靠前的情况下，对发行人的冲击更大。那么，发行人遇到这种情况会怎么做？通过转股价修正予以化解是最直接的做法。

我们还记得前面的类似案例，假设一只可转债的转股价为10元，如果正股价格在6元附近已经持续15天以上（平价60元，低于回售触发线70元），发行人将感受到回售压力；如果此时下修转股价至6元，平价来到100元，回售压力自然解除。正是因为下修有这种"推倒重来"的作用，所以历史上真正"惨遭"回售的发行人并不多。

显然，要避免回售，下修幅度需要"达标"。就传统而言，转股价修正的目的就是避免触发回售条款，如果平价较低的可转债在修正后仍然无法逃离回售触发价位区间（一般是70%，少数设计为80%以上），转股价修正将没有太大实质意义。

如图2-4所示，发行人通过下修避免回售还需关注几个重要时间节点——回售期开始、董事会下修提案公布、股东大会召开、回售触发日等。如果接近回售期时，平价仍在回售触发线之下，发行人可能面临回售压力并考虑应对方案。为了在触发回售前达成下修，发行人一般提前十几天就要召开董事会，公布下修提案并交由股东大会表决。发行人这样做的必要性在于：①股东大会要在召开15日前公告。②过晚公布下修可能导致发行人在条款博弈中处于被动地位。因为一旦触发回售，回售与否的权利在投资者手中。③如果触发回售，按规定发行人要备齐回售款，对资金周转也构成一定压力。④回售条款一般规定"首次触发回售后，如在申报期内未实施回售，该计息年度不能再次行使回售权"。如果下修公告发布不及时导致回售生效后置于回售申报，投资者因对下修抱有预期，可能错过当年唯一一次回售机会。

恒源的回售期和转股期同时开始（2008年3月24日），回售期内的两次下修都堪称经典范例（如图2-5所示）。第一次通过下修规避回售：2008年6月后，恒源正股的持续低迷导致其可转债的平价开始低于回售触发线（70元），公司也及时开启下修流程，可转债成功"逃离"回售威胁。第二次通过下修规避回售：2个月后恒源可转债的平价再次低于回售触发线。有了前次经验，再遇回售威胁时，发行人延续积极态度，毫不犹豫下修。更有趣的是，恒源的"豪爽"下修还对其他品种起到了很强的示范作用，不少品种在此期间纷纷启动下修程序。恒源可转债转股价从50.88元连续下修至15.75元（下修幅度约为69%），下修幅度较大。市场最终也给予恒源很好的回报——下修后，正股一路奏凯，可转债顺利完成转股。

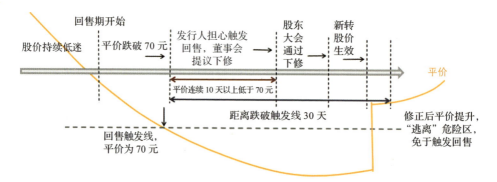

图2-4 通过下修规避回售的时间节奏

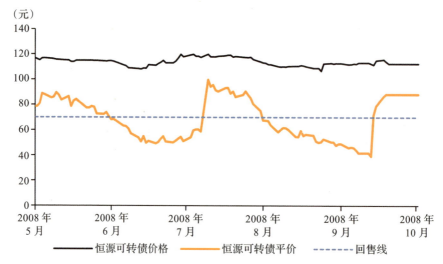

图2-5 恒源可转债两次下修到位成功规避回售

资料来源：Wind、公司公告。

第二类：促转股

从历史来看，也有很多可转债的下修是在没有回售压力下完成的。显然，此时发行人的动机就是促转股。早在2006年之前，就曾出现过回售期前的下修。一方面，当时下修仅需董事会通过（首钢等更是把下修当作义务，每次触发都公告是否执行），另一方面，强制下修条款硬性规定了下修时点（如金牛、华电、江淮等）。2009年以后，上述规定均已不存在，却仍有南山、中行、巨轮、石化、重工等在无回售压力的情况下修正转股价，且逐渐成为一种常见模式（如图2-6所示）。

图 2-6 巨轮转 2 主动下修

资料来源：Wind、公司公告。

近年来，发行人主动下修的意愿增强，让人印象较深的例子是利欧（如图2-7所示）。利欧于2018年11月公布下修，从下修时点和幅度（下修幅度最大为37.5%）来看，促转股是其正股调整后尽快下修的主要原因。有意思的是，市场对其下修最大幅度预计不足（因摊薄比例较大），利欧下修当天实现了负溢价（下修后平价高达104.6元，转债价格未反映）。投资者抓住机会大量买进可转债并转股卖出套利，随着负溢价消失，短期集中转股行为告一段落。在此期间，发行人的促转股目标得到兑现。当然，这对其后续的转股节奏也起到积极推动作用。蓝标、天马、常熟等均在无回售压力情况下下修，并借助后期正股的强势表现成功转股。

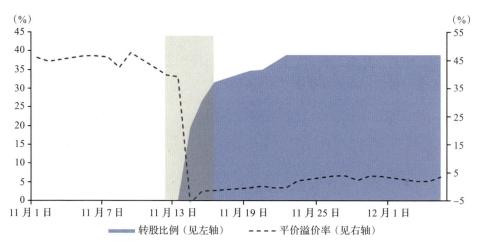

图2-7 利欧可转债下修后转股节奏明显加快

资料来源：Wind、公司公告。

那么，促转股为何这么重要？对自身市场形象、优化资本结构（银行等）、后续再融资计划等都是重要因素。而股权摊薄是发行人提前下修的主要阻碍。多数主动下修都能成功通过股东大会表决（类似民生的案例不多见），下修幅度往往也能到位。

绝大多数可转债发行人都有积极的促转股意愿，尤其是银行转债。银行转债作为可转债市场的常见品种，一般没有回售条款，但有天然的促转股意愿，因为可转债转股后可全部补充核心资本金。由于"不能低于每股净资产"的要求，银行下修的空间往往有限。即便如此，银行发行人较强的促转股意愿依然能推动下修达成。

中国银行（简称"中行"）下修就给投资者带来过惊喜。当时中行和其他大型银行相比业绩增速较慢，平价和可转债价格长期在低位徘徊。中行

2013年1月宣布下修，正如其公告所示，下修是"为促进中行转债转股补充核心资本，优化资本结构"。事后来看，最终促成其转股的关键是牛市正股大涨。不过，下修也尽量多地增加了可转债股性，在正股行情来临之际，能更好发挥可转债"进可攻"的特点。大型银行发行人的促转股意愿也可见一斑，反映在可转债价格上，董事会提案公告当日上涨即有5元之多。

除银行外，国企和大市值公司由于对自身市场形象的重视、大股东控制力较强和公众舆论压力等，促转股意愿往往较强，主动下修的动力也更足，典型案例是石化可转债。

除上述因素外，乘势而行、节省财务费用也是促使发行人主动下修并积极促转股的重要因素。首先，从经验看，发行人要想促转股，需要股市环境的配合，所谓"好风凭借力"。因此，在股市情绪好转或基本面出现改善迹象之际，乘机下修的动力增强。其次，可转债的财务费用按照实际利率计提而不是票息（在4%～5%的水平），这困扰着不少利润偏薄的发行人，增强其下修动力。在2019年三季报中，部分公司已将可转债利息计提列为较重要的影响利润的因素。当然，可转债如能转股，也会极大改善上市公司资产负债表。

第三类：优先配售大股东自救

某可转债在上市2个月后即宣布下修，令人颇感意外。虽然公告中指出下修原因是"补充核心一级资本，优化资本结构"，但时间未免过早。发行人的下修动机可能是上市后可转债价格持续低于面值，大股东参与可转债配售后还没有合适的减持时机，下修在短期对可转债价格有利好。当然，下修对促转股确实有积极作用。此外，当时该可转债的流动性并不乐观，这对决定下修起到了一定的推动作用。

此类下修更容易获得股东支持，原因在于：①直接涉及股东利益；②新上市可转债下修的幅度往往有限，股权摊薄的情况还不严重。此外，这对投资者也是不错的条款博弈机会，一方面，下修超预期概率较大，下修后可转债价格多有不小涨幅；另一方面，下修前可转债价格相对便宜，埋伏的成本较低。

此类下修不少发生在转股期前,但这只是经验上的"错觉"。部分发行人进入转股期后仍在进行相似的下修,因此其下修时间只比一般的促转股下修提前,但并无绝对要求。

对投资者来说,相比时间,判断下修的模式更重要。核心是上市后可转债价格持续低于面值之际,大股东是否愿意摊薄股权来"自救"。相对其他下修模式,此模式的客观指标更明显,博弈胜率可能更高。我们复盘了2018年后此下修模式的胜率(如图2-8所示),重要因素包括:在上市一段时间后可转债价格持续低于面值,大股东持债比例较高的个券总数及其中发生下修的次数。

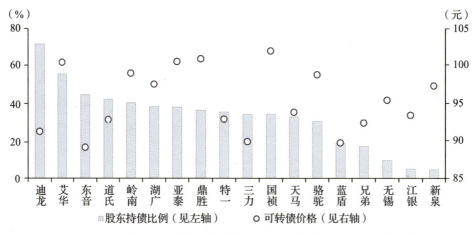

图2-8 2018年部分可转债下修前的主要股东持债比例和可转债价格

资料来源:公司公告、Wind。

第四类:还本付息前"最后一搏"

不用怀疑,发行人在到期前下修就是为了避免最后还本付息。此时发行人面临的是真金白银的压力,再与投资者进行博弈已无太大意义,因而下修幅度较高。不难理解,如果可转债接近到期仍有较多余额未转股,至少说明正股一直未有出色表现。而发行人前期促转股意愿可能也并未及时体现,所以到期前下修多是"无奈之举",也容易超出市场预期。

从经验上看,可转债到期赎回价通常在 105 元以上(近年来还有走高趋势,110 元都已是常见水平),很多投资者本就已做好持有到期的打算。显然,如果想要推动可转债转股,最直接的办法就是使可转债平价高于到期赎回价,迫使投资者"理性"转股,而实现这种结果最简单的方式就是下修。

例如,某可转债在到期前 3 个月宣布下修,引起市场高度关注。有意思的是,之前两次共回售了可转债总额的 59%,发行人也并未采取行动。前后态度的反差也让这次下修的目的更加明显,投资者通过回售给发行人释放了足够的警示信号。该可转债下修后平价直接来到赎回价附近,但投资者多持观望态度,正股随即有所回调,最终所剩余额无奈遭遇到期赎回。

第五类:下修规避"事件型回售"

所谓"事件型回售"是指触发条件和正股价格无关,而是募集资金用途更改或发生减资等影响可转债持有人权益的事项后,投资者获得的回售机会。主要包括附加回售和召开债券持有人会议后的清偿机会。但这种类型对市场影响不大,我们不做赘述。

条款博弈的四次迭代

可转债的发展历史也是条款博弈演进的历史。从可转债指数和平价指数的对比来看,当股市遭遇调整,条款博弈的预期增强是可转债获得超额回报的关键之一。

近年来在回售弱化的趋势下,发行人主动下修的意愿增强,如图 2-9 所示,下修的模式则更加多样。

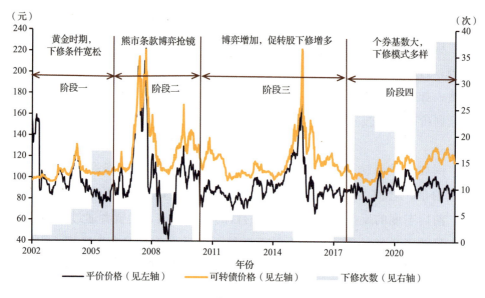

图 2-9 可转债条款博弈的四个阶段

资料来源：Wind、公司公告。

阶段一：2002~2006 年优厚的条款助力

彼时回售在转股期后就可触发，对发行人的约束力明显强于当下。尤其是下修仅需董事会通过即可，回售与下修的联动效应十分显著，甚至出现过强制下修条款。历史上第一次下修高峰出现在 2005 年，当时正好处于股市调整期，正股的压力直接转换成发行人的回售压力，导致下修被频频用来"救场"，也成为可转债投资者的超额回报来源。

阶段二：2006 年《上市公司证券发行管理办法》发布后，股东的加入增加了条款博弈的复杂性，随着 2008 年股市调整，条款博弈一度站在舞台中央

2006 年《上市公司证券发行管理办法》发布，由此条款博弈也进入了新阶段，尤其是下修方案需要股东大会通过才能实施。恒源、海马、山鹰等

成为股东大会时代下修的教科书式案例。恒源可转债曾经创下 A 股转债修正之最,前后修正幅度高达 69%,大幅化解了 2008 年股市的系统性风险。但股东的加入增加了条款博弈的复杂性。2009 年后股市回暖并进入震荡市,面对股权摊薄成本,部分股东更愿意让时间来解决问题,博弈心态也开始作祟。唐钢、燕京等的异常下修曾让可转债投资者备感失望。

阶段三:2009 年后南山、巨轮、重工、中行等在无回售压力的情况下下修,回售弱化后下修的促转股作用被发掘出来

2010 年可转债供给不足,加上 2009 年的赚钱效应,发行人普遍开始弱化回售等约束性条款。此时的条款博弈内容更加复杂多样,既有令人大跌眼镜的异常下修,也有超出预期的主动下修。率先"吃螃蟹"的是国企和行业龙头,其往往对自身形象更加重视,加上其他再融资计划的推动和优化资产结构的诉求,促转股成为发行人和大股东的一致目标。

阶段四:2018 年开始,条款博弈的下修模式变得更为多样

2018 年条款博弈再次大放异彩,下修数量刷新了历史之最。可转债迎来前所未有的规模扩容,基数快速增加;规模扩大后,下修的模式更加丰富,转股期前后的"自救式"下修、"事件型回售"引发的下修等新模式不断出现。随着可转债的发展,发行人主动下修的意愿不断增强,对条款的理解持续加深。当然,股市调整也起到助推作用。

为什么发行人频频下修?除个券基数继续增加外,主动下修意愿的提升也是背后推手,具体表现为:

1. 传统下修动因减少。首先个券进入回售期的偏少,由于股市回暖,可转债远没有到回售期就早早转股,也不存在面临回售压力的问题。当然,回售和到期对发行人依旧有约束力。

2. 通过主动下修来促转股占据多数。发行人促转股意愿整体增强,可转债的关注度和市场交流增加起到了推动作用。不过,下修后正股的强弱也让可转债的表现有所分化。

3."自救式"下修仍不少。当然这种下修取决于破发的情况，破发的情况越多出现的概率也越大。

条款博弈：两个误区与四个异常

误区之一：下修条件"宽松"？回售条款宽松才是真宽松！

虽然宽松的下修条款是利好，但不要夸大其意义，条款"宽松"与否要看回售条款。经常会有人说，一些个券下修条款的触发条件相对宽松，例如"15/30，90%""10/20，85%"程度等同于"15/30，80%"。但我们要强调的是，下修并非发行人的义务（强制下修除外），符合条件后仍有很强的不确定性，所谓宽松只存在于纸面。而回售条款则大不一样，首先它是发行人的义务，回售期早晚、回售触发价格高低和回售价格等都是区分回售条款是否优厚的重要标准。

在2006年以前，不少可转债的回售期和转股期同步，约束力必然明显强于当下。2006年后回售期宽松的例子则包括再升、格力（回售期从第三年开始）等；触发条件宽松的有顾家、再升（低于转股价的80%）等；回售价格较高的有华菱（107元）、辉丰（103元）等。这些可转债不论质地好坏，至少表达了发行人对投资者更友好的态度。

误区之二：条款博弈很重要？否！并非主流获利方式

在实践中，条款博弈机会往往可遇不可求，并不是主流获利方式。请记住，A股转债的核心盈利模式就是正股上涨驱动可转债价格上涨。条款博弈的胜率取决于信息优势和判断力，而赔率更容易衡量。可转债条款相对较复杂，关注条款不仅仅是为了获利，有时候也是为了避免犯低级错误，比如错过了卖出或转股而遭遇赎回等。

条款博弈参与各方的诉求不尽相同，"博弈"心态作祟导致发生不少下修异常情形。

异常之一：发行人接受回售导致转股价修正预期落空

发行人因未转股余额较低而接受回售实属正常，例如华菱。但有时接受回售则是对投资者回售意愿的低估。低估的原因多来自机会成本，如果回售价远低于当时的可转债价格，发行人可能认为投资者的回售意愿较低。但实际上，投资者选择回售更多是对正股和可转债转股的失望，机会成本只是一方面因素，过多的"博弈心态"反而会伤及自身。

异常之二：大市反弹或股价异动使得股价上涨，进而化解回售压力

因回售触发条件往往要求"连续30天"，正股价格在回售触发线附近的波动会大幅增加判断下修的难度。比如可转债因正股在关键时刻"拉升"而造成下修预期落空，可转债价格随之下跌。相比转股价修正，如果股价没有脱离回售触发线太远，刺激正股上涨摆脱回售压力的成本反而可能更低。

异常之三：修正效果不达预期（幅度不足和时机后置），反倒事与愿违

对条件回售而言，下修后置（下修生效晚于回售）将导致投资者非常被动。如果放弃了回售机会，而公司在随后否决下修或者下修幅度远不及预期，投资者也只能接受，且一年内没有再次回售的机会。后置的原因有时是发行人对条款理解不够全面造成失误，有时则是"博弈"心理作祟。另外，"不到位的下修"对投资者无疑是利空，其实也将发行人置于尴尬境地，下修后的回售威胁仍无法排除，此外，对于有回售风险的个券，正股的表现短期很可能难有起色，导致无法规避被回售的结局。

异常之四：下修提议可能遭股东大会否决

大股东是决定下修成功与否的关键一环。如果大股东的下修意愿强，自身股权占比高，下修大概率会成功。而股权分散发行人的情况就更加复杂，持股比例低的股东对股权摊薄更加排斥，各方的分歧可能导致下修被否。此

外,持有可转债的大股东无法投票,中小股东其至散户意见不一,也可能造成下修失败。

条款博弈:如何寻找机会?依托赔率,提高胜率

条款博弈对可转债价格的影响,核心在于预期差。毫无疑问下修对可转债是利好,但对可转债价格的影响取决于下修预期。换句话说,下修公告发出后,如果之前市场对下修预期不充分,可转债价格可能有较大涨幅;反之,可转债价格上涨幅度可能有限,甚至下修时机后置于回售,或者最终下修幅度低于预期,对可转债价格将是明显利空。

在董事会公告(如图 2-10 所示)和股东大会决议(如图 2-11 所示)前后,不同的下修模式对可转债价格的影响有所不同。可以得出一些有趣的结论:

1. 董事会公告下修前后可转债价格的涨幅明显高于股东大会决议前后的变化,也高于下修生效前后的表现。不难理解,最大的预期差来自是否下修,董事会公告下修后下修大概率都会通过,且多数下修幅度符合预期,可转债价格的变动自然偏小。

2. 不同类别的下修之间,为促转股主动下修的涨幅 > 转股期前后下修的涨幅 > 出于传统规避回售下修的涨幅。下修的可预判性和机会成本的大小起决定作用。

从下修预判的角度看(胜率),主动下修超预期可能性较大,预判也最困难,导致中行、南山、石化等公告后的涨幅大于 5%;转股期前后时间节点下修往往超预期,但可预判性强于促转股类下修;规避回售类下修有较强的时间节奏和价格、财务指标等指引,可预判性相对较强,但也要注意"博弈"心态导致异常情形发生。

从价格反映的角度看(赔率),转股期前后的下修无疑最具优势;对于规避回售类下修,如果可转债价格显著高于回售价格,可转债价格的提升空间可能有限。

显而易见，把握条款博弈机会最重要的是依托赔率、提高胜率。

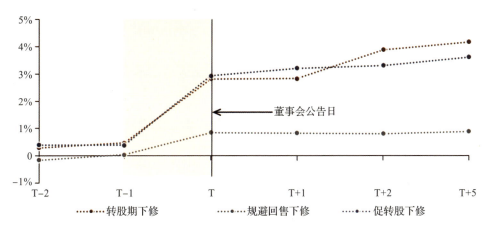

图 2-10　不同类别下修在董事会公告日前后可转债价格累计变动趋势
资料来源：Wind、公司公告。

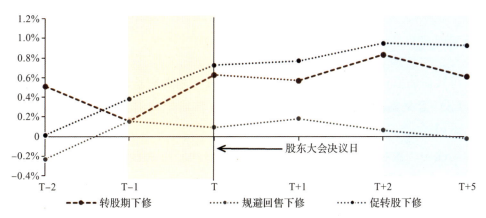

图 2-11　不同类别下修在股东大会决议日前后可转债价格累计变动趋势
资料来源：Wind、公司公告。

CHAPTER 3
第三章

可转债估值知多少

本章要点

- 可转债估值往往是可转债研究甚至是投资的起点和基础。B-S、二叉树、LSM 等是常用的理论模型，一般通过可转债价格倒推隐含波动率加以应用。
- 实践中，盈利模式决定了估值模型的重要性，在 A 股转债市场中不懂期权定价完全不影响可转债投资。我们追求的是模糊的正确，完全可以用股性、债性等指标结合描述可转债估值情况和基本特性。
- 我们推崇更加动态的视角，可转债估值的变化是可转债回报驱动力之一，往往比估值本身更重要，影响因素包括狭义供求、股市预期、条款博弈及来自债市的机会成本等。
- 在实践中，读者可以通过横向比较来衡量个券的相对性价比，通过纵向比较观察可转债估值的变化轨迹和整体估值水平。通过利用气泡图工具，我们能清晰明了地横向比较不同品种间的估值、性价比高低。

为何要关注可转债估值

了解了可转债的一般特征和基本情况之后，大家可能急切地想知道，可转债该如何定价，如何估值？如果不了解期权定价，是不是就不能进行可转债投资？如果某可转债的正股上涨潜力大，但估值贵，是不是不能买？择券的标准就是估值便宜吗？

初入可转债市场的新手往往都会问这样一个问题——如何给可转债估值？从字面意思来看，可转债估值就是评估一只个券到底"值多少钱"。而可转债这种复杂的衍生工具，其价格受多个因素影响，即便有同样的模型，不同的参数假设也会带来不同的结论。而在实践中，价格和估值是各方力量平衡的结果，远远不是数学模型所驱动的。再者，投资者千人千面，难免存在主观判断，不同投资者对同一品种的看法可能相去甚远。那么，究竟该如何看待可转债估值？又应当如何运用可转债估值？我们将在本章为读者提供一些思路。

为何要关注可转债估值？

1. 可转债估值是判断市场和个券"贵贱"的手段。生活中，我们都知道不该用10元去买2元的汽水，否则很容易被说成傻瓜。在实践中，我们往往需要对可转债价值有大致的把握才能做出正确决策。

2. 可转债估值变化是投资者获得回报的重要驱动力之一（如图3-1所示）。权益投资者经常将股价波动分解为盈利预期与估值驱动。同样的道理，在我们的分析框架中，可转债的投资回报也可以分解为正股、可转债估值、条款博弈、债底等驱动。其中，可转债估值对可转债投资回报影响的重要程度可能仅次于正股。

3. 可转债估值可以帮助我们衡量安全边际和掌握市场情绪，低估值从中长期看是投资的朋友（如图3-2所示）。相比正股表现的不确定性，可转债估值高低则是相对确定的变量。低估值往往意味着价格没有过多地反映投资者的乐观预期，因而更好地发挥了可转债"进可攻、退可守"的特性，即其安全边际相对更加充足。实践已经证明，低估值从中长期视角看，往往能带来显著的超额回报。

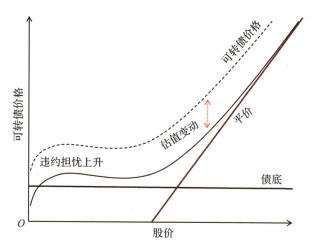

图 3-1　可转债估值是可转债重要的回报驱动力之一

资料来源：Wind。

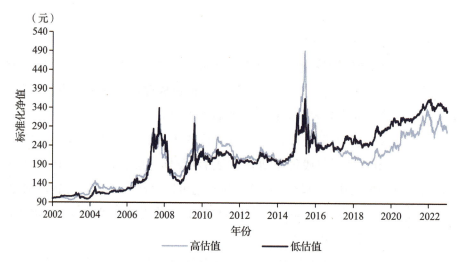

图 3-2　从回测结果看，可转债估值性价比提供了超额回报基础

资料来源：Wind。

4.可转债估值也是相对价值判断的基础。比如衡量相对权益的性价比高低、个券相对性价比，以更高效地完成个券腾挪、行业轮动等操作。

如何衡量可转债估值

可转债是一种相当复杂的股票衍生产品。除了债权之外，它还镶嵌了转股、赎回、回售、下修等过程带来的期权。尤其是在A股市场，投资者、发行人甚至更多群体之间存在复杂博弈，也给可转债定价带来诸多困难。

可转债的"定价难"主要体现在三个方面：①可转债中的期权属于结构复杂的奇异期权，不存在解析解，往往只能通过数值方法计算；②可转债有较强的路径依赖特征，传统模型一般难以准确刻画；③从经验上看，赎回、回售、转股等过程相对容易模拟，但下修过程不确定性极大，取决于发行人的意愿和多方博弈，无论是时点、幅度都远非数学模型所能描述。因此，无论如何，可转债定价模型都只能尽量刻画各种复杂因素，难以给出"无懈可击"的精确结果（其实也没有必要）。

然而，可转债定价模型仍有其存在的必要。规范的模型是投资者交流的"语言"，会帮助投资者更好地理解可转债估值，因为至少有现成的指标来衡量可转债性价比和相对价值。此外，如果未来A股转债市场也可能进入波动率交易（买入可转债的同时卖空一定的正股，改变盈利模式）时代，定价模型的重要性将会更加显著。图3-3、图3-4、图3-5是常见的几个可转债定价模型。为了不影响大家的阅读，我们将枯燥的模型及代码实现放在了附录，大家可以自行参考。

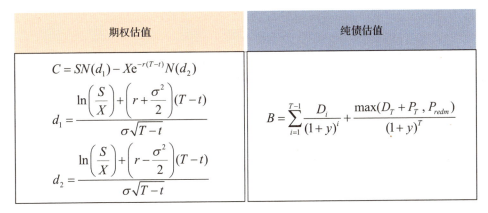

图3-3 B-S公式可转债定价模型

资料来源：相关文献。

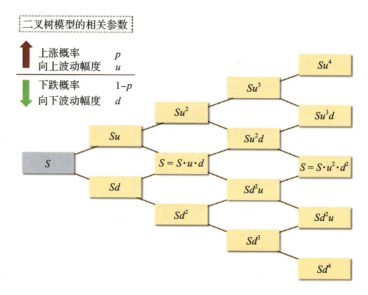

图 3-4　二叉树可转债定价模型

资料来源：*Valuing Convertible Bonds as Derivatives*（Goldman Sachs，1994 年）。

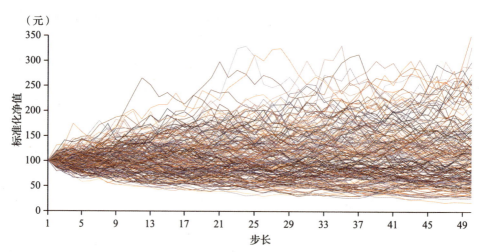

图 3-5　蒙特卡洛模型（以某可转债正股一组 50 步长的模拟结果，路径数为 200 个为例）

资料来源：Wind。

其实，真正重要的是要"精确的错误"还是"模糊的正确"？

显然，可转债定价模型一般都具有严格的假设，实践中几乎不可能被充分满足。不论 B-S、二叉树还是 LSM，不管是单因素模型还是双因素模型，都假设了"股价做几何布朗运动"和"期权可对冲复制"。但实际上股价并非完全满足布朗运动的定义，而且卖空机制的不健全也使期权难被复制。

此外，A 股转债也有很多特性无法用模型来刻画，仅凭模型来给可转债定价往往事倍功半。比如，发行人的促转股意愿、转股价修正条款等都是发行人的主观意愿，任何模型对这些因素都无能为力。而且诸如发行规模、评级等往往是影响可转债定位的重要因素，但是在不同时期表现出不同的规律，但模型当中显然没有考虑发行规模对估值的影响。品种的规模越大，估值往往越低，因为债基等有单券持仓限制。可以说，定价模式有其局限性，过于追求模型研究很可能犯"精确的错误"，而投资追求的则是"模糊的正确"。

在实践当中，不是越复杂的模型越好，需要在实现难度、实用性等方面平衡。越复杂的模型，对编程能力要求越高，计算时间越长。但究竟能带来多大程度的精确度改善则存在疑问。此外，比如发行人的促转股意愿、可转债规模对估值的影响，不可能有模型能够刻画这些重要估值影响因素。在实践当中，经常会出现所谓的"估值陷阱"，某只可转债如果估值便宜，一定要先看看是否有基本面瑕疵、条款问题等。

盈利模式决定了我们对估值的态度。A 股转债的参与群体以公募基金、险资等机构为主，而海外则是以对冲基金为主。显然，参与者不同意味着市场的主要盈利模式不同。对于海外市场而言，对冲交易是主流思路（如图 3-6 所示），常见的是买入可转债并卖空一定比例的股票以实现 delta 中性，股价涨跌变得不重要，关键是波幅越大，该组合越赚钱。这就是所谓的波动率交易，其中定价模型、隐含波动率等非常重要。

而在 A 股市场中，正股上涨驱动可转债上涨才是主要的盈利模式（如图 3-7 所示）。更深入地看，其背后的原因在于 A 股市场缺乏更多的对冲手段，市场深度不够，而可转债供求、股指变化等因素对可转债估值的影响较大，因而正股走势才是可转债回报的核心因素。这也就意味着，对于可转债估值，我们要更多运用边际思维、从动态视角去看待它，而不是照搬教科书、学术论文。实践早就证明，刻意地追求数学意义上的精确，远不如在市场中挖掘"模糊的正确"（比如正股上涨潜力等）来得有效。

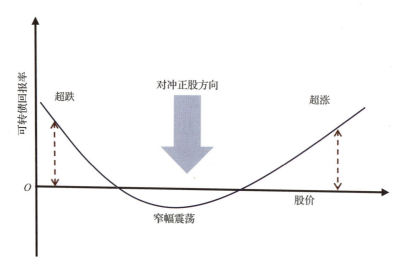

图 3-6　海外可转债波动率交易

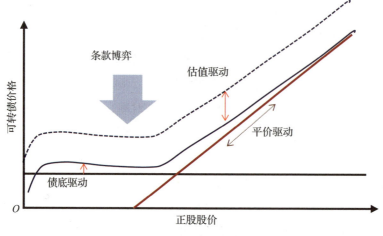

图 3-7　A 股转债盈利模式

实战中，我们是怎么做的

实战方法一：股债性，简单、有效地衡量可转债估值

可转债的股债性分析是衡量可转债估值的常见简易方法。为何说股债性分析可以衡量可转债估值？其逻辑在于，债性强的品种一般股性就会较差，两者之间存在类似"跷跷板"的关系。这样我们就可以通过两个指标来刻画可转债估值。其中，可转债的股性指标包括平价溢价率；债性指标则包括纯债溢价率、到期收益率。

（1）平价，即"转股价值"，是可转债转为股票后的价值。计算方法为：

$$平价 = \frac{正股价格}{当前转股价} \times 100\% \qquad (3\text{-}1)$$

（2）平价溢价率，即可转债价格高于平价的幅度。

（3）债底，即"纯债价值"，是仅考虑可转债的纯债券属性的价值。

（4）纯债溢价率，即可转债价格高于债底价值的比率。

（5）到期收益率（YTM），即使各期票息和本金贴现值恰好等于可转债价格的贴现率。与一般债券的计算方式相同，通常使用牛顿－拉夫逊法求解，或直接用 Wind 等信息终端提供的数据。

先列等式：

$$当前可转债价格 = \sum_{i}^{T} \frac{CF_i}{(1+r)^i} \qquad (3\text{-}2)$$

再用牛顿－拉夫逊法等求解上式中的 r，该值就是当前可转债价格所对应的 YTM。

以川投转债为例（如图 3-8 所示），依据各项要素计算的可转债指标如图 3-9 所示。

具体到个券，如何应用股债性分析可转债估值？简单而言，就是与可比个券进行比较。可比个券要尽量满足同处于一个行业、评级相同、平价接近、债券余额相差不大的条件。平价溢价率低、到期收益率高显然就意味着估值便宜，我们还可以和历史数据相对比。反过来，平价溢价率很高，但债

性还很弱，不使用精确模式也能知道估值很贵。当然，该方法是纯粹从数据角度出发，并不能反映基本面信息，实际应用中还需要结合公司发展、行业前景等综合考虑。

转债名称	川投转债	正股名称	川投能源
债券代码	110061.SH	正股代码	600674.SH
发行规模	40.00亿元	正股行业	公用事业-水电
债项评级	AAA	主体评级	AAA
存续期	6年	稀释率	9.16%（流通股本/总股本）
票面利率	0.2%、0.5%、1.0%、1.5%、1.8%、2.0%	到期赎回价	106元（含最后一年利息）
转股价格	9.92元	平价	100.00元（2019年11月6日）
转股期	6个月	转股起始日	2020年5月15日
存续时间	2019年11月11日～2025年11月10日		
修正条款	存续期内，10/20，85%		
赎回条款	（1）到期赎回：期满后五个交易日内，按债券面值的106%（含最后一期利息）赎回		
	（2）提前赎回：转股期内，15/30，130%（含130%）；未转股余额不足3000万元		
回售条款	（1）有条件回售：最后两个计息年度，任何连续30日，股票收盘价低于转股价的70%		
	（2）附加回售条款：当投资项目的实施情况出现重大变化，且证监会认定为改变募集资金用途		

图 3-8　川投转债主要条款和可转债指标

资料来源：公司公告。

川投正股股价（元）	7.5	8.0	8.5	9.0	9.5
川投转债价格（元）	110.0	115.0	120.0	125.0	130.0
平价（元）	75.6	80.7	85.7	90.7	95.8
平价溢价率（%）	45.5	42.6	40.1	37.8	35.8
债底（元）	91.0	91.0	91.0	91.0	91.0
纯债溢价率（%）	21.0	26.4	31.9	37.4	42.9
到期收益率（%）	0.2	-0.6	-1.3	-2.0	-2.6

图 3-9　不同正股和可转债价格假设下，川投转债的各项指标计算值

实战方法二：隐含波动率，用单一指标衡量可转债估值，但计算略复杂

可转债的隐含波动率（Implied Volatility），是指我们如果有了可转债定价模型，在给定参数情况下，有了现在的可转债价格，通过公式倒推出波动率参数，

就称之为隐含波动率。其大小反映了投资者对可转债未来波动率的预期，一般而言，波动率越低，代表可转债估值越低，反之亦然。我们也会将隐含波动率与正股历史波动率、市场平均隐含波动率相比较，当然历史波动率只能作为简单参考。相比而言，隐含波动率是一种衡量可转债估值较为科学的方法。

哪些因素会影响可转债估值

在实践中，由于A股转债的盈利模式是正股上涨驱动可转债价格上涨（值得再一次强调），使得我们往往不仅仅关注估值水平本身，更关注可转债估值的变化，尤其在中短期。所谓动态视角，就是更关注可转债估值的边际变化而非绝对水平。毕竟在可转债市场这种以机构投资者为主的市场中，严重的低估或者高估一般都不会太明显，定价要放在整体中看。动态视角下，可转债狭义供求、投资者对股市的预期、条款博弈以及来自债市的机会成本是驱动可转债估值的四个主要因素（如图3-10所示）。

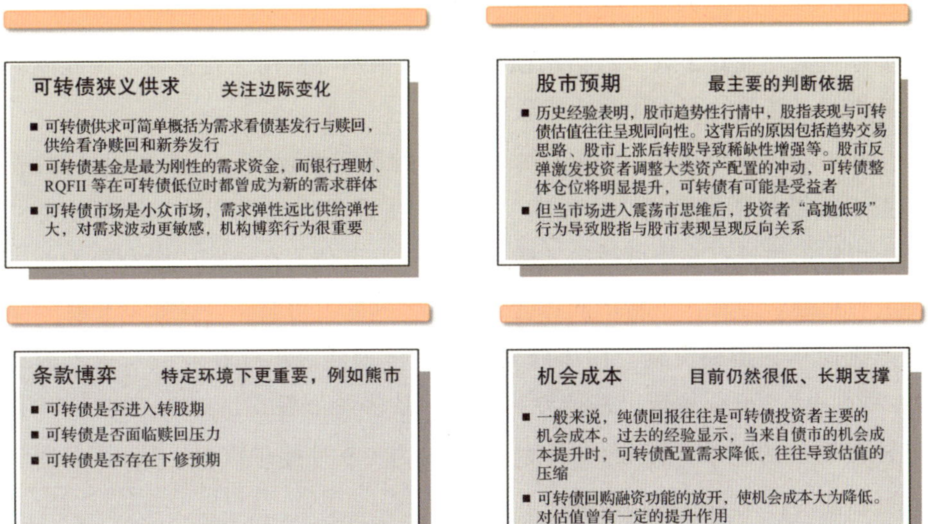

可转债狭义供求　　关注边际变化
- 可转债供求可简单概括为需求看债基发行与赎回，供给看净赎回和新券发行
- 可转债基金是最为刚性的需求资金，而银行理财、RQFII等在可转债低估时都曾成为新的需求群体
- 可转债市场是小众市场，需求弹性远比供给弹性大，对需求波动更敏感，机构博弈行为很重要

股市预期　　最主要的判断依据
- 历史经验表明，股市趋势性行情中，股指表现与可转债估值往往呈现同向性。这背后的原因包括趋势交易思路、股市上涨后转股导致稀缺性增强等。股市反弹激发投资者调整大类资产配置的冲动，可转债整体仓位将明显提升，可转债有可能是受益者
- 但当市场进入震荡市思维后，投资者"高抛低吸"行为导致股指与股市表现呈现反向关系

条款博弈　　特定环境下更重要，例如熊市
- 可转债是否进入转股期
- 可转债是否面临赎回压力
- 可转债是否存在下修预期

机会成本　　目前仍然很低、长期支撑
- 一般来说，纯债回报往往是可转债投资者主要的机会成本。过去的经验显示，当来自债市的机会成本提升时，可转债配置需求降低，往往导致估值的压缩
- 可转债回购融资功能的放开，使机会成本大为降低，对估值曾有一定的提升作用

图 3-10　可转债估值主要影响因素

资料来源：Wind。

影响因素一：可转债狭义供求

可转债狭义供求可简单概括为：需求看债基发行等，供给看净赎回和新券发行。当然，由于可转债市场仍是小众市场，需求弹性远比供给弹性大。供给受到监管审批政策等约束，一般变化较慢且可预期性强。所以，可转债估值对需求波动更敏感，对机构博弈行为的解读可能更重要。

从可转债需求群体来看，保险、债基等都是主要需求群体。但不同群体持有可转债的目的有所不同。例如，保险等机构对期限敏感度不高，多数以持有至转股为目的，因此更多以配置为主。而债基对交易机会的把握更为积极，再加上其规模经常遭遇申赎扰动，所以对可转债品种的边际需求影响更大。尤其是二级债基和可转债基金，其对可转债的需求体现出明显的刚性。所以，对可转债需求的分析，在大多数情况下都局限于债基的发行与申赎。

此外，投资者也需要特别注意流动性冲击对可转债估值的影响。在2013年6月、2011年9月和2019年5月等时点，市场流动性因不同原因遭遇冲击，导致股债双杀，可转债也因此"腹背受敌"。更不幸的是，由于可转债本身流动性好于大多数信用债，常会被债基等机构优先兑现，因此流动性冲击对可转债的影响往往比想象的更大。

从可转债供给来看，可转债一级市场的确定性较强，一般较容易预判。但由于市场整体规模仍小，短期的供给冲击还是比较强烈的。需要注意的是，可转债供给存在季度效应。政策规定，上市公司在未完成股利分配前不得进行再融资。发行可转债同样受此制约，因此上市公司往往倾向于在年报披露之前尽快走完流程。而年底发行人、承销商等均存在业绩需求，容易"一拍即合"，也会导致可转债发行加速。从经验上看，每年1~5月往往是可转债发行的旺季，而6~7月则是淡季，8~9月逐步恢复，从10月到年底可转债发行又会进入加速期。

此外，股市走势、监管层的动态把控等也会影响可转债发行节奏。不过这些因素很难判断，需要具体情况具体分析。

影响因素二：股市预期

历史经验表明，股市处于趋势性行情时，可转债估值与股指表现往往呈现同向性。这背后的原因有三点：①在趋势性行情中，投资者的操作遵循趋势交易思路，导致强者恒强；②股市上涨后，部分可转债陆续走高赎回，导致筹码稀缺性增强；③股市表现强势会激发投资者调整大类资产配置的冲动，作为债券投资者分享股市红利的有效手段，可转债的整体仓位也会得到提升，从而推升可转债估值。

例如在2007年、2009年的牛市中，可转债估值与股市的同向性就表现得非常明显（如图3-11所示）。不但投资者对股市的预期不断在上涨中强化，而且可转债由于不断被赎回，市场净供给减少，加剧了供求的不平衡，使得可转债估值与股市走势呈现出较强的正相关性。

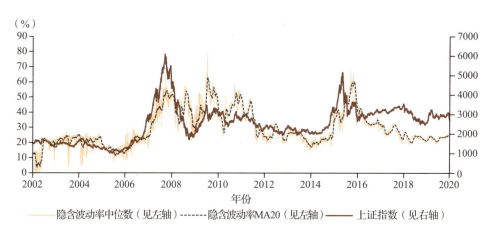

图 3-11　可转债估值与股指变化

资料来源：Wind。

但市场进入震荡市后，投资者"高抛低吸"行为导致可转债估值与股市表现呈现反向关系。一旦股市进入震荡市甚至熊市的观念形成共识，投资者就倾向于把握波段机会、热衷于"高抛低吸"，从而使可转债估值和股市表现呈现明显的反向关系。

影响因素三：条款博弈

条款博弈也会显著影响可转债估值。但 2008 年以后，很少出现较为集中的、普遍性的条款博弈现象，因而条款博弈对可转债估值的影响更多体现在个券层面。其作用机理不难理解，当可转债出现下修预期时，其绝对价位将表现出抗跌性，与正股联动性弱化，可转债估值往往会有所抬升。当然，如果模型能够精确刻画转股价修正条款，用债性、股性指标简单刻画时，就会感觉估值在提升，但从隐含波动率角度看未必。

影响因素四：来自债市的机会成本

一般来说，来自纯债市场的回报是可转债投资者主要的机会成本。目前可转债投资者仍以债券投资者为主，例如二级债基、保险、资管等。对它们而言，资产间的轮动主要就是可转债和纯债（利率债和信用债）。过去的经验显示，当来自债市的机会成本提升时，投资者对可转债的配置需求往往会降低，就容易导致估值的压缩。而诸如 2016 年、2020~2022 年利率进入低位，来自债市的机会成本影响越来越不明显，很多机构愿意给予可转债更高的估值。

此外，可转债回购融资功能的放开，使得机会成本大大降低，也曾对可转债估值有过一定的提升作用（如图 3-12 所示）。

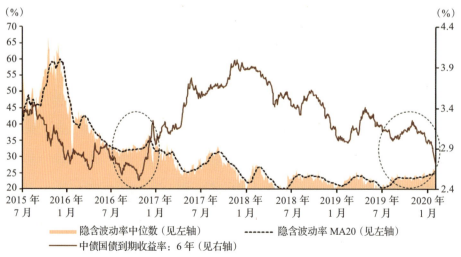

图 3-12 可转债估值与纯债机会成本

资料来源：Wind。

可转债估值的跟踪方法和历史轨迹

在实践中,我们习惯用以下几种方式来观察当前可转债估值处于何种位置。

(1)可转债隐含波动率(如图 3-13、图 3-14、图 3-15、图 3-16 所示)。

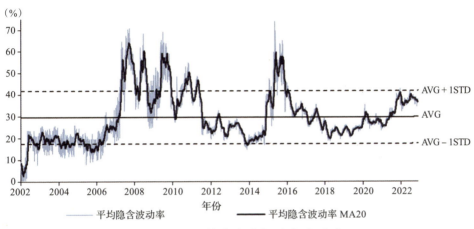

图 3-13 可转债全市场隐含波动率

资料来源:Wind。

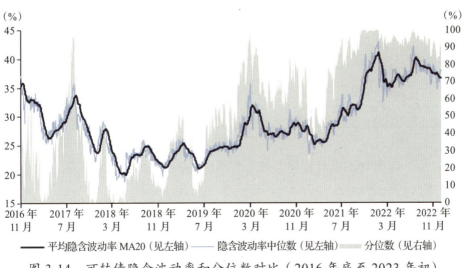

图 3-14 可转债隐含波动率和分位数对比(2016 年底至 2023 年初)

资料来源:Wind。

图 3-15　东财转债的正股各期限历史波动率与可转债隐含波动率

资料来源：Wind。

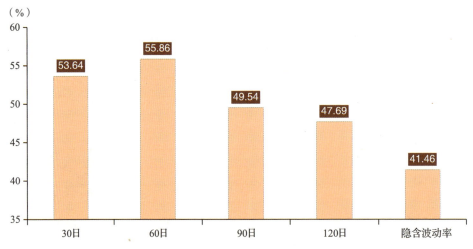

图 3-16　东财转债上市一个月后，各类波动率截面数据

资料来源：Wind。

我们常用的方法是，分别计算每日上市交易的个券收盘时的隐含波动率，取其中位数（或规模加权平均数等，实践来看中位数更平滑）构建时间序列。通过上述时间序列就可以清晰地观察到可转债整体估值绝对水平的变化。

（2）股债性指标结合方法（如图3-17～图3-25所示）。

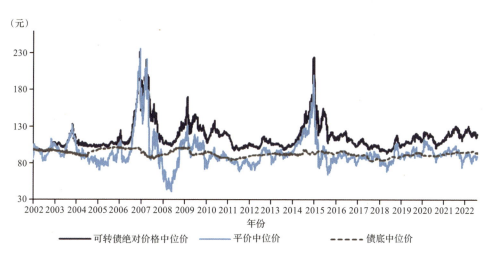

图 3-17　可转债绝对价格中位价、可转债平价中位价和可转债债底中位价时序图

资料来源：Wind。

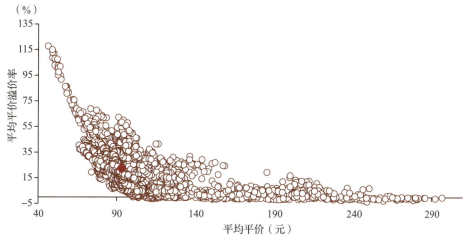

图 3-18　可转债市场平均平价溢价率与平均平价

资料来源：Wind。

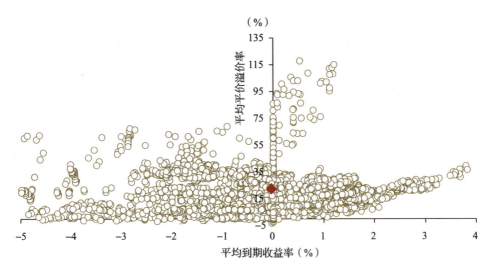

图 3-19　可转债市场平均平价溢价率与平均到期收益率

资料来源：Wind。

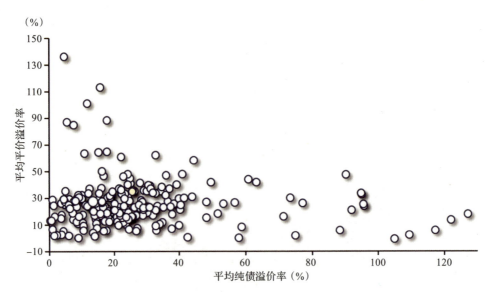

图 3-20　可转债市场平均平价溢价率与平均纯债溢价率时序散点图
　　　　（每个散点代表月度市场平均值，2002 年至 2023 年）

资料来源：Wind。

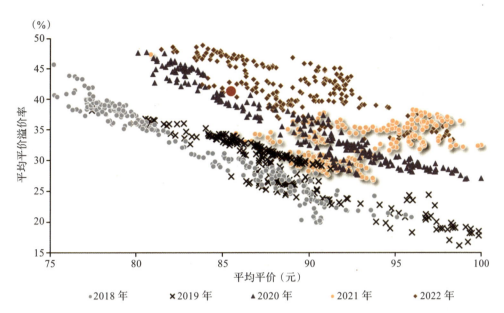

图 3-21 可转债市场平均平价与平均平价溢价率时序散点图（周度数据）

资料来源：Wind。

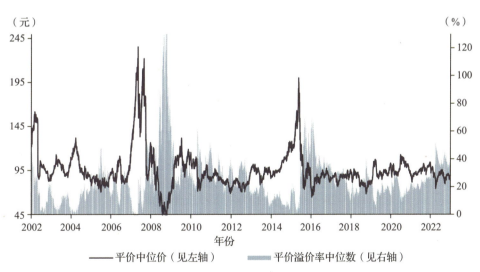

图 3-22 可转债平价溢价率中位数与平价中位价总体关系

资料来源：Wind。

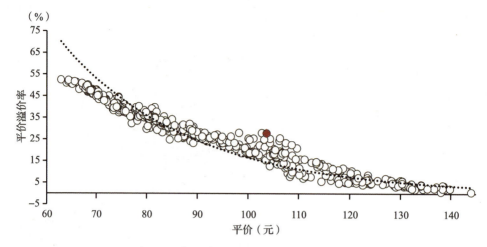

图 3-23　某可转债个券的平价和平价溢价率历史散点图

资料来源：Wind。

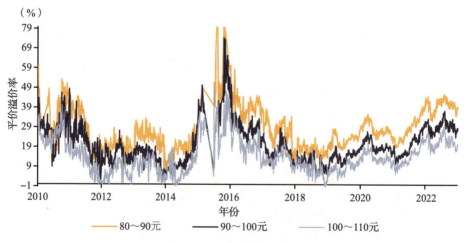

图 3-24　中低平价可转债对应平价溢价率

资料来源：Wind。

常用的是平价、到期收益率、底价溢价率与平价溢价率。该方法主要用于比较可比历史，结合绝对价位及股性判断当前可转债市场估值所处位置，进而得到"模糊的正确"的结论。相比隐含波动率指标，我们还能看到市场、个券的股债性情况。虽然简单,但往往更有效。

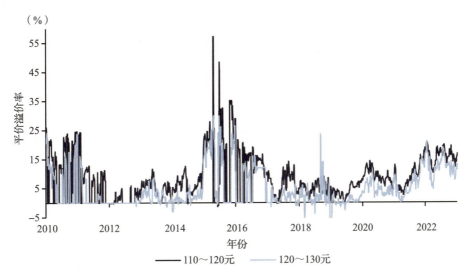

图 3-25　高平价可转债对应平价溢价率

资料来源：Wind。

（3）华泰转债气泡图（如图 3-26 所示）。

一般而言，在同等条件下，股性越强，债性一般就越弱。因此，如果将到期收益率作为横轴，平价溢价率作为纵轴，个券应该从左下方到右上方分布。当然，由于信用评级、剩余期限等方面的差异，实际分布会更为复杂。但我们可以从中一眼就看出个券之间的估值差异和个券性价比分布情况。

具体到一张气泡图上，我们可以用一个三角形将其大致分成四个区域。①三角形右下方区域：该区域个券多数债性强、股性也不差，正是所谓高性价比品种，是寻找错杀机会的最佳区域。但要注意甄别信用风险及流动性问题等。②三角形中间区域：该区域个券股债性均衡，一般是无硬伤品种，往往评级高、流动性好、估值基本合理。③三角形右上方区域：该区域个券往往债性强，但股性很差，主要孕育着条款博弈机会，估值很高。④三角形左上方区域：该区域可转债已经明显透支了正股未来涨幅，需要及时规避或兑现。

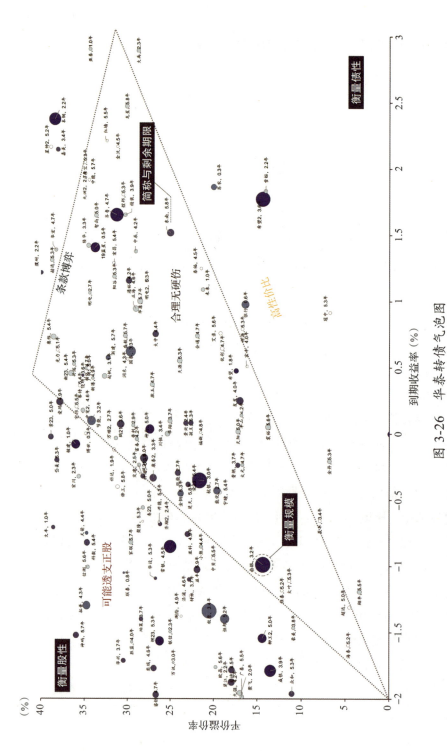

图 3-26 华泰转债气泡图

注：气泡大小为可转债个券余额，气泡颜色为可转债个券评级（颜色越深，评级越高），气泡标签为个券简称以及剩余期限。为显示清晰，图中标示个券余额大于 8 亿元的可转债的气泡标签。

资料来源：Wind。

同行业的可转债估值比较也会因此变得简单。当然估值差异背后的原因是多方面的，比如老券由于存在历史成本等因素估值往往偏高，也可能反映了投资者对基本面的不同看法。但是对于新增资金而言，可以清晰地看出背后的估值差异，轻松做出第一步筛选。比如，如果投资者想投资银行转债，通过气泡图就可以清晰地看出估值与性价比上的差异，然后再做第二步筛选。

不同行业和个券转债之间的估值差异，可以清晰地反映正股相对强弱的变化。如果这种变化超出了合理范围，也将是明显的相对价值机会。再比如，投资者还可以通过观察个券不同时期在气泡图中的位置，来了解市场估值的整体变化。

尤其是对于新券而言，市场上有这么多品种，如何快速判断其合理定位，观察气泡图是最有效的方法。比如遇到新券上市，我们就可以通过气泡图将其与基本面相似、规模和条款相似的品种进行比对，快速做出其上市定位判断及上市定位是否合理的判断。

不难看出，隐含波动率或股债性指标方法既可以用于市场整体纵向比较，也可以用于横向比较，而气泡图方法主要用于个券横向股债比较。

可转债为何会表现出估值分化

此前我们从整体的视角讨论了可转债估值的影响因素。但在实践中，可转债估值往往分化明显，其中往往孕育着大量的投资机会。

可转债估值分化会经常发生在新券、规模大、条款特殊等品种上。譬如下列原因都可能导致可转债的估值分化。

原因一：股市结构性行情预期、板块分化对应可转债估值分化（如图 3-27 所示）。A 股转债的盈利模式还是正股上涨驱动可转债上涨，因此可转债估值也反映对未来正股表现的预期，当然弹性越大的行业，其可转债估值一般也越高。如果股市结构性行情的特征明显，那么可转债个券自然也会产生相应的分化。例如，2019 年初，外资大举进军 A 股，白马、消费与部分蓝筹涨幅明显领先，相应的可转债标的也率先从底部反弹，比同类个券估值更高。

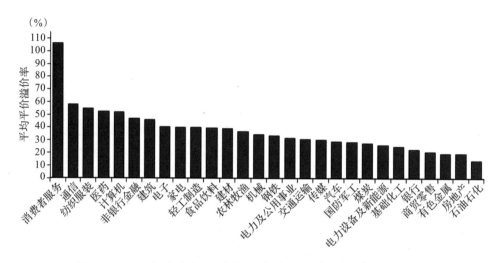

图 3-27　从平均平价溢价率视角看行业间可转债估值分化
资料来源：Wind。

原因二：保险等机构投资范围受限也会引发品种偏好进而带来估值差异。可转债市场已经今非昔比，参与者的种类越来越多。但是不同参与者的投资行为往往存在差异，表现在入库标准的"松紧程度"、投入范围限制、对于某类股票的特别偏好等。例如，保险资金配置可转债往往约束严格，存在每股净资产、评级、评级机构等诸多限制。因此，高评级、规模大的品种更容易得到险资、理财的青睐，其他机构的标准虽然不一定严格，但总体上仍然是偏爱这类可转债。这在一定程度上造成了高低评级、大小盘可转债的估值分化。

原因三：供给充裕且不同行业可转债供给结构不平衡，也会造成估值分化（如图 3-28、图 3-29 所示）。在供求矛盾突出的情况下，筹码的获得最关键，估值往往位居其次，甚至不及绝对价位重要。目前可转债供给充裕，投资者仍有较充沛的空间择券。板块内的可比品种越来越多，也会造成个券间的更大差异。此外，多数投资者都倾向于平衡配置各个板块，但如果某一行业供给过多，也会造成投资者自然低配，从而压低估值，历史上的银行转债就是典型案例。反之，比如白酒等转债，供给上具有稀缺性，往往得以享受更高估值。

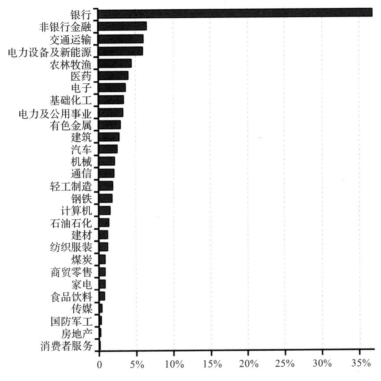

图3-28　不同行业可转债规模占比（2022年）

资料来源：Wind。

原因四：老券存在历史成本，常常造成新老券之间的估值分化。比如2018年可转债新老券就出现过明显的估值分化。如光大等老券上市偏早且当时定位不低，投资者持有成本远高于同类新券（如后面的平银、中信甚至苏银）。多数投资者都不愿意过低地抛售光大，使得它的估值明显高于几只新券。

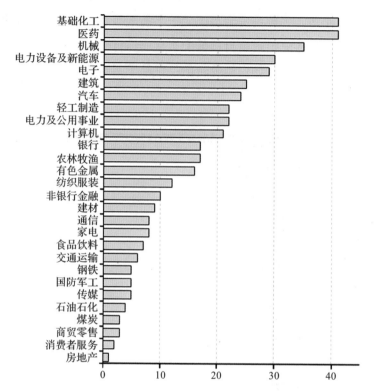

图 3-29　不同行业可转债个券数量（只）（2022 年）

资料来源：Wind。

当然，可转债绝对价位、正股弹性、可转债的条款设置（尤其是赎回条款和转股价修正条款）、正股基本面差异、规模（规模越大估值越低）、评级（评级越低估值越低）等也会造成可转债之间的估值分化。

显然，从长期来看，非正股因素导致的估值差异不会真正影响可转债回报，低估值从长期看反而是不少可转债超额回报的来源。相比正股表现，可转债估值高低是相对确定的变量。可转债估值具有吸引力，对正股判断的依赖度就会有所降低，往往带来更好的投入产出比。在方法上，我们仍习惯使用传统气泡图来寻找相应机会。

还有哪些细节需要了解

经过前文一系列的讨论,投资者应对可转债估值有了一个初步印象。我们总结了投资者关于可转债估值的常见问题,并对每个问题进行解答,力求使读者对可转债估值的理解更加精进。

问题一:股市处于趋势性上涨时,可转债估值对指数有预测作用吗

可转债投资者当中机构占比较高,但往往不是股票市场的专业投资者,前者意味着可转债投资者可能比股票投资者"嗅觉更灵敏",后者意味着可转债投资者未必比股票投资者"更专业"。

从历史上来看,当股市处于趋势性上涨时,可转债估值与股指在多数情况下都是同步的。背后的原因前文已经提过:首先,在趋势性行情中,可转债投资者会遵循趋势交易思路,导致强者恒强;其次,股市上涨也会同时带走"优质品种",导致筹码稀缺性增强;最后,股市的强势表现也会激发投资者参与可转债的热情,提高整体仓位从而推升可转债估值。可转债估值对指数不具有真正意义的预期能力。

但驱动牛市的原因不同,其领先效果也会不同。毕竟可转债市场的投资者以债券投资者为主,其对资产荒和流动性的感知更为敏感。因此,股市走牛的原因不同也会带来不同的结论。尤其是当股市反弹或趋势性上涨源于业绩驱动时,可转债往往未必能够提前感知(如图3-30所示)。但在资金驱动的市场中,由于债券投资者对流动性更"敏锐",可转债往往会提前抗跌,相应地可转债估值会先于股指见底,比如2014年(如图3-31所示)、2018年底等。

问题二:底部反弹时为何可转债常见正股和估值双轮驱动

股市处于熊市尾部时期,可转债常常会出现正股和估值的双轮驱动(如图3-32、图3-33所示)。从经验上看,原因主要包括:第一、此时多数可转债触及面值甚至债底,理论上已"跌无可跌"。风险收益比优于股票,对各

路资金而言都是较好的埋伏工具，能够利用产品特性克服人性的弱点；第二、可转债市场毕竟是小众市场，供给弹性较差，需求弹性更强。一旦股指底部反弹，还能提升投资者对未来股市的上涨预期，使得可转债需求迅速上升从而推升可转债估值。

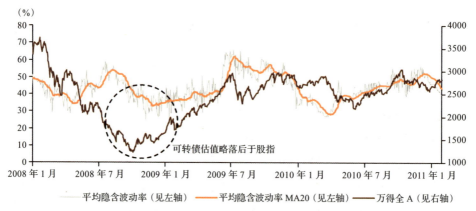

图 3-30　2009 年股市反弹（业绩驱动）期间可转债估值表现

资料来源：Wind。

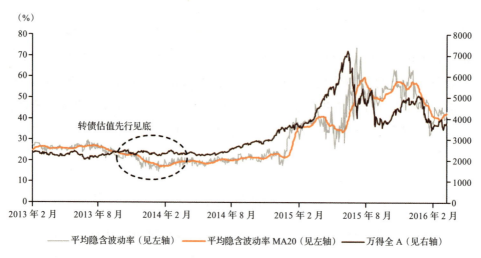

图 3-31　2014~2015 年牛市（流动性驱动）期间可转债估值表现

资料来源：Wind。

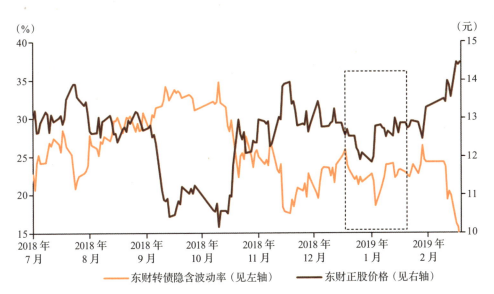

图 3-32 2019 年初东财转债估值与正股同时抬升

资料来源：Wind。

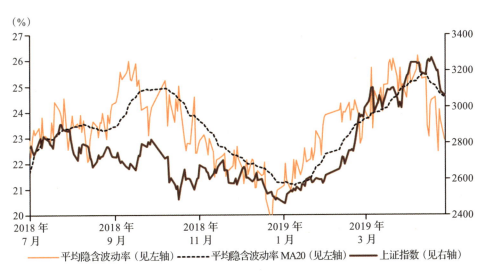

图 3-33 2019 年初股市反弹，市场可转债估值与正股同向上行

资料来源：Wind。

问题三：150 元可转债拥有 40% 的平价溢价率意味着什么

这种高估值品种往往在以下几种情况出现。

情景一：大牛市当中。比如 2015 年，正股经常出现涨停，且可转债筹码稀缺（很多债券投资者只能通过可转债间接参与股市），投资者往往愿意给予更高的估值。

情景二：中小票爆炒。譬如 2020 年，可转债品种由于存在 T+0、无涨跌幅限制（仅在当年有效，2021 年已修改），出现中小品种爆炒行情，英科、小康等券就是当时的典型代表。

情景三：特殊行业品种。比如证券等行业转债，由于正股弹性强、波动大，供给稀缺，往往也能享受高估值。

需要指出的是，上述高价高估值品种往往尚未进入转股期。否则，在强制赎回和转股压力之下，很难长期维持溢价率。无论如何，具有该特征的可转债品种，从绝对价格上来看，可操作性已经很差。除非在大牛市中，否则风险和收益严重不对称，性价比毫无悬念不如正股，敬而远之可能是较好的选择。从某种意义上讲，这类品种唯一的机会就是正股继续上涨，更适合长期研究该行业或公司的专业人员操作。

当然，反过来也有不少可转债存在折价交易，比如平价溢价率为负。这些可转债品种的基本特征都是还没有进入转股期，可转债绝对价位已经较高，投资者有恐高情绪，往往也多出现在震荡市或熊市当中。当然，临近赎回品种也经常出现折价交易，可以看作对转股者的风险补偿，毕竟转股的投资者需要面临 T+1 的转股风险。

问题四：为何有的时期某类可转债明显更"便宜"

该问题与我们前面提到的可转债估值分化有关，往往是其中某个或某几个原因被明显放大。具体来看，历史上有哪些类型的可转债出现过被集体低估的现象？

第一类是曾经的银行转债（主要是 2015 年以前），主要原因是供给结构失衡（如图 3-34、图 3-35 所示）。当时市场规模有限，但单只银行转债动辄体量高达 300 亿元、400 亿元。因此,银行转债一度占据市场的"半壁江山"。但由于公募基金存在仓位限制,个券最多只能配置 10%,这就导致银行转债供过于求。再加上这类品种往往正股弹性欠佳,投资者也不愿给予其更高估值。

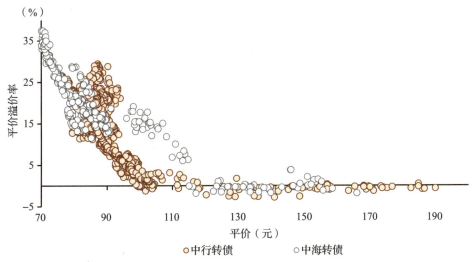

图 3-34　同一时期内,中行转债比中海转债更便宜

资料来源:Wind。

图 3-35　隐含波动率视角下工行转债与中海转债的估值比较

资料来源:Wind。

第二类是低评级、低关注度品种，主要原因是规模与入库限制。随着可转债市场的不断扩容，越来越多低评级、低关注度品种进入投资者视野。但由于保险、年金、银行理财等机构拥有较强的风控措施，低评级个券一般难以入库。更有甚者还会对信用评级机构等存在限制。此外，部分可转债还由于细分行业太偏或太小，机构零覆盖造成了信息的严重不对称。这就使得不少本身质地不错的品种被变相错杀，长期处于低估状态。

第三类是部分曾给投资者留下过"不好印象"的品种，包括正股。可转债市场毕竟还是小众市场，如果发行人曾经因为某些行为损害了投资者的利益，可能就会被"记仇"。其结果往往是，即便正股尚可，可转债也走得"死气沉沉"，更别提其可转债估值了。背后的原因一方面在于投资者对个券失望、缺乏信心，尤其是某些尝试与投资者博弈未果的品种；另一方面在于"玩家"减少导致可转债流动性明显萎缩，"便宜"也在情理之中。此外，这类品种的正股走势一般也难有出色表现，所谓"一荣俱荣，一损俱损"。历史上就有十余只可转债长期在面值甚至90元以下运行，绝大多数都属于这个类型，读者可自行研究探索。图3-36也总结了一些可转债低关注度的原因。

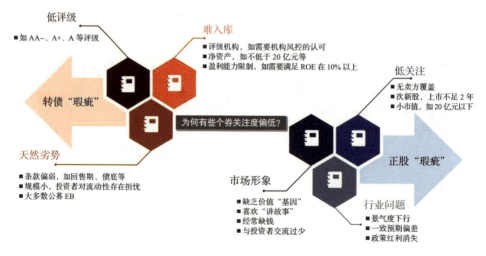

图3-36 可转债低关注度的原因

总而言之，便宜的可转债不见得就有吸引力，尤其是大多数低价品种自有其便宜的道理。但低估值本身并不是坏事，至少说明可转债此时已经具备不错的安全垫。如果正股基本面不差甚至还存在一定的预期差，那么果断出手、左侧埋伏或许还能收获不小的"惊喜"。

问题五：如何根据可转债估值在同类品种之间做轮动

投资者还可以合理利用可转债估值进行换券操作。对于日益丰富的可转债市场，投资者的组合中免不了会有几只甚至更多相似个券。这些个券往往属于同一板块、拥有相同评级、规模相近甚至就是同一发行人的两代可转债。此时，投资者可利用气泡图工具，根据可转债估值的不同进行换券调整，降低持仓成本、改善组合的整体风险收益比。

譬如，2020年3月，部分可转债投资者倾向于重仓基建品种。从当时存量个券来看，雨虹、北方等性价比显然不如建工、九洲、远东（如图3-37所示），此时依托估值进行换券无疑是较好的选择。事实也证明，依托性价比换券后回报明显更好。此外，对于一二代共存的品种，换券逻辑也是类似，如山鹰转债与鹰19转债、桐昆转债与桐20转债等。经对比可发现个券之间的性价比差异（如图3-38所示），借力进行组合调整，这也是可转债投资中的一大乐趣，能带给我们不小的幸福感。

问题六：新券为何往往估值"异常"

不少刚接触可转债的投资者有一种印象——新券上市仿佛从来不会"令人失望"。这种情况主要出现在牛市或阶段性强势行情中。原因在于，新券享受了流动性溢价。所谓流动性溢价，就是指新券上市初期，往往伴随着快速换手，只要价格还能接受，投资者不介意给予更高估值从而拿到尽量多的筹码。一方面，牛市中存量品种已经没有太多筹码可拿，新券可能是唯一的入场门票。对于新资金而言，"早点上车"比什么都重要；另一方面，对于优质新券，中长期投资价值也不低。只要没有过多透支未来涨幅，其估值稍高也不是问题。

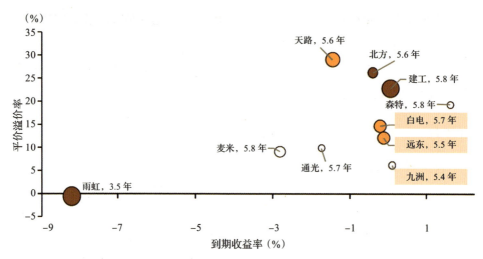

图 3-37　基建类可转债股债性分布（2020 年 3 月 11 日）

资料来源：Wind。

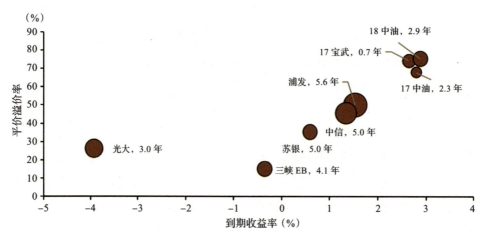

图 3-38　隐含大盘品种股债性分布（2020 年 3 月 11 日）

资料来源：Wind。

反过来，在震荡市甚至熊市，新券由于没有历史成本等问题，上市定位往往更合理，甚至引导存量品种估值下降。

实践中的几条经验之谈

历史经验一：绝对价位有时候比估值更重要

可转债品种受债底和条款博弈保护，因此跌到面值甚至以下之后，就开始具备较强的抗跌性。而发行人促转股的意愿不变，这时候投资者就可以考虑持有后以逸待劳，等待转股价修正或股市转机，这在历史上屡试不爽。

比如2014年初可转债的绝对价格接近历史最低水平。估值底决定了可转债性价比超过正股，具有了中期配置价值，但价格底才是真正的安全垫。直到2014年7月，可转债估值底与价格底才出现了重合（如图3-39、图3-40所示）。表现在：①可转债到期收益率水平已经大幅提升，本身安全边际明显增强；②多数可转债平价溢价率处于自身历史低点，对应股性不差。此时股市也磨底已久，而可转债得到债底和平价的双重支撑，这是典型的加仓信号。

图 3-39 基建类可转债股债性分布

资料来源：Wind。

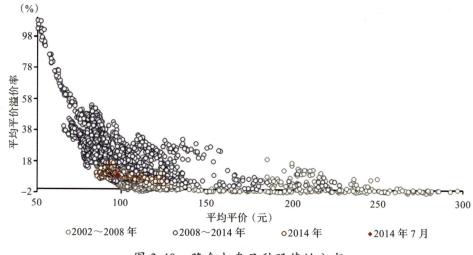

图 3-40 隐含大盘品种股债性分布

资料来源：Wind。

从安全边际来看，可转债估值也有回升迹象。一方面，投资者对股市的预期已经较为悲观，但由于股指向下空间越来越小，市场情绪已经开始反转；另一方面，债市流动性明显改善，原本紧张的资金面得到一定程度的缓解，对应纯债的机会成本开始下降。因此，可以说 2014 年上半年就是当时左侧埋伏的最佳时点之一。

不过，在这段时间内，A 股转债市场的最大赢家不是国内机构，反而是以 RQFII 为代表的海外资金。原因在于：①海外资金与国内机构目标不同。不少 QFII 等客户更加看重风险调整后回报，更看好稳定回报机会。尤其是在股市方向性不强的情况下，倾向于将可转债作为避风港。②资金成本不同。由于资金成本很低且人民币存在升值预期，海外投资者更看好中国资产。③海外资金对冲机制更完善。虽然存在交叉对冲风险，但毕竟相关工具更丰富，对冲机制也就更完善。因此，有海外背景的投资者比本土出身的投资者更重视可转债估值。

历史经验二：高估值不等于下跌，但不宜恋战

另一个令投资者印象深刻的时段就是 2015 年上半年。当时股指正处于

高位，而可转债也背负着罕见的高估值。从个券来看，多数品种的估值早已超过 2009 年和 2010 年，堪比 2007 年。民生转债透支了股市 20% 的涨幅，新券甚至透支更多。

造成这种现象的原因在于：①供求失衡是根本原因。随着股指走高，可转债纷纷转股，市场规模大幅萎缩。并且随着股市上涨，发行人赎回可转债的速度必然会越来越快。但受制于时段（年报季、拿到批文与正式发行存在间隔），短期难有可转债新券发行。可转债市场筹码稀缺现象越来越明显。②股市预期是催化剂。股指强势上涨，连续突破 4000 点、5000 点整数关口，投资者心理价位不断挑战新高，对应可转债估值提升。③来自纯债的机会成本降低也支撑了可转债的高估值。

如何看待 2015 年上半年这种市场？股市处于高位但可转债也积累了高估值，意味着可转债已在透支未来，绝大多数个券只剩下交易机会。当可转债市场处于 2015 年上半年这种情况时，其存量个券的配置价值已经明显消失，原因在于：①更高的估值往往需要正股继续上涨印证，而股指如果缺乏续涨逻辑将十分危险；②市场规模收缩、个券选择余地小，"巧妇难为无米之炊"；③赎回压力下高价可转债以时间换空间能力差；④新券对存量品种有显著的替代作用；⑤当股市趋势逆转时，流动性差、价位高等问题还会大幅提升投资者的出逃难度。显然，在这种市场下，可转债只剩下交易价值。

但是，可转债单纯的高估值不等于可转债要跌，正股驱动仍是核心。诚然，可转债的高估值的确透支了股市持续且大幅上涨的预期。由于可转债市场是拍卖市场，在强烈的稀缺性溢价与牛市预期之下，只有高估值才能实现供求出清。但可转债估值高只代表可转债性价比不好，不代表可转债要跌。只要股市趋势未被打破、正股仍有上涨逻辑，可转债的表现仍不会差。当然，可转债价格走高，其相对于正股的敏感性系数确实会变小（Gamma 特性）（如图 3-41 所示），可以肯定的是风险收益比不会太好。

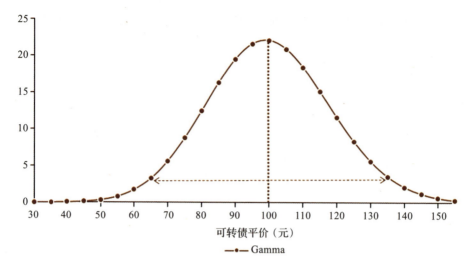

图 3-41　可转债 Gamma 的变化

历史经验三：2018 年四季度估值底遇到股市底

回头看，2018 年四季度可转债市场已经确认为历史大底。我们在当时的周报中也对此进行了分析和预判。那么，当时为何这样判断？有哪些数据与逻辑支持？

第一，从股市来看，2018 年四季度已经出现很强的底部特征（如图 3-42 所示）。2018 年 10 月之后，政策面开始发力，情绪面迅速回暖。从资金面来看，北上资金抄底动作较为明显，保险等机构也纷纷增持，产业资本更是出现了增持现象。此外，股债性价比、破净股比例等指标均显示出显著的底部特征。回忆彼时的市场观点，多数投资者认为即便市场离拐点还有距离，但至少向下空间已经有限，股指底部基本得到确认。

第二，从绝对价位来看，2018 年四季度可转债市场已经接近历史低点（如图 3-43 所示）。随着条款的普遍弱化，类似 2008 年这种条款博弈时代可能不会再现，因此债性指标在衡量可转债价格的底线时尤其重要。我们优先使用到期收益率作为在底部区间内观察债性的主要指标。2018 年 12 月，可转债市场平均到期收益率已经达到 2.79%，与当时的 7 天期回购利率接近。

这说明当时的可转债市场已经具备了最重要的底部特征。

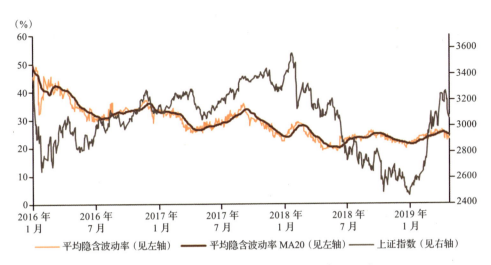

图 3-42　2018 年股市底遇上可转债估值底

图 3-43　2018 年底可转债的绝对价位已具备明显底部特征

第三，从可转债估值来看，2018 年四季度也可基本确认处于底部。有些个券在绝对价格低位竟然出现个位数甚至负的溢价率，很大程度上源于投资者对低评级品种过度悲观,可转债如果不违约,估值跌无可跌。条款博弈虽然并不普遍,但不少个券已经具备一定的下修预期。

市场上出现了"低价 + 负溢价"的品种,这是一个少见但很重要的底部信号。事后来看,随着 2019 年股市好转,可转债估值也出现了修复,借道可转债低位抄底股市的投资者都获得了丰厚回报。尤其是很多投资者担心股市还有最后一跌,选择重仓可转债进行博弈,可转债"进可攻、退可守"的特性表现得淋漓尽致。

历史经验四:2019 年 7 月之后可转债估值在机会成本与供求驱动下迅速膨胀

可转债估值的趋势性变化、极端状态多半与股指走势的关系最为密切。然而,历史上也曾出现过股市呈现窄幅震荡但可转债估值却持续上行的情况。例如,2019 年 7 月开始,可转债估值就在股市没有出现明显趋势的情况下一路高歌猛进,甚至超越 2017 年底的水平,再次站上历史中枢(如图 3-44 所示、图 3-45 所示)。

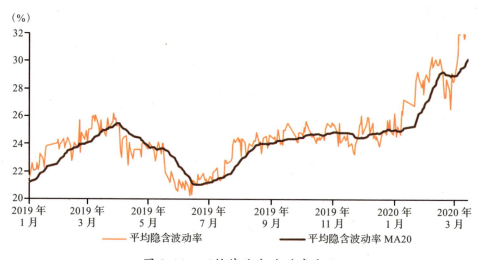

图 3-44 可转债隐含波动率变化

资料来源:Wind。

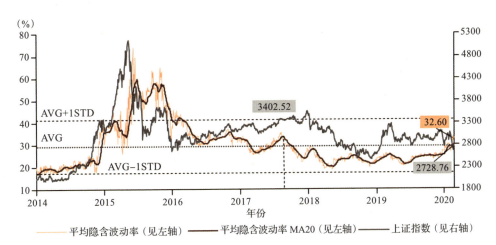

图 3-45　股指整体走势偏弱，但可转债估值逆势回升

资料来源：Wind。

为何会出现这种情况？短期诱因是股市结构性行情，中期核心是可转债供弱于求，长期基础是纯债的机会成本低。具体而言：

原因一：科技股强势上涨，同期上市的新券中优质品种较多，在近乎狂热的情绪催化之下可转债估值水涨船高。股市结构性行情、优质新券陆续上市带来的是可转债估值的主动上行。

原因二：筹码供求失衡不断推动可转债估值被动抬升。资产荒、股市上涨背景下，"固收+"等资金膨胀，新资金入市可转债。而可转债 T+0 和无涨跌幅的交易特性吸引了大量的游资和个人投资者。

原因三：来自纯债的机会成本仍低，债券投资者愿意通过可转债博弈获取超额回报。

CHAPTER 4
第四章

可转债操作策略

本章要点

- A股转债的盈利模式的核心是正股上涨驱动可转债上涨。
- 从动态视角看待可转债，其回报驱动力首先是正股，其次是估值、条款博弈、债底等。
- 可转债本身的投资特性也很重要，我们的策略回溯表明，高性价比等策略长期看容易获得超额回报。
- 我们非常建议读者从股市和可转债估值等维度构建思考框架，同时借鉴资产配置的思路，将头寸分为三个部分，以期获得更具风险收益比的投资组合。

可转债"友好"的投资属性

可转债拥有"进可攻、退可守"的产品特性。相比之下，商品和股票上涨和下跌都是无限的，可以跌到 0，可以无限上涨。而信用债上涨空间有限，最多就赚 5% 的票息，可以无限下跌，踩雷等于清零。这就决定了信用债投资者往往在事前要做许多功课，事倍功半的概率很大。如果流动性也不好，则进去容易出来难。所以信用债的事前风险防控一定要做得非常好。而可转债的优势就在于下跌空间相对有限。万一可转债跌太多，发行人只要修正一次转股价，就相当于"推倒重来"。而可转债一旦回到"正轨"，上涨空间又会很大。至少在理论上，可转债的投资属性良好。当然，这也要估值合理，不合理则另说。

可转债市场还是一个典型的赢家市场。如何判断它是赢家市场？我们一般在进入某个市场之前都要先看看竞争对手都有谁，是不是都比我聪明。如果都比我聪明，那这个市场中唯一的傻瓜可能就是我自己。这种市场一定就是输家市场，我们千万不能进去。但可转债市场相对友好，机构是主体，几乎没有"韭菜"，这与股票市场形成鲜明对比。尤其是，在以前在没有新媒体的时代，机构投资者还经常能赚到信息优势的钱。再加上我们（投资者）跟发行人、监管机构往往存在利益一致性（早日促成转股）。有一个看似玩笑的事实就是，我们如果去调研可转债，过程及气氛往往都相对友好。毕竟发行人（上市公司）有诉求，或博名（关注度）或博利（可转债及股价上涨），这与其他市场明显不同；而在调研信用债时，发行人往往都有一点防备心理，毕竟调研的目的一般都是找人家弱点，这就是在心理上的不同之处。从这点来讲，可转债市场也是一个比较明显的赢家市场。

可转债带有天然的纪律性

芒格讲过一句话，"所有投资的假设是我不具备信息完备性"。所以在做决策的时候，产品特性所适用的思维路径就很关键。由于产品特性的不同，风险控制就不一样，譬如信用债要在事前做大量排查，股票需要持续跟踪和仓位控制，不利趋势下要敢于砍仓。但可转债很神奇，它的产品特性已经在很大程度上帮我们做到了风险控制，看对了有止盈信号（赎回条款、可转债估值透支等），看错了有债底和条款保护（回售、转股价修正）。冯柳先生曾经讲过弱者体系的核心就是假设我们面对市场时都是绝对弱者，并以弱者的心态去看待风险和回报，从而达成最完美的投资。我们相信，可转债本身就是一个连弱者都适合的好工具。图4-1是可转债在大类资产中的表现。

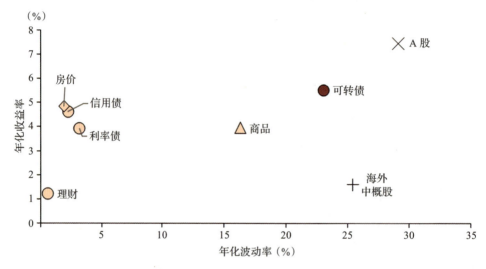

图 4-1　可转债在大类资产中的表现对比（2007年后）

很多人都说，这么多年来可转债指数涨得不多，但实际上可转债市场让投资者赚了很多钱。对股市和股基而言，大家都是在行情上涨过程中逐步建仓。到了顶部附近，仓位是倒挂的金字塔形，一旦见顶转跌，股基往往是全仓下跌。如果在底部没赚到钱，而在下跌的时候仓位又很重，那到最后回报未必很好。但对可转债市场和可转债基金而言，就恰好相反。可转债投资者大多在底部建仓，此时就是可转债基金筹码最多的时候。因为可转债便宜又有债底保护，最适合在左侧建仓。到了顶部附近，由于可转债纷纷被发行人赎回，整个市场中的筹码已经越来越少，没有空间供投资者操作了。说得再直白一点，可转债上涨到一定程度之后就受到赎回条款的限制，有时候投资者不想卖也得卖，市场会逼着你做止盈（如图4-2所示）。可转债的产品特性、可转债投资者的操作习惯以及可转债市场的制度等因素决定了可转债具有天然的纪律性。因此，在投资可转债的时候，这种天然的纪律性已经帮你做了很多风险规避的动作。

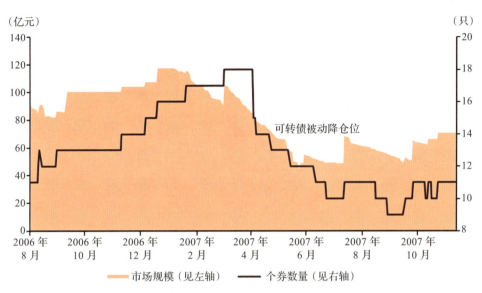

图 4-2 可转债在牛市见顶过程中因赎回规模减小

"金牛债基靠转债"

可转债一直以来都是债券投资的胜负手。稍微熟悉固定收益的投资者都了解，债券组合要想获得超额回报，很大程度上要靠可转债。原因很简单，对于利率债等纯债品种，即便操作再优秀、市场表现远超预期，实际上也不会有太大的差异。譬如顶尖高手之间过招，年化收益率能达到1%的差距绝对已是云泥之别。但反观可转债，1%的差距可能在一天之内就能实现，而第二天排名或许又会调转，跌宕起伏的程度不输股票。当然，波动的背后反映了可转债的弹性也是一把双刃剑，亏钱的时候也很悲惨。

可转债市场最高光的时刻是在 2014 年底（如表 4-1 所示）。那一年是牛市伊始，经历过的朋友可能都知道：在当年所有基金排名中，可转债基金差不多在前十名中占了七八个。毫无疑问，那段时间就是可转债基金最高光的时刻。为什么那时可转债能有如此强劲的表现呢？其中很重要的一个原因就是可转债不仅跟随股市上涨，还可以加杠杆（质押回购融资），借以大幅强化其进攻能力。尤其是对于很多债基来说，想要得到超额回报或波段收益，关键就在可转债。

表4-1 2014～2015年牛市可转债基金经历高光时刻

代码	名称	初期收益率(%)	中期收益率(%)	后期收益率(%)	初期排位(%)	中期排位(%)	后期排位(%)
530020.OF	建信转债增强A	83.6	90.1	127.9	0.4	3.5	0.2
519977.OF	长信可转债A	79.5	94.9	106.4	0.5	2.1	0.5
163816.OF	中银转债增强A	81.7	98.1	80.5	0.4	1.4	2.1
100051.OF	富国可转债	74.0	94.3	92.3	1.0	2.4	0.9
050019.OF	博时转债增强A	73.0	77.3	72.7	1.2	14.1	3.8
040022.OF	华安可转债A	88.5	95.6	51.7	0.3	1.9	19.0
310518.OF	申万菱信可转债	69.6	78.6	47.8	1.5	12.7	23.3
340001.OF	兴全可转债	43.8	53.0	39.6	20.3	41.0	33.7
470058.OF	汇添富可转债A	67.4	81.5	32.9	1.9	9.4	43.0
161719.OF	招商可转债	68.3	78.1	34.1	1.8	13.6	41.5
090017.OF	大成可转债增强	73.3	88.5	24.6	1.1	4.1	52.7
000080.OF	天治可转债增强A	40.4	46.6	37.5	25.3	47.1	36.7
000003.OF	中海可转换债券	40.5	47.4	17.6	25.1	46.3	62.9
240018.OF	华宝可转债	65.1	72.1	28.4	2.7	19.6	48.0
000067.OF	民生加银转债优选A	57.3	66.7	10.5	6.9	25.1	75.3
000536.OF	前海开源可转债	42.3	47.0	6.8	22.4	46.6	79.0
161624.OF	融通可转债A	50.7	56.9	11.5	12.6	37.0	73.6
161826.OF	银华中证转债指数增强	39.2	41.3	3.3	26.9	50.7	91.6
165809.OF	东吴中证可转换债券	42.0	44.9	-9.5	22.9	48.6	96.7

资料来源：Wind。

不过，可转债市场也不是永远都有机会，也可能"三年不开张，开张吃三年"。从历史走势也能看得出来，可转债市场存在周期性，至少与股市基本同步。这就意味着，可转债市场可能较长时间甚至几年才能等到一次系统性机会，大多数时候都需要耐心等待。但其本质是不变的，可转债是债券投资者用来表达权益观点的一种工具，也是债基等机构间接参与股市的重要途径，因此经常被戏称"金牛债基靠转债"。好在随着市场的日益壮大，品种越来越丰富，结构性机会和个券选择越来越多，对趋势行情的依赖度在降低。

可转债投资常见的误区

记得有一位投资经理跟我们讲过这样一句话，"减少低级错误就成功了一半，仅仅不犯低级错误就能在市场上排在中游"。所以在很多时候，我们其实都在努力减少低级错误。

误区一：不好不坏做可转债

股市如果确定是熊市，这时候显然不应该做可转债，可转债也难有好机会。但是，在熊市末尾，投资者不清楚是不是还有最后一跌，这时候可转债可能已经跌无可跌，利用可转债博弈股市变盘就是不错的选择。如果确定是牛市，可转债的表现显然也将会不错，对于不能直接投资股票的投资者，或者有债券最低持仓要求的混基，当然应该选择可转债，何况可转债还有杠杆功能，进攻性未必输股票。不好不坏的时候，可转债同样尴尬，这时候如果估值有吸引力，不妨以可转债作为过渡性品种，重点关注波段和个券机会。

误区二：行研做可转债更具优势

可转债作为独立的品种有其自身的运行规律、投资特性和供求逻辑。行研往往会有如下弊端：第一，这个可转债的正股由于不是行业龙头，可能根本就没在覆盖范围内；第二，从正股角度看，我们不仅仅关注促转股能力，还关注促转股意愿和正股弹性，行研对后两者关注度不高；第三，行研出身的人未必了解可转债本身的估值、条款等，以及投资者面对的机会成本是纯债。

可转债投资中最容易踩的坑是什么？那无疑就是"牛股最伤人"。大家或许都有这种感受，期待越高的品种往往越容易让大家失望。我们回顾历史，印象中那些带着光环上市的可转债一般都不会有太好的结果，至少是回报很难达到大家的预期。举个例子，2010年前后，无锡有一家做节能环保的公司发行的可转债挂牌上市。那时大家欢欣鼓舞，因为终于有一只大牛票上市了。但实际结果是，该券上市之后一路下跌，几乎不见底。此外，这只可转债还是历史上少有的以被回售收场的可转债之一。后来，这个公司的名气慢慢淡去，但其可转债给我们留下的痛苦回忆仍难以磨灭。当然，还有很多类似的品种，也都是带着光环上市的。究其原因，很明显问题出在"牛股的光环"上：大家在上市之初就给予更高溢价，一旦遇到不可测事件甚至是简单的业绩下滑，就容易出现正股和可转债估值的双杀。

所以在可转债市场上，老手都有心照不宣的经验——好公司不代表好可转债，好股票未必都能带来好可转债，尤其要小心带光环的。不过，现在犯这种低级错误的投资者已经越来越少了，其实这已经不能算是明显的"坑"了。

误区三：定价模型的作用

首先，定价在理论上是一个静态概念。如果通过模型能算出大幅或者明显的价值偏差，实践中用其他工具或指标往往也能一眼看出。此外，对可转债定价的最大问题就是，最终结果对假设非常敏感。也许我们的假设从一开始就错了，因为前提失之毫厘，结果就谬以千里。即便我们的方法都对了，但模型中需要的波动率应该是正股"未来的波动率"。很遗憾，我们没有预测未来的能力，最终同样也需要大量的主观判断。因此，我们在实战中更多的是倒推出这个隐含波动率，通过它的大小来判断可转债估值高低。实践经验已经证明，这种思路比纯粹定价更有用。

因此，可转债定价（模型）其实并不像大家想象的那么重要。我们认为，模型的主要作用是交流沟通，更多的是作为一种"语言"存在。譬如在海外市场，投资者经常会问你的模型参数、波动率。可转债的定价理论实际上在这个时候最有用。原因就在于，海外市场都是以对冲交易为主，譬如买入一组可转债后打包。本质上这是在进行波动率交易，无论涨跌投资者都能赚钱，而且组合的波动越大越有利。所以，在交易上才会有"波动率的微笑"一说，尤其是对冲基金，对模型的依赖度很高。大家深入了解之后就会明白，可转债投资用不用模型跟盈利模式有很大关系。

多提一句，过度重视模型有时候还会带来很严重的误导。在 A 股市场中，我们经常会发现有一些可转债的定价极端便宜，譬如银行转债或者其他偏大盘的可转债。但单纯的价格低等于有投资价值吗？答案当然是否定的。历史上，这类可转债可能是正股弹性很弱，可能是投资者从根本上就不看好正股，还可能是可转债条款存在一些明显瑕疵，所谓"存在即合理"。总之，对于可转债估值，我们最好的态度就是"尽信书不如无书"。

盈利模式才应该是思考的起点

事实上，对任何一个产品，我们都建议以盈利模式作为思考的起点。投资者来到可转债市场的目标显然也是获利，但有几种获利方式（如图 4-3 所示）：

第一，在正股上涨中赚钱，正股上涨，可转债的转股价值提升，可转债价格自然水涨船高，这无疑是最好的赚钱方式。

第二，通过条款博弈获利，但如上所述，条款博弈往往出现在熊市，这时候获利难度本身就很大，如同火中取栗，何况很多投资者也不具备信息等优势，条款博弈机会可遇不可求。

第三，通过交易获利，本质上赚市场博弈的钱。可转债市场是个机构市场，真正错误定价的机会不多，且高估的时候比低估的时候多，但由于缺少做空手段，对于高估严重的市场最多就是不参与，难有获利空间。

可转债投资的最高境界是什么？正股大幅上涨推动可转债触发赎回条款并顺利转股后，投资者赚了钱，发行人完成转股，大股东优先配售获利，监管机构实现了市场稳定，达成了各方"共赢"的局面。

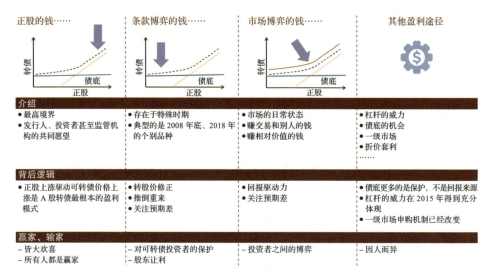

图 4-3 可转债在赚谁的钱

我们在前文已经多次强调，正股上涨驱动可转债上涨才是 A 股转债核心的盈利模式，发行人普遍将可转债作为间接股权融资方式是理解条款优厚、转股价修正等问题的关键。

可转债回报的驱动力思维

我们最推崇的还是从回报驱动力视角看可转债，这也是我们理解的所有可转债价格变化的基础（如图 4-4 所示）。传统上，可转债市场有四大驱动力：

一是正股，正股永远最重要。只要正股上涨，可转债平价就能提升，这也是核心因素。

二是可转债估值。

三是条款博弈。对于可转债市场的诸多变化，我们没做过多预测也无法做过多预测。因为条款博弈涉及发行人、投资者、市场环境等多方因素，所以很难做这种预测。但在风险收益比较好的时候，投资者可以考虑持有。虽然这种机会可遇而不可求，但它也是一个不可忽视的回报来源。

四是债底，但可以不过多关注它。可转债只要不出现违约就没什么大问题，小幅波动基本贡献不了太大收益。

图 4-4　可转债驱动力分解

此外，杠杆操作是业绩放大器，其助涨助跌的作用也不能忽视。2014年、2015年之所以成为可转债的高光时刻，就是因为可转债有杠杆。

不同市场环境下的操作策略

从历史来看，投资者在不同的市场环境中应该怎么赚钱？回头来看答案似乎总是清晰的，但当时的我们不那么容易找出答案。

牛市优先仓位

遇到大牛市怎么办？自然是仓位最重要。历史经验证明，大牛市到来的时候，与其琢磨怎么择券，不如先把仓位加上来再说。"将军赶路，不追小兔"，可转债和其他品种一样，在大行情出现的时候不需要顾及细枝末节。相反，我们常提的结构性机会则意味着市场暂时还看不到大的机会，这时候择券才是重点。

但在不同的时期有不同的趋势成因，实战操作肯定要随机应变（如图4-5所示）。我们最希望看到的就是2006年、2014年和2018年底这种局面。譬如2014年，可转债个券的到期收益率普遍很高，绝对价格也都十分便宜，唯一不确定的就是不知道趋势什么时候降临，处于"胜可知而不可求"的状态中。但对可转债来说，底足够硬、空间足够大，市场各种表征都很清楚，想亏钱都难。在我们的印象里，每次到这种可转债估值很便宜、股票性价比很高，但就是不知道什么时候牛市会来的时候，都是可转债最好的左侧布局期。

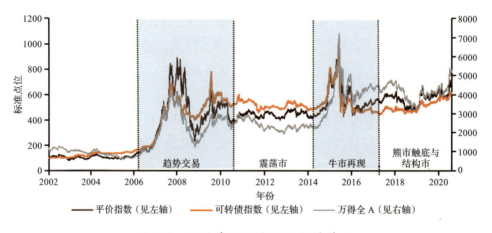

图4-5　可转债不同阶段的操作特点

资料来源：Wind。

再譬如在2018年底，股市中很多人都觉得股票会有最后一跌，但做可转债的人都能看到可转债性价比已经非常好了，甚至出现极为罕见的在面值附近负溢价品种。此时从股债两种资产来看，估值比价已经明显向股票倾斜，而做多可转债的市场情绪也已开始积聚。毫无疑问，此时就是左侧布局可转债的最佳时机。虽然我们一直强调在大牛市中仓位最重要，但实际上一般在事后才知道是不是趋势性行情。简单来讲，趋势性行情一般都会出现一个典型标志，就是资金面特别充裕，反映到交易上"利好是利好，利空是利空出尽"，股指的20日均线等技术指标变得越来越有效。

2009年和2006年也是趋势性牛市。2009年股市的趋势性非常强，属于资金面、业绩、估值三因素共振，最容易识别。而在2006年，中国资本市场中的投资者对股市牛市的认知都还不多，更不要说可转债了。但这毫不妨碍我们从客观上判断，可转债性价比已经到了非常好的水平。所以即便没有人相信大牛市会到来，也可以布局可转债进行博弈，用产品特性对抗市场的不确定性。

事后来看，2007年的大牛市是典型的业绩驱动，趋势性一旦形成，就会裹挟着很强的惯性。我们的策略当然就是"仓位优先，先上车再说"；在操作上，我们建议持盈止损，锚定某种指标或制定交易纪律，譬如调整跌破20日均线就兑现一半。而且对可转债来说，指数涨两三倍的时候，要么估计市场中也只剩几只可转债，投资者已经没有操作空间了，要么个券纷纷达到强制赎回条件（15/30，130%），发行人逼着你止盈。因此，可转债投资者在天然的纪律性保护之下，事后往往都能收获很好的回报。可转债指数未必能完全反映投资者的收益。不过，2019年以来，可转债市场开始高速扩容，整体性机会越来越不明显，个券机会开始慢慢增多。

简单总结，趋势行情下可转债操作可以遵循三个原则：

第一，"止损不止盈"是法宝。牛市初期，高涨的盈利预期是主导，但后期趋势本身更重要。A股仍是散户占比很高的市场，流动性驱动下惯性扮演重要角色，何况火热的经济环境已经掩盖了个人投资者基本面研究的缺失。反过来，在2008年转入趋势性下跌之后，及时止损是关键。

第二，可转债筹码获得和仓位高低是关键。普涨格局下，个券差别只是涨多涨少，何况可转债筹码随着转股而越来越稀缺，获取筹码最重要。高流动性可转债具备更强的稀缺溢价，如当时首钢、晨鸣、国电等就成为机构抢筹对象。

第三，个券比拼的是弹性。弹性也将是个券比拼的重点。可转债弹性来自正股弹性（可分解为业绩弹性与估值弹性）和可转债对正股的敏感度，同样流动性水平下，行业与正股波动率较高的品种更受追捧，如重工和巨轮。牛市演进过程中低价券被逐步"消灭"，总体来看及时"上车"更关键，理由不重要。

震荡市重在个券

震荡市和结构市怎么办？在盈利模式上，震荡市主要赚波动和个券的钱，本质上是赚别人的钱，导致市场充满了博弈。可转债绝对回报有所降低，"积小胜为大胜"是制胜法门。落地在操作上，可转债波段操作好于"拿住不动"；个券质量参差不齐，精选可转债能获得较明显超额回报。以核心大盘品种为例，可转债持有回报与时间的趋势相关度显著降低，且持有体验不如信用债。波段操作和精选个券是增厚回报的重要手段。

从择时上看，"悲观中买入，乐观中卖出"的震荡市操作策略胜出。震荡市意味着上下空间均有限，关键点位附近的止盈诉求较大。在基本面逻辑和流动性环境未发生显著变化时，股指难走出震荡区间。不过，震荡市买卖点的判断相对清晰，尤其是对可转债而言。在买点判断上，随正股和可转债估值调整，债底和条款支撑开始变得坚实，左侧布局逐渐具备吸引力（可转债投资者通过到期收益率、绝对价格、纯债支撑强度等指标能获得比股市更清晰的底部信号），可转债性价比也能增厚安全垫，高性价比策略在震荡市将获得明显超额回报；在卖点方面，除股指拐点判断外（基本面和流动性变化、估值性价比和板块轮动、技术上股指关键点位压力），可转债赎回条款则是辅助判断卖点的重要依据。历史上，多数发行人均会通过赎回促进转股，尤其在震荡市中触发赎回本就不易。

震荡市重择券，高性价比策略是制胜法宝。一方面，震荡市指数机会稀少，自下而上的必要性显著增强，少数"牛券"的贡献也不容小觑。例如，2010年地产和货币政策收紧，金融地产表现较差，导致偏后周期的机械和有色、可选消费等板块的景气度也随之下降，对应铜陵、塔牌、双良可转债大幅跑赢市场；2013年TMT成长股、化工、医药等占优，对应东华、美丰、同仁可转债走强；相比之下，2014年普涨环境中，个股超额回报空间缩小，板块强弱主宰了可转债弹性。2009年10月创业板登陆A股市场后，对优质中小盘成长股市场的关注度增加，在2010年、2013年经济上行或反弹期优质中小盘成长股的表现甚至好于上证50代表的大盘龙头股。可转债正股市值平均为100亿~150亿元，在此期间市值"劣势"反成"优势"，不乏亮眼表现。

另一方面，股市和个股预测总存在不确定性，可转债性价比则能有效提升择券容错率。从回测结果来看，高性价比策略在震荡市中明显表现一般。

熊市防守反击

熊市呢？防守为主，可转债投资也要顺势而为，当熊市来临，规避可转债是最好的选择，不要轻易认为自己能战胜市场，可转债也只能让你少跌，不能扭转乾坤。当然，2008年等时点的条款博弈机会仍值得重视，在熊市尾声关注左侧埋伏机会。2008年底、2014年、2018年底的左侧埋伏机会，最终都获得了丰厚回报。

双维度操作要点指南

我们再对所有情景进行总结。从股市和可转债估值两个维度看，任何市场环境无非是以下四种组合（如图4-6所示）。

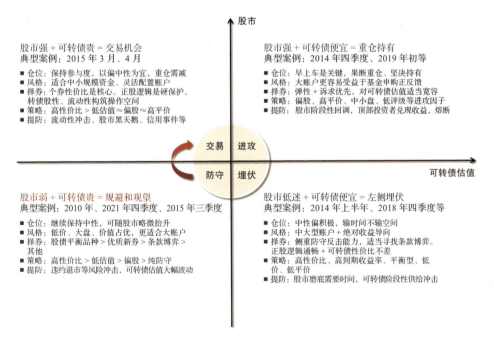

图4-6 不同股市和可转债估值组合下的操作策略

情景一：股市强、可转债便宜，显然要重仓持有。
情景二：股市强但可转债贵，只能寻找交易机会。
情景三：股市弱、可转债贵，则要注意规避，尽可能观望。
情景四：股市低迷但可转债很便宜，此时多做左侧埋伏。

不过，问题是我们怎么能知道这是熊市还是牛市或震荡市？一方面，这取决于我们的判断力。另一方面，不要忘记，可转债的魅力就在于"进可攻、退可守"，如果可转债性价比较高、绝对价位较低，我们完全可以用可转债投资的确定性去博弈股市变盘的可能性。

操作策略回溯与启示

上面是基于股市判断的操作建议，投资者在实际操作中，还有基于可转债特性的操作策略。

我们试图通过策略回测的方式找出更好的 Beta 并指导投资。我们根据估值、平价、规模、绝对价格、股债性、信用评级和到期收益率等因子构建不同的可转债策略，一方面，可以验证可转债投资者长期以来的诸多疑惑；另一方面，可以根据猜想对新的策略加以验证。

基础策略与常识

我们得出如下结论：

第一，"便宜就是硬道理"，但不绝对（如图 4-7 所示）！

不少投资者对绝对价位这一指标相当关注，但仅仅是安全吗？从结果看，低价组的表现略优于高价组，远超中等价组，而且波动较小。归根结底，低价可转债的优势在于既有债底支撑的抗跌性，又有条款博弈预期带来的向上动力；而高价组可能胜在弹性更好，尤其是牛市期间在强者恒强的逻辑下涨到更高，但这往往是双刃剑，在股市调整时损失也更为惨重。长期来看，低价可转债整体优于高价可转债，价位"不上不下"的品种表现最差。

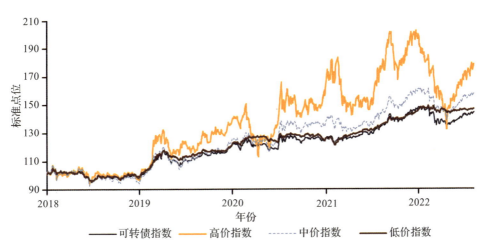

图 4-7　便宜是硬道理，但牛市中动量效应也很明显

资料来源：Wind。

第二，高估值好还是低估值好？低估值胜出（如图 4-8 所示）！

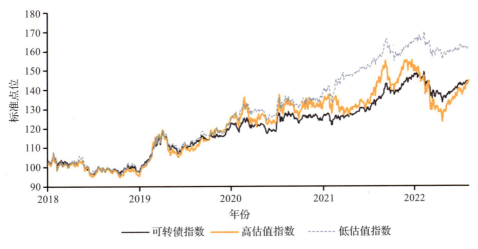

图 4-8　低估值贡献明显超额回报

资料来源：Wind。

尤其是 2017 年之后，估值因子成为最重要的因素。2017 年扩容之前，

可转债个券数量多数时候只有 20 只左右，差别不大。而在其后的大扩容过程中，估值差异明显拉大，为估值因子发挥作用提供了表现空间。此外，我们曾多次提及，"业绩不佳的公司"不等于"差股票"，更不等于"差可转债"。首先，由于评级等原因，很多可转债被排除在可投资范围之外，由此导致的低估值随着时间推移存在估值修复的空间，比如从负溢价修复到正溢价。而高估值品种在赎回前往往需要挤压溢价率。其次，从正股的实际表现来看，大小盘等品种的差异性并不明显。最后，低估值品种往往也更可能修正转股价，带来价值提升空间。这些因素导致低估值成为超额回报的来源之一。

第三，对于规模因子，小盘可转债明显表现得更好（如图 4-9 所示）！

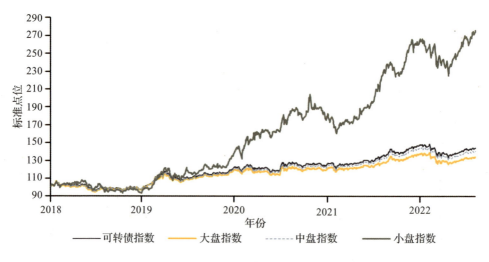

图 4-9　小盘可转债明显跑赢大盘

资料来源：Wind。

无论从最大回撤还是 Calmar 比率看，小盘可转债都有更好表现，这也与我们直观感受相符。其原因显而易见：首先，小盘可转债发行人的促转股意愿往往更强，所谓"业绩不佳的公司"也有好可转债，同样，跌到纯债水平的小盘品种相对更容易实现下修。其次，小盘品种比较适合游资等非主流玩家参与，而且也最容易出现新"玩法"。最后，机构持仓比例低、流通市值小，上涨时往往弹性十足。反观大盘品种，虽然波动率更低，但实际上表现远逊于小盘品种。当时，大盘品种流动性好，更容易建仓，承受的信用风险等也更低，而小盘品种往往中看不中用。

第四，从股债因子看，平衡型可转债是基础配置（如图4-10所示）！

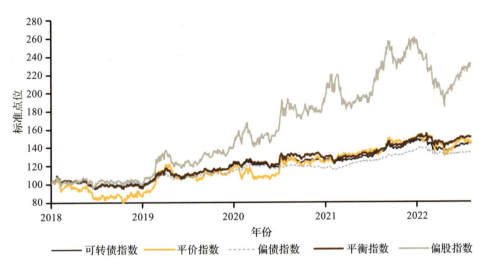

图4-10　长期看，平衡型是基础配置，短期结合股市判断切换风格或有更佳效果
资料来源：Wind。

长期来看，无论偏债还是偏股策略，年化收益与最终净值都不高。偏债性可转债的波动率与最大回撤均为所有策略最低；偏股性可转债则正好相反。平衡型可转债上涨时体现弹性、下跌时有底，最能发挥"进可攻、退可守"的产品特性，因而其表现更优。启示在于，我们进行可转债投资时，尤其是以长期视角来看，极端地选择偏债性可转债或偏股性可转债都难以取得理想的结果，最佳思路仍然是尽量选择股债平衡型品种作为基础配置。当然，如果能结合股市判断在偏债和偏股之间做切换，或许能获得更高回报。

第五，高到期收益率比低价更有效？还是看所处的时期（如图4-11所示）！

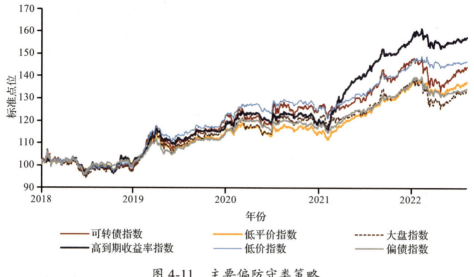

图 4-11　主要偏防守类策略

资料来源：Wind。

我们在前面已经证明，便宜就是硬道理。但实际上，究竟用哪个指标来衡量个券的便宜程度更合理？到期收益率可能就是一个更好的指标。我们构建了高到期收益率的可转债策略，从回测结果来看，2016 年以前低价策略表现稍好于高到期收益率策略，但 2016 年以后高到期收益率策略显然比低价可更优。

我们分析后得出，其原因可能是：①低价并不能完全代表个券的安全边际，尤其是对于某些受事件影响的品种，跌成纯债可能自有其理由，单纯的低价策略在当下市场适用性已经降低。②相比之下，高到期收益率结合了票息、到期赎回价、期限等因素，显然比低价更具说服力。事实上，从投资者的角度来看，在选择"便宜货"时，的确也会更多考虑到期收益率而非简单的价格。③2018 年前后，市场一度担心高到期收益率品种的违约风险，其后出现了情绪修复。

此外，需要说明的是，以上所有策略回测的结果均是单因子择券下的长期表现，在实际工作中，没有人会简单根据单个因子去择券，其结论也不能刻板地应用于短期投资。毕竟，正股才是可转债的第一驱动力，在强势的正股面前，单个因子对可转债的短期走势并无决定性作用。

进阶策略：基于股债性和多个指标间的"化学反应"

下面我们分享两种更复杂的可转债策略。

第一种是增强型可转债策略。增强型可转债策略拥有更严格的仓位控制和择券行为，并非单个因子的简单筛选。例如，我们最推崇的就是高性价比的择券思路，并以如下条件来描述：

1. 计算一段时期内可转债个券的平均到期收益率，时间范围为前10日至当日。

2. 寻找"便宜货"——取其中平均到期收益率在前1/3的个券，进行下一步筛选。

3. 股性尽量偏好：①平价溢价率在-5%到20%；②如没有个券满足前一条件则取平价溢价率在中间1/3的品种，但要注意其中最大值不得高于30%（平价溢价率普遍过高说明市场整体较差，不如空仓）。

4. 如果当日不存在类似个券，则考虑清仓持有现金（极端熊市）或配置流动性好的大盘可转债（震荡市）。

实践证明，投资者往往推崇的高性价比可转债策略确实是较好选择（如图4-12所示）。其波动低、回撤小，年化收益不低，将可转债的超额回报特性发挥得淋漓尽致。此外，在这个基础上，还可以加入正股基本面条件进行筛选，如ROIC、ROE等，形成更精细、更全面的策略，投资者也可自行尝试挖掘。不过，上述结果仅是通过量化手段得到的，不少选出的个券可操作性差、流动性不好甚至存在一定信用风险，在实践中想要完全复制难度很大。

第二种是组合型可转债策略。组合型策略是将前面所提到的单个策略组合起来，实战意义在于通过控制变量，来寻找哪些因子之间可能产生"化学反应"。比如，我们通过如下手段构建组合：

1. 以估值为锚，即投资过去10天隐含波动率均值位于后1/3的小票。

从结果来看，效果一般，总回报小且回撤偏大。

2. 以价格为锚，即投资过去 10 天均价处于中间 1/3 的小票。结果是，虽然最终净值与估值策略相差不大，但 2010~2014 年明显抗跌性更强，最大回撤更小。

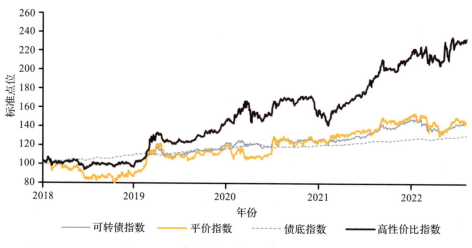

图 4-12　高性价比策略回测效果较好

资料来源：Wind。

因此，结论就很明确了，仅从回测结果来看，投资绝对价格处于中间分位的小票策略明显更优。投资者也可以举一反三，尝试其他不同的组合型策略。

需要特别指出的是，小盘低评级可转债一旦"踩雷"（虽然目前公募可转债还没有出现过违约事件），所谓的"超额回报"就可能前功尽弃。因此，在实践当中，我们对信用资质仍有较高的要求。

可转债配置可以借鉴"三三制"

那么是不是只能选择一种策略或风格呢？显然不是。对不少投资经理而言，在实操当中，会借鉴资产配置中的思路，将头寸分为三个部分（如图 4-13 所示）。

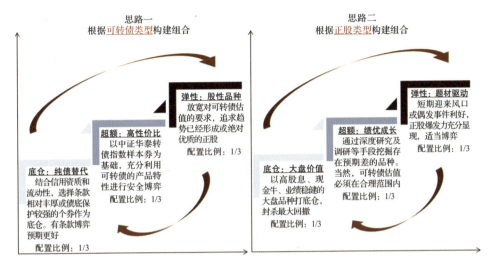

图 4-13 可转债策略的"三三制"配置思路

第一部分：高性价比或低价的底仓品种。这类品种主要依托可转债本身的高性价比，对股市方向判断的要求较低，时间是其朋友，仓位调整频率也可以更低。当然，在震荡市或熊市，债基也会选择纯债替代品种作为底仓品种。在实践中，也有投资者将大盘可转债作为底仓品种。

第二部分：正股高弹性或进攻性品种。这类品种性价比未必高，但正股有更强的弹性或进攻性，在正股驱动下，有望获得超额回报。

第三部分：交易、题材或正股替代等品种。这类品种着眼于短期信息冲击等，交易属性更强，随时可能换手。

在实践中，我们可以按照股市本身强弱、账户性质分配三个部分的比重。

CHAPTER 5
第五章

择券定成败：框架篇

本章要点

- 在实战中，如何将观点和策略落地，最终要落实到择时（仓位）、择券上。我们在本章将介绍可转债择券的一般流程和框架。
- 转债气泡图是衡量可转债本身估值和性价比的较好工具。对于正股，要寻找"好赛道、好模式、好公司、好价格"的组合，这决定了促转股能力。
- 基于可转债特性来看，决定投资业绩的还有促转股意愿和正股弹性。

引言

在实战中，如何将观点和策略落地，最终要落实到择时（仓位）、择券上。曾几何时，可转债投资更像是"大择时"的概念，更依赖股市的 Beta。由于品种少，投资者也不需要对个股进行特别深入的分析和跟踪，核心任务就是抓住趋势性行情，做好仓位选择。但是 2017 年之后，可转债市场的核心矛盾变成了市场扩容与研究精细化程度不足之间的矛盾，迫使可转债择券日益股票化。尤其是可转债品种大幅增加、股市结构性行情成为常态后，择券的空间和价值提升，当勤奋有了变现的资本，自下而上的股票式研究方法就越来越有效。因此，我们在本章与大家一起探讨可转债择券问题。

择券的基本框架和思维

我们基于华泰固收转债择券的基本框架（见图5-1）总结了择券的一般流程。

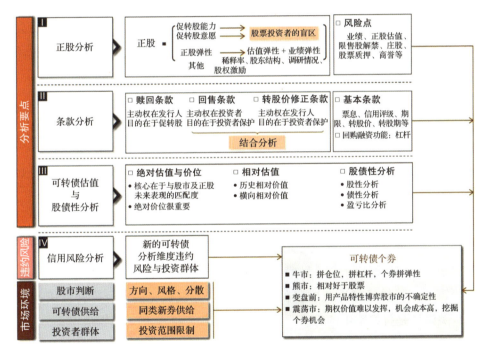

图 5-1 华泰固收转债择券的基本框架

资料来源：Wind。

第一步：正股分析。要点往往是从行业着手，从促转股能力、促转股意愿、正股弹性等角度加以考量。当然也会关注近期股价上涨催化剂、股东结构、解禁情况等。

第二步：条款分析。要点是排除条款瑕疵，规避赎回风险，把握转股价修正机会，同时适度关注转股稀释率等。

第三步：可转债估值与股债性分析。我们会同时关注估值水平、绝对价位。

第四步：其他因素。比如可转债流动性、信用风险等，有些可转债的信用评级连入池门槛都达不到，显然在第一步就被排除了。

第五步：做出选择。我们会结合股市、行业分布、供求等做出择券选择。

在实践当中，以上流程并非一成不变，比如在进行新券选择时，我们会先看条款和公司基本概况，以期有个初步的认识。比如很多投资者先通过评级和流动性剔除一批可转债之后，再做选择。

"识地利"：可转债择券要考虑产品特性

可转债择券与选股存在诸多相似点，但是可转债作为衍生品，择券时考虑的因素比选股更多，我们称之为"识地利"。

具体来说：

第一，可转债存在赎回等条款约束。可转债与正股最大的不同就是存在附加条款，包括回售条款、转股价修正条款和赎回条款。

第二，可转债可选范围仍偏窄。很多行业我们无法通过可转债表达观点，关键还是打好手中的牌。

第三，可转债有入库门槛的限制。具体来说：①保险资金最为严格，一般只允许AA+级以上品种入库且评级机构也要符合《保险资金运用管理办法》的相关规定。而年金账户则相对宽松得多。②公募大多要结合内评和外评综合判定是否入库，多数公司对评级的要求最多下沉到AA-级，规模最多放宽到3亿元。同时仓位要满足基金普遍应用的"双十"原则，操作时不能违背反向交易等限制。③券商资管更像保险,而大多数券商自营部门只要符合内评即可。

"知天时": 可转债择券要考虑市场环境

可转债择券需要考虑市场环境,我们称之为"知天时"。在牛市情景下,仓位最重要,其次看重价格弹性等"长板",绝对估值可以弱化。首先,在牛市情景下,业绩赛跑相当于比拼直线加速能力,理性的投资者当然要选择最强势的品种以尽可能提升组合弹性。从历史上看,每当趋势性行情出现,可转债风格因子回报排序基本上都是"偏股 > 相对高性价比 > 高价 > 低平价溢价率 > 中小盘/低评级",这也说明了牛市下可转债投资最核心的择券标准是弹性,市场热度高时多关注"长板",比如独特的题材、正股趋势等。其次,在牛市中,进攻就是最好的防守,仓位最重要。当然,牛市中择券可以更激进不代表不用看估值,弱化绝对估值,但还是应该提防过度透支正股未来涨幅的品种。

在熊市情景下,投资者一般更关注安全垫和防守反击能力,前者由绝对估值和保护性条款构筑,后者则取决于股债性和正股。如何减少回撤?当然就是增强组合的安全垫,并提前布局未来可能具备较强反击能力的品种。安全垫需要较强的硬保护,表现在指标上一般是高债底、高到期收益率、低绝对价格、更丰厚的条款。实战而言,防守反击更需要正股的配合,相应存在一定的时间成本和不确定性,而估值和价格构筑的安全垫是相对确定且直观的。

在震荡市情景下,投资者一般更倾向于保持中性仓位和均衡配置,因此更需要看重容错率。不同于牛市与熊市,指数的变化在震荡市中更难以捕捉,这就导致了投资者心态可能也更不稳定。理性的投资者自然更倾向于保持偏中性仓位,并降低组合集中度,尽可能地实行均衡配置。因此,个券层面就不能像在牛市一样一味追求弹性,也不应像在熊市一样优先强调防守,投资者更需要具备较高容错率的品种。我们建议从以下两个方面寻找高容错率的品种：第一，赔率好的本质是"犯错误的成本低"；第二，流动性强的目的是"错了更容易认错"。

显然，做了牛熊市的划分，本质上还是一种择时的思维。但在实践中，如何判断当下的股市是牛市还是熊市？多数时候答案其实并不明确，这更多是个概率问题。从经验上看，牛市时，利好出尽是利空，利空出尽是利好。比较形象的说法是，牛市就是久未联系的小学同学都开始向你咨询股市问题了。而当股神遍地，身边随便一个人都开始向你推荐股票时，说明牛市就快结束了！因此，我们在择券实践中往往并不会特意假设当前的市场状况，性价比还是择券的核心，熊市也有牛股，牛市也有"挖坑"品种。

"求人和"：可转债择券需要多种思维

第一，择券需要概率思维。投资是门艺术，不是一加一等于二的数学题，更没有永远有效的公式。作为投资者，我们要做的就是尽可能放大确定性带来的回报，控制不确定性带来的回撤风险，在已知与未知、可知与不可知之间寻找平衡。这是一个痛苦的过程，也是市场的魅力所在。

如何思考？可转债择券应该给确定性变量更高权重（如图5-2所示）。可转债估值、绝对价位等是相对确定的变量，应在市场或正股不确定性较大的情况下给予更多关注。

如何操作？简单来说就是围绕确定性做到加权胜率最优。传统上，可转债投资者大多数时间内都受制于能力圈的问题，很难对可转债正股做更深入的研究（例如业绩预测和持续跟踪）。此时可转债估值就是最确定的变量，是最直观的择券指标。因此，对于可转债估值有吸引力的个券，我们认为可适当放宽对正股的要求。本质上我们是在利用可转债的产品特性和安全垫来对冲对正股和股市的认知风险。这是可转债品种天然的红利，也是可转债择券特有的便捷手段。

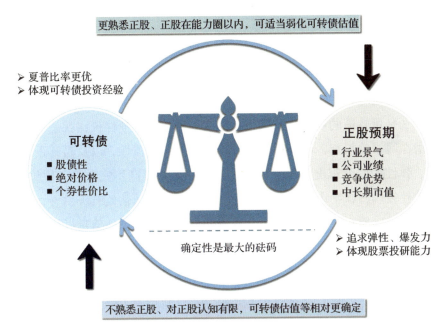

图 5-2 根据确定性加权投资可转债

第二,择券需要综合思维。择券首先是综合评估的结果,但简单将各因素打分加总往往会导致结果成为"四不像"。我们最喜欢的当然是正股潜力大、可转债估值有吸引力、可转债绝对价位合理、流动性好、条款没有瑕疵的品种,但现实中这类理想品种非常少见,更多的是仅有几条符合标准或者有一两条特别亮眼但其他方面的瑕疵特别明显。这就要求我们衡量哪些因素是核心变量,哪些因素不会造成实质影响。

第三,择券可以有一定的"短线思维"。由于可转债发行人普遍具有较强的促转股意愿,他们往往会在可转债发行后尽力释放利好、助力正股股价上涨。可转债一旦达到强制赎回条件,绝大多数发行人都会选择执行赎回条款,逼迫投资者转股。因此,可转债的回报窗口往往非常短暂,这就要求可转债投资者掌握一定的"短线思维",但前提是可转债本身的流动性是否充足。可转债的回报窗口不长,没必要有执念和"洁癖",例如对业绩或赛道的"执念",尤其是上一章提及的"三三制"配置中的交易头寸。

择券工具：从性价比到气泡图

可转债估值高或低往往相对确定，常用的指标是隐含波动率或股债性指标。但估值在实际运用当中并没有想象的直观有效，更深层次的思维是衡量可转债性价比。

什么是可转债的性价比？从某种程度上看，可转债性价比就是承担的风险与潜在回报的权衡，可以简化为可转债估值、股债性，以及与其正股潜在涨幅、弹性的匹配程度，赔率高是核心特征。估值高不完全等于性价比好，如果债性较弱，在牛市中也未必占优。因此，可转债估值有吸引力，股债性合意是基础，而正股具备较强的上涨预期，或者可转债估值足以弥补正股的不足，则是可转债风险收益比高的表现。此时，我们一般认为该可转债的性价比较好，赔率和胜率较高，尤其是赔率占优，反之亦然。我们有个简单的衡量标准，如果正股上涨20%、下跌20%，可转债的上涨幅度明显超过下跌幅度，就是性价比高的表现。

具体如何衡量可转债的性价比？以可转债估值和股债性为基础，结合正股预期进行综合判断。如前文所述，我们常用隐含波动率、可转债价格运行区间、可转债平价、平价溢价率及到期收益率等指标客观描述可转债估值水平。与此同时，我们还会对可转债正股股价变动有个大致预期，一般是一个范围，如 $-10\% \sim 25\%$。此时，我们再根据个券相对自身历史和可比品种所处的位置，综合推算当前可转债估值（客观描述）与正股上涨预期（主观研究）两者是否匹配。当然，不同投资者对行业或个券的未来的看法会存在一定差异，往往也会得出不同的结论。我们更提倡追求"模糊的正确"，规避"精确的错误"。

此外，所谓性价比要分清和谁比？第一种是和正股比，尤其是高价可转债，投资特性已经类似于正股，但如果溢价率仍比较高，就需要考虑是不是有正股替代机会；第二种是横向个券比较，这种视角往往是我们常用的；第三种就是单纯看自身赔率。

高性价比择券从历史上看是超额回报的重要来源。中证指数公司与华泰证券合作编制的中证华泰可转债价值指数，其核心策略同样是高性价比逻辑，在过往几年都获得了较为明显的超额回报。

"善其事"还需"利其器"。如何能做到更清晰、更直观地判断可转债估值和性价比？我们将传统的股债性方法进行了升级，如图3-26所示，华泰转债气泡图是观察个券性价比更为便利的工具。如何绘制转债气泡图？择券时又该如何应用？接下来我们将对此进行详细讲解。

转债气泡图一般包含五个要素，对象是单个时点下全市场所有个券。我们常用的转债气泡图应按如下顺序构建：①以债性指标作为横轴，最常用的是到期收益率，原因是它不受主观选择折现率的影响，可比性最强。当然也可以用绝对价格或纯债溢价率。②以股性指标作为纵轴，平价溢价率可能是唯一的选择，在此不赘述。③用气泡大小表示可转债规模，建议用实时的债券余额。④用气泡颜色表示可转债评级。我们常用的气泡图一般按债项评级给气泡涂色，AAA级为同一色系下最深色，AA- 及以下为最浅色或白色。⑤将可转债剩余期限标注在对应气泡图旁。

转债气泡图的主要价值是横向观察个券性价比，简单讲就是越偏右下方性价比越高。

此外，同行业的可转债估值比较也会因此变得简单。不同行业和可转债个券之间的估值差异，可以清晰地反映正股相对强弱的变化。如果这种变化超出了合理范围，也将是明显的相对价值机会。当然估值差异背后的原因是多方面的，比如老券由于存在历史成本等因素估值往往偏高，也可能反映了投资者对基本面的不同看法。但是对于新增资金而言，可以清晰地看出背后的估值差异，轻松做出第一步筛选。譬如，投资者如果想投资银行转债，直接改造气泡图就可以清晰地看出性价比上的差异，然后再做后续选择。

此外，气泡图对投资者判断新券上市定位也十分有效。尤其是现在市场上可转债品种鱼龙混杂，快速判断其合理定位难度越来越大、需求也愈加迫切，气泡图仍然是最有效的手段。我们常用的做法是，先找出评级相同、正股基本面相似、规模和条款相近的品种，再使用气泡图标定新券上市所处的相对位置，进而做出其定位是否合理、股债性是否符合要求的判断。

可转债研究的核心仍是正股

股票投资是在风险与回报中寻找平衡的一门艺术，图5-3是股市与股票逻辑的核心——现金流折现模型（DCF）。传统上，我们分析一家公司往往按照以下步骤进行：

1. 了解基本情况是看懂公司基本面的前提。一般至少要了解公司体量、股东结构、股权穿透、业务版图等。另外，最近几年的股价表现、估值变化、现金流情况也需要简单观察。

2. 进行行业分析。首先，要了解公司核心业务所处的大行业（周期、金融、成长、消费、公用）、一级行业（汽车、军工、电子、医药……）、二级行业（锂电池、光伏组件、LED背光模组……）。其次，要了解公司所处的产业链上下游情况，尤其是公司的供应商（上游材料、设备）、客户（下游应用）。最后，需要梳理各业务板块的同行业竞争者，达到基本掌握产业格局的程度。

3. 财务分析是对前面判断的验证。A股公司有固定的披露频率——每年四次，这是最权威的分析资料。不同背景的投资者的切入角度可能有一定差异，但总体不会脱离盈利能力、管理能力、偿债能力三个范畴。譬如，通过毛利率验证公司对上下游的议价能力，通过应收账款周转率验证现金回款能力，通过营收与净利润之比验证收现质量等都是常用技巧，杜邦体系堪称财务分析最经典框架。

4. 股价驱动力分析，投资者应该了解几个常见逻辑。埃隆·马斯克最推崇的思维是"第一性原理"，直白地讲就是事物的发展往往会有一个最关键的因素，在特定的阶段、特定的环境下更是如此。我们平时说的"要抓就抓主要矛盾"也是这个意思。对同一只股票，可能会存在无数种逻辑，我们最需要做的往往不是创造逻辑，而是选择逻辑。譬如，对传统制造业或建筑业而言，订单驱动是一种最常见的逻辑。一家工程公司收获国家级项目订单可能会直接改变其估值中枢，而一家多年业绩高速增长的电子工厂，被核心客户踢出一供名单则可能导致其瞬间沦为二流企业。

第五章 择券定成败：框架篇 111

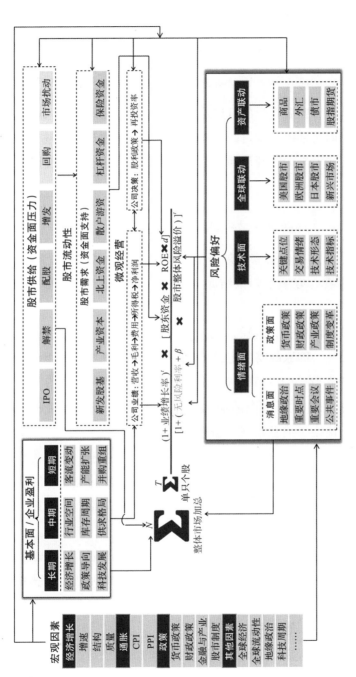

图 5-3 股市与股票逻辑的核心依然是现金流折现模型（DCF）

此外，投资者需要分清驱动股价的内因与外因、主因与辅因，避免本末倒置的错误。从内外因角度讲，有的公司发展主要靠自身努力，例如大力研发带来的技术革新、高效管理打造的低成本、努力营销驱动的高周转以及优秀且良性的商业模式等；另一类公司相对被动，更多靠外因，例如资源禀赋带来的护城河、核心客户的订单拉动、受益于行业政策及风口效应、垄断地位等。从主因与辅因角度讲，基本面、业绩、主题等显然是关键因素，而估值往往是上述因素的客观反映。因此，投资者往往不会单纯因为低估值而重仓。

最好的正股是"好赛道 + 好模式 + 好公司 + 好价格"

认识了公司，我们就需要展开更深入的分析。从股市发展史和国内外的实践经验来看，好股票归根结底离不开"好赛道 + 好模式 + 好公司"的组合。

"好赛道"就是我们常说的"宏观环境"，好风凭借力。理解赛道不外乎三个角度：第一，国家战略决定经济的发展方向。例如"五年计划"对大基建、新能源的支持，"双循环"对国产替代及民族品牌的扶持，资本市场大刀阔斧改革对金融 IT 及券商的催化。第二，社会不断发展进步伴随着人口结构的变迁，决定了有些市场会慢慢萎缩，有些市场则会继续"年轻"。譬如人民对美好生活的需求上升就会带动消费升级并使得 ESG 政策出现。第三，万物皆逃不开"周期率"。对股市而言，最重要的是债务周期、库存周期、技术周期、信贷周期以及它们最终形成的产业周期。在应用上，我们短期关注的是边际变化，长期则更关注几个周期之间的此消彼长。

"好模式"也叫"护城河"。巴菲特认为，"护城河"就是企业抵御竞争对手对其攻击的可持续的竞争优势，有人习惯上也称之为"壁垒"。Credit Suisse 的分析师 Michael J. Mauboussin 在其报告 *Measure the Moat* 中详细地论述了企业护城河，他认为：

1. 好的护城河必然能帮助公司进行持续的价值创造。而一家公司的价值创造本质上依靠 ROIC 和 WACC 之差，以及其保持为正的时间。

2.护城河来自生产优势、消费者优势和外部优势三个方面。更细分地看，行业、公司战略和资源可以解释其中90%的部分。

3.实战中，要结合均值回归逻辑、五力模型和调研来把握边际变化。此外，不能机械地将公司之间的关系视作敌对，博弈、合作和共同成长才是更真实的状态。

"好公司"的经营管理较为优秀，对投资者也相对大方，这样的企业在资本市场的形象往往比较正面。我们不妨从杜邦体系的角度去理解公司的优秀：

1.周转率代表了经营效率，反映的是公司管理能力。例如销售产品或提供劳务的速度很快，或者需要保留的存货及应收账款更少等。

2.净利率代表了公司的赚钱能力。简单拆分来看，净利＝毛利－三费－税，因此盈利能力强的公司一般具有毛利率高、费用率低或税盾效应强的特征。例如高产品附加值、全产业链布局使得生产成本更低等。

3.杠杆合理。优序融资理论指出，公司应该保持一个合理的资本结构，过低的负债代表缺乏扩张能力，过高的负债则带来巨大的财务压力。对一般的制造业企业而言，40%～60%的负债率是比较合理的水平，当然同行业内还需要进行比较。

除上述因素外，我们还可以从公司政策上找到一些亮点，例如相对大方的股利政策、积极的股权激励、适时回购股份、大股东承诺增持/不减持，但频繁做理财、较少接待调研者以及高管接连离职等则是偏负面的信号。

此外，从可转债的视角来看，上述这些因素探讨的都可以归结为促转股的能力，我们还要考察促转股的意愿和正股弹性以做出综合判断。

可转债投资不必完全照搬股票研究

正股是可转债最重要的回报驱动力，因此我们必须将正股放在首要地位。但这并不意味着我们要完全照搬股票投资者的研究思路，毕竟大多数发行人对可转债和正股可能持不同态度。我们建议从发行人的促转股能力、促转股意愿、正股弹性三个维度去理解。

1.促转股能力是可转债能转股的根本保证,与经营能力、业绩增长和资本手段有关(例如回购股票等)。

2.促转股意愿则是可转债发行人的态度,在关键时刻积极促转股,甚至不惜主动修正转股价,从而形成"差公司,好可转债"的效应。从我们的经验来看,促转股意愿的表现形式主要是公司管理层增加交流频率、将可转债转股任务写进年度战略、调研过程中公司表达了保护可转债投资者的态度和及时修正转股价等。

3.可转债的特征就是"进可攻、退可守",正股弹性越足,可转债胜出的概率越大,这就是所谓的期权价值。而正股弹性又来源于业绩弹性和估值弹性。

CHAPTER 6
第六章

择券定成败：经验篇

本章要点

- 实战中，可转债市场投资者往往会面临较多类型的可转债，需要以不同的操作方法加以应对。更重要的是，投资者还会遭遇复杂的市场环境，面临投资范围、投资期限等软硬约束，同一类可转债在不同情况下可能也要以不同思路加以看待。
- 我们对投资者可能遇到的六类品种分别做了详细探讨。随着市场变迁，债底和赎回条款对可转债的制约不再绝对，其价格边界渐渐虚化。
- 可转债个券的买卖点往往需要结合正股、值博率、估值、条款等进行全面决策，尤其是内在规律。
- 可转债存续期内有关键的四个时点，建议投资者多关注初入转股期、进入回售期、进入赎回期与到期前一年时发行人的动作。

实战中的六类特殊可转债

在实战中,投资者会面临较多类型的可转债。更重要的是投资者还会面临复杂的市场环境,加上投资范围、投资期限等制约,对不同的可转债需要有不同应对思路。

底仓品种

不少机构投资者比如可转债基金存在可转债持仓的最低线,因此有底仓要求。而可转债已经进入个券时代,不仅意味着中小品种日益丰富,也意味着底仓品种的可选空间大大扩大。我们看到,曾经的"银行、央企转债、公募 EB(可交换债)"的配置思路已经开始淡化,机构投资者正纷纷尝试新的底仓组合。

传统意义上,我们认为较好的底仓品种一般会有四个基本特征:第一,能满足绝大多数甚至所有机构的入库标准,尤其是约束较严格的保险类资金;第二,发行规模不能太小(大于 10 亿元),流动性要好(日均交易额超过 3000 万元);第三,价格不太能高(不能高于 130 元),这样也能较好地平衡建仓与控制回撤;第四,最好可以用于质押回购(至少 AA+ 评级以上),能为组合提供杠杆能力。

但 2017 年以来,可转债市场快速扩容以后,投资者实际上拥有了更多选择,底仓品种也不再拘泥于传统,譬如有这样几种变化:

一是部分机构投资者的入库制度跟随市场改变。我们一直认为,可转债入库应该比信用债低一到两档,甚至比肩股票,其实这已经渐渐成为主流。理由在于,信用债缺少流动性且上行空间和下行空间不对称,因此有更高的事前风控要求。但可转债流动性好且存在条款博弈的可能,事中跟踪和事后处理难度都要更低,因此不宜设置过高的门槛。

二是可转债行业分布更广且更均衡,此前是底仓主力的银行转债地位有所松动,取而代之的是公用、医疗、消费等品种。投资者底仓的行业分布可以更加均衡,符合底仓基本要求的中大盘非金融可转债明显增加。

三是所谓底仓品种的概念越来越模糊。能给投资者赚钱的品种就值得重仓。正股有潜力可以，可转债性价比高也可以，现在的可转债底仓早就不是以前的纯粹低价或偏债品种。

纯债替代品种

传统上，纯债替代品种很容易被投资者忽视。原因在于，这类品种的股性大幅弱化，可转债缺乏弹性。但是，视角决定结论，如果纯债替代品种的收益率不输纯债，还有一定的正股"波动"价值，也可能具备不错的配置价值，尤其是对年金等绝对回报投资者来说。例如2020年初，中短端利率债大幅下行，纯债替代可转债就受到部分投资者的关注。

在实战中，纯债替代品种多为大盘可转债和EB，形成原因毫无疑问多少都与正股大幅下跌有关。比如发行时机不好，可转债在股价高位发行，上市后正股下跌幅度较深导致股性大幅减弱，渐渐被市场遗忘跌成纯债品种。

与此同时，EB由于条款设置存在天然缺陷，或者缺乏转股价修正能力和意愿的可转债，也更容易沦为偏债品种。EB发行人缺少促进换股的积极性，而部分可转债也由于正股破净等原因，在正股大幅下跌过程中，没有意愿或能力修正转股价，最终只能依赖债底支撑，沦为纯债替代品。

纯债替代可转债与纯债相比有哪些独特之处？

第一，可转债相比纯债流动性较好，多数具备质押回购融资能力。

第二，可转债中的纯债替代品种还有廉价期权及条款博弈价值。

第三，可转债还可能有条款博弈机会。

因此，纯债替代可转债可以当作纯债持有，并获得廉价甚至免费期权。当然，纯债替代品种仍不是可转债投资的主流。只不过在特定时期相比其他品种，该类型的吸引力会有明显提升（如2018年、2020年初、2022年等），它们可以作为投资组合的优化与补充，但不建议将其作为核心策略。毕竟现在可转债市场仍在扩容，个券永远不缺结构性机会。

需要注意的是，纯债替代品种未来能否收获超额回报很大程度上取决于其期权价值能发挥多少。因此，正股弹性将是重要考量，尤其是有色、航运等强周期行业，往往有翻身机会。此外，需要关注剩余期限，三年以内的品种可能更受投资者青睐，同时条款博弈的机会也往往更多。

困境反转品种

在股市中，"困境反转"投资的本质就是挖掘预期差与错误定价机会，可转债市场也同样如此。但相比正股，可转债发行人的解决方案更多样，困境反转后短期爆发力也往往更强。

可转债品种困境反转有三种模式：条款博弈、正股反转和可转债被意外爆炒。具体来看：

模式一：条款博弈。及时下修并配合利好，是最有效也是最具可转债特色的解决方式。可转债下修往往是发行人解决"危机"最有力的工具。虽然市场对多数条款博弈品种都有所预期。但此时如果正股也配合释放一定利好，二者配合打出"组合拳"，往往能一击制胜，甚至能直接触发赎回。实际上，当发行人对可转债条款的理解不断深入，主动下修一般都会考虑正股基本面、事件驱动以及股市大势等因素。而这种结合了正股利好的主动下修往往还能伴随估值抬升，从而获得更高涨幅。

模式二：正股反转。基本面和正股困境反转带动可转债反转。比如产品销量与经济周期相关度高的中上游、休闲消费相关标的最容易出现这类反转。在实践中，这类可转债往往会受到估值与正股双轮驱动，从而表现出强大的短期爆发力。

模式三：可转债被意外爆炒。该模式往往与发行人关系不大且持续性较弱。一般来讲，游资爆炒的动机有很多，可能因为题材受追捧，也可能是单纯的可转债性价比好，没有固定的挖掘思路。虽然这类品种爆发力比前面两种更强，但其本质上并非真正的困境反转，更难与时间做朋友。因此我们建议可以"守株待兔"，但也应尽早兑现，不过多参与。

低关注度品种

俗话说，"酒香不怕巷子深"，但在可转债市场上可能并不绝对。即使已发展壮大至今，依然还有很多个券鲜有人问津。因此，低关注度可转债往往鱼龙混杂，投资者由于精力有限可能选择放弃。

为什么有些可转债个券的关注度很低？传统上就有三个原因：

一是机构入库存在限制。最典型的就是保险机构，因受监管层政策指导，其入库往往包括发行规模、评级、净资产甚至是评级机构等诸多限制。对于不满足要求的个券，投资者显然不愿花费精力关注。

二是机构覆盖度低。除了买方机构存在诸多限制外，很多个券的卖方行研覆盖度也较低。原因在于，相对庞大的股市、广泛的行业标的而言，多数可转债正股并无显著优势，卖方行研出于成本、精力等考虑自然更愿意覆盖优质龙头品种。

三是投资者对可转债还可能存在一定误解。譬如基金经理们常常苦恼的是，某只个券满足入库条件也被卖方行研覆盖，但最终可能受到机构内部的投资机制限制无法买入。譬如，买方研究员仅从正股出发，认为某个券至少要等到1年后才有望兑现业绩，最终很可能单方面否定该券的投资价值。但是除了正股，可转债发行人的促转股意愿也十分重要。尤其是在转股期前后，很多发行人积极释放利好，走出过多次不同于行业的独立行情。而且，可转债市场中个券数量有限，题材、条款等都是其投资价值的重要参考。

而近年来，可转债个券关注度低也有一些新原因。譬如品种大扩容导致研究者的注意力稀缺，简单来说就是看不过来；或者行业本身不受重视，很多"小而美"的可转债个券被无情刷下，投资者甚至不知道发行过该品种，颇为尴尬；又或者部分可转债个券因舆情风险或其他公司事件导致其投资价值发生根本性变化，而风险解除后该券仍可能被钉在"耻辱柱"上，难以翻身。

低关注度可转债如果是"金子"，当然就会带来丰厚回报。但如果其本身就有问题，则要认真防范低估值陷阱。历史上，相当一部分低关注度可转债都是低信用评级甚至含有违约风险，可转债估值看似"合理"的背后是入库限制、谨慎心理等。因此，平价相近的情况下，低评级个券往往比高评级个券估值更低。"看起来"性价比好，不代表真的性价比好。

因此，低关注度可转债操作难度一般较大。首先，规模普遍偏小，机构投资者很难一次性买足量，显然将提高交易成本；其次，流动性不足，一旦看错就难以止损，无形之中增大了操作难度；最后，也很难完全避免违约风险，投资者不得不耗费精力看深看细。因此，低评级品种往往更适合分散埋伏、"摊饼式"投资。对于规模小的低关注度品种尤其是低资质个券，往往在上市初期就要有一个明确的判断，否则后续很难再收集到太多筹码。

高价品种

主流可转债普遍价高是可转债投资"股票化"的又一个案例。我们前文提到，投资者之所以偏好可转债品种，其中一个很重要的原因就是其具有"进可攻、退可守"的特性。但主流品种高价化，导致投资者更多要将可转债当作股票来看待，把控风险的重点变成了仓位和板块轮动等。股票投研能力将成为拉开可转债投资者业绩差距的关键。

与股票不同，由于未来赎回风险的存在，高价可转债的投资周期短且存在很大的不确定性。绝大多数可转债的赎回期都是在发行半年后（起息日起6个月），因此高价可转债真正的生命周期可能只有半年多。尤其是自2022年8月1日起，可转债新规配套交易细则正式落地，发行人执行赎回条款更为严格，这对投资者的交易能力和短期判断提出了更高的要求。

简单来说，高价可转债的关注要点有三个：

首先，我们需要用看待股票的方式看待高价可转债，对正股和基本面看法的要求更加严格。

其次，流动性决定了容错率，高价可转债建议优先选择中大盘品种。

最后，投资者必须紧密关注赎回条款，并严格遵守止盈纪律。

另外，投资者还应关注可转债对正股股本的稀释率。倘若稀释率过大（例如对总股本稀释率超过30%），则需要更早止盈，以防可转债转股后对正股压制过大。

如何判断发行人赎回可转债的意愿或可能性？理论上，可转债触及赎回代表其内含期权的时间价值可能消失，而发行人明确公告赎回则将直接宣告可转债存续期的终结，可转债估值收敛、平价溢价率归零是必然趋势。换言之，可转债确定赎回之前估值越高，公告赎回前后就会"摔得越狠"，而且这还要期待正股没有"向下助跌"。

在实战中，我们需要坚决规避高估值且发行人赎回意愿不确定的标的，勿将"暂时"当"永远"。即便市场生态已经变化，但可转债发行人面对赎回问题时仍会优先考虑公司利益。当机会成本不断提升，即便此前公告限期不赎回的发行人也会因为压力而赎回。优先规避高杠杆但急扩产、低利润但高财务费用的发行人，当然与公司的沟通还是第一位的。

公募 EB 品种

公募 EB 与转债"形似而神不同"。二者"形似"在于可转债与公募 EB 都是债券，都具有期权特性，都可以转换为上市公司股票。"神不同"表现为，传统可转债发行人为上市公司，转股为新发股份。而公募 EB 的发行人则是上市公司股东，换股后只是股份之间的转移。这意味着两者的根本诉求不同，因而在促转（换）股意愿、条款设计、发行方式以及股权稀释等方面有着本质上的区别。

公募 EB 在牛熊市中的实际表现差异很大。

在牛市中，公募 EB 表现往往不弱于传统可转债。原因在于，多数公募 EB 赎回压力不大，甚至根本不设置赎回条款。因此，在牛市中公募 EB 相对可转债约束更小，表现往往不弱。在 2015 年这样的大牛市中，个别公募 EB 由于没有赎回条款，不存在价格的天花板，在杠杆的加持下同样能收获较大涨幅，甚至一度强于传统可转债。

相反，在熊市中，公募 EB 缺少条款博弈价值，往往沦为靠债底支撑，好在其债底往往强过可转债。公募 EB 本身存在参与者的限制，再加上熊市下交易情绪低迷、股性丧失，流动性可能比可转债更差。

可转债的价格边界

传统上，可转债的价格边界本身是债底和赎回线，围绕平价波动。

理论上，纯债条款决定了可转债价格底线，而回售及下修预期通常也会贡献强力支撑。可转债的底部支撑来自三方面：①纯债价值。历史上可转债还未有违约案例，传统上投资者都默认可转债即便不能转股也可持有至到期，因此纯债价值是可转债价格的绝对支撑。②可转债的条款博弈价值，主要来自回售和下修条款。我们在前文对此详细讨论过，对进入回售期的可转债，回售价格（面值加上当年利息）本身就是一种价格支撑。而发行人还可以通过下修规避回售，配合正股利好后往往有不错表现，可转债价格往往能在面值附近止跌，例如蓝标等。对于不幸破发的新券，现在也常有大股东自救下修"解围"，因此以前也鲜有大幅低于面值者。③低价低估值个券天然就具备不错的性价比，在信用风险担忧不深、股市不差的情况下，很多投资者倾向于"先低价买入，等待转股或到期享受高赎回价格"的投资思路，某种程度上也对可转债价格有一定支撑。

赎回条款则是可转债价格看似"有顶"的原因。其实，这种说法并不准确。可转债价格的上限应该由正股决定，只要正股不断上涨，理论上可转债价格可以达到无限。但由于可转债触及强赎条款后，发行人执行概率很高，此后可转债溢价率往往会被压缩至零附近并基本丧失"进可攻、退可守"的特性。所以，在预期可转债将被赎回的情况下，有条件的投资者大多数都会选择止盈或直接转股而非继续追高买入，可转债价格自然也就看似"有顶"。从历史上来看，发布赎回公告时可转债的价格大多数在130~140元，这也就给大家造成了可转债价格存在一定上限的印象。

但现在价格边界有所弱化。不赎回的发行人越来越多，打开上限；而信用冲击虚化债底，打开下限。一方面是越来越频繁的信用风波，导致部分可转债债底被虚化，所谓"硬保护"不再坚实；另一方面则是赎回执行情况越来越复杂，爆炒个券、超高价神券增加不断刷新投资者对可转债价格的想象力。

买入可转债的时点

如何选择买入可转债的时点？"胜可知，而不可为。"

如果来自纯债或条款的安全边际明确，可以逐步增持可转债以博弈不确定的股市。可转债的买点比卖点更好把握，原因就是我们常常可以发现某些可转债价格已经接近纯债价值，或对条款博弈的支撑已经较为明显。比起正股，此时的可转债所要承受的风险已经很小，可以通过增持它来博弈不确定的股市和正股。显然，这时我们是以产品的特性来博弈股市的不确定性。尤其是在债市收益率较低，机会成本不高的时候，埋伏可转债的机会就开始成熟。

绝对价位往往比绝对估值、相对估值更重要。在买入的时候，我们最看重的是个券的"性价比"。如何定义"性价比"？我们前文用相对或绝对估值、股债性指标结合正股加以衡量。但是，可转债有个重要的支撑因素就是条款博弈。一旦发行人修正转股价，可转债相当于推倒重来，平价往往会回到接近面值的水平。因此，绝对价位低对很多品种而言就是一个重要的买点信号。当然，信用风险已经成为当前市场的一个新维度，需要结合发行人促转股意愿和信用风险等加以判断。

当然，上述这种确定性的安全边际可遇不可求，更适合做大类资产配置。在大多数时间里，其在价格上或估值方面并没有太大的"优惠"或安全边际，可转债的买点其实就是基于对股市或正股的判断。显然，在这种情况下，我们的判断与股票投资者并无二致，不做赘述。

另外，有些时候可转债供给或债市流动性冲击会带来超跌机会。可转债市场毕竟还是一个小众市场，难以消化短期内的大量供给。因此，当可转债发行数量激增或者债基遭遇赎回的时候，可转债市场的估值会遭到明显压缩，表现为市场持续下行乃至超跌。这种超跌如果仅仅是因为供给或流动性冲击，一般会得到较快修复。所以这个时点也将是可转债的重要买点。例如，2017年12月市场的连续下跌就是由于年底的供给冲击较大，很快在2018年初就得以回涨。如果能抓住这个机会，也能在当年那一整年云谲波诡的行情中开个"好头"。

在实际操作当中，上市初期也是收集筹码的好时机，核心在于容易拿到量。尤其是小盘可转债流动性一般不强，所以上市初期往往是特别重要的增持窗口。此外,由于部分一级申购者兑现打新收益的需求较高,因此上市初期的个券交易量往往比较高,也容易因为配售者急于抛售而低估。尤其是质地较为一般的可转债,在上市初期和上市1个月后的流动性对比尤其明显。因此,对于长期看好的优质品种,想要收集筹码,都要"趁早"行动。

稍加总结就不难看出,买可转债的理由无非是,要么值博率高(债底和条款等强支撑),要么性价比高(估值有吸引力),要么判断股市或正股有机会。当然,可转债具有杠杆能力,一般确定股市是趋势性行情时,投资者也可以通过买入可转债并做杠杆放大收益。

卖出可转债的时点

常规情景下,可转债的卖出需要基于对股市和正股中短期走势的判断。譬如趋势性行情下,坚持右侧交易,设好止损位才是正途,震荡行情下则要利用好预期差、多做高抛低吸。可转债与其他投资一样,成功的秘诀就是在对的时候放大收益,在错的时候控制回撤,做好"持盈止损"。一个简单的原则就是:观察信号——判断错误——止损——等下一个信号。在历史上的几轮趋势性行情中,或对于某些处于上升通道的优质个券,设置好止损线就是最好的操作思路,比如正股跌破20或60日均线砍仓一半(当然是在不存在赎回压力的情况下),无疑构成了可转债的重要卖点。另外,股市出现系统性风险、个券中长期逻辑被破坏,都是坚决卖出的理由。在实践中,可转债投资者往往都源于固收领域,更追求绝对回报,在牛市行情中经常会因低估正股的爆发力而提前下车。当然,如上所述,在趋势性行情中,跌破重要支撑线也是可转债卖点之一。

而可转债还有其特有的卖出信号——临近触发赎回条款就止盈一般都不会出错。我们在上文中提到,一旦临近触发赎回条款,可转债的时间价值消失,投资者必须要面对卖出或转股的选择。尤其是在此过程中,可转债转股抛售压力也会增大,从而容易引发正股走势的变化。尤其是那些积极促转股、可转债对正股稀释率较高的品种,一旦触发赎回条款之后,发行人促转股意愿减弱，正股遭遇转股抛压，这意味着投资者需要提前做出应对。历史上就有不少可以通过赎回条款及时卖出的案例，譬如南山、中海等可转债。如果可转债对正股稀释率很高，提早卖出则能更好地保护胜利果实。当然，对于正股强势且稀释率不高的品种，可转债转股抛售不影响正股趋势，投资者可以持有到赎回前的最后时刻甚至继续持有正股。

另外，相对价值弱化或估值存在压缩风险也是可转债卖出的重要信号。可转债毕竟是衍生品，处于正股走势之外，还存在估值风险。在 A 股转债市场当中，没有对冲交易，可转债估值的"合理"与否不能仅看绝对水平，更要看边际变化，以及是否与股市走势相匹配。尤其是随着可转债市场的扩大、可转债品种的不断增加，个券之间的可比性越来越高。从整体来看，如果可转债估值过高，反映了牛市预期，但与股市表现不符，就是很好的卖点；从个券来看，譬如中信、浦发与兴业银行转债，基本面和弹性差异不大，机构投资者往往将这三者甚至其他银行转债放在同一个体系内，交替换仓。

总而言之，可转债的卖点无非是基于股市或个股（趋势性行情做右侧，交易性行情做波段）、条款（临近赎回条款）或估值（反映了过高的预期或相对价值弱化）等判断。

可转债存续周期中的重要时点

"人生的路虽然很长，可最关键的只有几步"，可转债生命周期中也有几个重要时点。一个标准的可转债存续期一般为 6 年，EB 则往往是 3 年。历史上多数可转债最终提前转股摘牌，实现了投资者与发行人的共赢。在整个存续期内，最关键的当属初入转股期、进入回售期、进入赎回期与到期前一年四个时点。

初入转股期：促转股意愿强的发行人更容易采取行动

绝大多数可转债（2021 年可转债新规发布后则是全部）都是在发行后 6 个月进入转股期。而积极的发行人往往会在进入转股期后采取积极行动促进转股,最典型的例子是平银转债。平银在进入转股期后第 19 天达到强赎条件,创造了史上最快转股速度(0.6 年)。

因此,对于转股期前走势一般但发行人促转股意愿较强的品种,进入转股期后往往可能会有积极表现。手段可以是加快释放利好的节奏,以及直接下修转股价。显然,在其他情况相同的条件下,我们应给予初入转股期的品种更多关注。

进入回售期且满足回售条件:发行人更容易进行下修

大多数可转债都设有条件回售条款,当然其回售期的设置可能不同。目前主流回售期设置为最后 2 年,例外则有江南转债(回售期自第 3 年起)、欧派转债(回售期为最后 1 年)、国电转债(进入转股期即可,其后触发条件分别以 70%、80%、90% 递增)、环旭转债(发行后第 3 年可以强制回售一次)等。总体来看,回售期越早、越宽松对投资者越有利,保护力度越强。

回售条款为投资者提供了强保护,同时也给发行人带来压力,这是最常规的转股价下修模式。原因很简单,进入回售期并触发回售条款后,发行人将直接面临现金流压力。即便不存在这种压力,可转债回售也并不"光彩"。而下修条款的存在,正好为发行人提供了"推倒重来"的机会,无疑是发行人规避回售的最佳手段。因此,进入回售期之后,发行人都更容易进行下修,这显然是一个条款博弈的有利信号。

进入赎回期且满足赎回条件:多数发行人会尽快公告强赎

赎回条款则对发行人较为有利,是促成转股的最后一步。一般而言,可转债都设有条件赎回条款,赎回期一般与转股期相同,条件一般为平价达到 130 元。发行人为了完成最终转股,往往倾向于在可转债触发赎回条件后立刻发布公告,"逼迫"投资者转股。

但 2020 年以来,越来越多的发行人公告不赎回。其背后无非有几种考虑:①发行人首次再融资,希望得到更多资本市场的关注;②发行人对股价非常自信,随时都能掌握赎回可转债的主动权;③发行人不在乎利息及财务费用；④大股东（一般都是实控人）暂时不希望摊薄股权；⑤重要的可转债持有人还未完成减持，如大股东或战略投资者。不过，大多数发行人在坚持2~3次之后仍然还是会选择赎回可转债，始终都不赎回的是极少数。

不管怎样，进入赎回期并满足了赎回条件的个券，期权价值与时间价值均将逐渐消失。如果正股股价的趋势性不强、对正股稀释率高，投资者此时最好选择及时止盈、早日离场。只要发行人没有官宣"不赎回"，投资者就不能掉以轻心。

到期前一年：促转股的紧迫感增强

到期前一年，发行人促转股意愿会大幅增强。在 A 股转债市场当中，绝大多数发行人都有较强的促转股意愿。如果在前几年没能实现可转债转股，一旦进入最后一年，发行人的紧迫感将大幅提升。毕竟到期还本付息对发行人的现金流等仍是一个不小的考验。尤其是多数可转债都设置了较高的到期赎回价等。

不过在实战中，发行人并非只有一条路可走，也有很多别的办法可以实现到期转股。虽然临近到期日，但理论上发行人只需要保持平价在到期赎回价之上，也能实现可转债转股，这样难度就比通过赎回小得多了。还有一些发行人，选择在临近到期时借助外力强行溢价转股，这在理论上能减少损失，也不失为一个有用的方案。历史上相应的案例很多，感兴趣的读者可自行搜索了解。

CHAPTER 7

第七章

可转债市场二十年复盘

本章要点

- 可转债市场已走过二十年光景,复盘历史能帮我们明晰不同市场环境下的操作借鉴和政策发展轨迹。按可转债发展阶段和操作特点,我们将 2002 年后的可转债市场分为五个阶段,包括黄金时代、趋势为王、震荡行情、跌宕起伏、峥嵘岁月,供投资者借鉴。
- 可转债曾属于小众品种,政策导向是影响其发展的核心变量。但 2017 年后可转债市场大扩容,个券挖掘已举足轻重。
- 可转债表现与股市大环境息息相关,针对不同的股市环境需要采取不同的操作策略。但从长期回测来看,高性价比策略的风险回报特征会显著占优。

引言

未必所有投资者都知道,倘若追溯历史,可转债市场已经走过二十年的光景。1992 年中国资本市场就有了第一只 A 股转债——宝安转债。但可转债市场发展历程在其后一波三折，2002 年之后才有了真正意义上的可转债市场。回顾历史更重要是为了获得投资经验和启示，这二十年中可转债市场既经历牛熊市洗礼，也曾度过漫长震荡期，2017 年后开启趋势性大扩容，这些都为我们留下了宝贵的借鉴经验。

转债属于较复杂的衍生品，发行人和投资者都存在一个逐步认识的过程。在机场转债之后，A 股转债的模式才大致定型，条款独具特色。总体来看，A 股转债的几个鲜明特征陆续明晰并延续至今：第一，转股是可转债的核心，超过 95% 的 A 股转债最终以转股退市，公募转债还未出现过违约；第二，国内市场以单边做多为主，与海外转债的"波动率交易"模式有所不同，正股是可转债的第一驱动力；第三，条款对投资者较为优厚，对投资者利益进行了充分保护；第四，从融资属性看，可转债属于再融资工具，是定增和普通公司债的有力补充，且具备延迟摊薄、改善资产结构和溢价发行等优势，2017 年后可转债市场已逐步演化为大众市场；第五，固收投资者是可转债传统主力，而随着可转债市场演化迭代，投资者群体的多元进程也在加速，形式不断丰富且市场规范也不断完善。2017 年后可转债市场容量大幅扩张，个券机会挖掘已成为可转债投资者不可忽视的重要策略。

回溯历史我们能发现什么

在详细回溯各阶段历史特点之前，我们想讨论一下更关注哪些层面的可转债历史演化，通过回溯历史能获得哪些认知和启发。具体来看，大致包含以下几个方面：

首先，政策导向对可转债市场发展的影响很大，2017 年后迎来大扩容时代（可转债规模变化轨迹如图 7-1 所示）。因条款复杂、不能直接补充股本等原因，与股票和公司债相比，可转债在历史上多数时间属于偏小众品种。2017 年 9 月前，存量可转债数量处于 20～30 只的水平，规模在大盘银行转债集中发行时达到近 2000 亿元。定增、信用债等其他再融资手段的发展对可转债规模也有较大影响（A 股股权融资结构变迁如图 7-2 所示）。例如，2002 年后，定增和信用债尚未规范，优质标的再融资需求主要由可转债承担；随着2005~2006年信用债发展和定增开启，可转债数量增长放缓，银行和制造业等高负债企业发行的可转债成为可转债主流；2017年定增收紧，可转债成为更多上市公司的选择，开启了扩容时代。

图7-1 A股转债规模变化轨迹

资料来源：Wind。

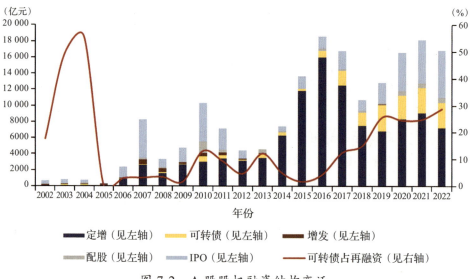

图7-2 A股股权融资结构变迁

资料来源：Wind。

可转债市场是机构主导的市场，但投资者群体变化很大。例如2002~2006年可转债投资者结构就相当丰富，原因在于条款丰厚、估值有吸引力，QFII等投资者甚至也把可转债作为进入A股市场的过渡品种。但在2009年、2015年等牛市时期，可转债纷纷触发赎回条款，可转债市场大幅萎缩，成为拍卖市场，债基往往是出价最高的群体。随着2017年后市场大举扩容、2019年打新等宣传效应和"固收+"概念兴起，可转债投资者再次多元化，保险年金、私募和个人增配可转债，而后者对提高市场流动性起到积极作用。

从可转债回报驱动力来看，股市无疑最重要。从历年可转债回报分解来看（如图7-3所示）：①正股显然是可转债的第一驱动力。从回报的分解就能直接看出，正股在多数时间占比都最高，投资者多数精力也应放在正股上；②条款博弈机会可遇不可求，盈利模式往往不容易持续；③估值波动往往是第二大因素，但不是核心着力点；④债基并不像大家想象的重要。随着市场品种的日益丰富，择券空间扩大，可能也会成为超额回报的重要来源。

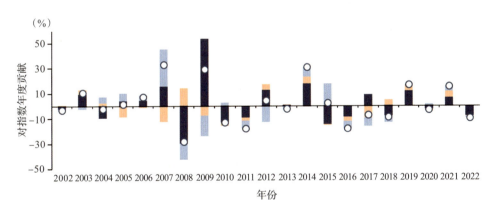

图7-3 可转债历年回报分解

资料来源：Wind。

历史数据显示可转债性价比是重要的超额回报来源，高性价比策略的长期回报显著占优（可转债和主要股指的历史轮动情况如表7-1所示）。

表 7-1　可转债风格与股市轮动

(%)

年份	可转债指数	高性价比	高价	低价	高YTM	高估值	股市轮动	上证综指	沪深300	中证1000	创业板	成长	消费	稳定	周期	金融
2003 黄金时代	15.4	14.1	7.1	14.5	13.0	21.6		10.3	8.3							
2004	1.0	8.3	-1.8	9.3	4.0	6.8		-15.4	-16.3							
2005	5.6	2.7	2.8	9.0	5.8	-0.4		-8.3	-7.7	-15.7		-18.8	-9.1	-14.6	-20.8	3.0
2006 趋势交易	37.7	8.5	41.2	26.3	22.5	30.9		130.4	121.0	76.2		64.0	94.3	40.2	80.3	162.9
2007	103.1	76.8	90.8	74.5	67.8	31.8		96.7	161.5	202.6		147.3	158.3	156.4	210.4	142.2
2008	-32.4	6.9	-32.3	-18.0	-20.4	-19.3		-65.4	-65.9	-59.3		-59.7	-56.2	-56.2	-67.1	-65.5
2009	42.6	70.5	44.1	40.7	31.9	37.1		80.0	96.7	139.9		117.1	110.7	50.1	130.0	109.1
2010 震荡	-6.3	9.4	20.0	-5.4	-5.4	5.1		-14.3	-12.5	17.4		24.9	15.0	-13.3	2.5	-25.9
2011	-12.8	10.1	-10.6	-11.8	-9.4	-19.1		-21.7	-25.0	-33.0	-35.9	-35.2	-25.6	-21.3	-33.7	-16.2
2012	4.1	10.7	-0.7	4.9	6.3	3.1		3.2	7.6	-1.4	-2.1	0.4	1.9	6.5	-1.9	26.2
2013	-1.4	-7.2	-6.9	-1.0	1.7	-3.4		-6.7	-7.6	31.6	82.7	40.6	19.0	-1.6	-2.6	-6.7
2014 水牛	56.9	65.4	72.2	51.4	61.6	37.3		52.9	51.7	34.5	12.8	33.9	24.6	89.4	42.7	93.9
2015	-26.5	4.4	-23.2	-13.2	19.5	7.0		9.4	5.6	76.1	84.4	75.2	55.4	13.7	45.2	3.0
2016 扩容后	-11.8	-3.8	-17.7	-6.5	-6.6	-20.7		-12.3	-11.3	-20.0	-27.7	-23.8	-9.7	-11.1	-11.6	-8.4
2017	-0.2	-2.2	7.1	-6.1	-8.0	-10.9		6.6	21.8	-17.4	-10.7	-3.9	12.6	-2.1	-1.1	14.0
2018	-1.2	2.1	-2.9	2.2	2.0	-5.7		-24.6	-25.3	-36.9	-28.6	-35.5	-26.5	-20.2	-33.0	-19.2
2019 结构性机会	25.1	35.3	26.6	19.5	17.6	20.6		22.3	36.1	25.7	43.8	38.8	47.1	9.0	22.1	34.7
2020	5.3	10.6	18.6	1.4	0.7	17.6		13.9	27.2	19.4	65	41.4	48.0	-6.0	24.2	0.8
2021	18.5	31.1	19.5	21.6	13.1	17.7		4.8	-5.2	20.5	12.0	18.5	-4.6	16.1	25.2	-9.6
2022	-10.0	-8.1	-14.8	-3.0	-0.2	-14.9		-15.1	-21.6	-21.6	-29.4	-28.5	-15.6	-3.2	-15.0	-10.1

注：表中数字为风格指数年度涨跌幅。
资料来源：Wind。

一般来说，可转债性价比是承担的风险与潜在回报的权衡，可以简化为可转债估值、股债性及与其正股潜在涨幅、弹性的匹配程度。因此，当可转债估值有吸引力、股债性合意且正股上涨预期较强，或者可转债估值足以弥补正股的不足，可转债性价比较好，反之亦然。高性价比意味着可转债安全垫较好，又不失正股弹性和向上空间。历史数据表明，高性价比是长期回报最好的可转债策略（如图7-4的回测结果所示）。尤其是在震荡市期间，正股不易形成趋势，可转债性价比显得更为重要。大扩容后，个券分化与机会并存，高性价比策略也有更大发挥空间。

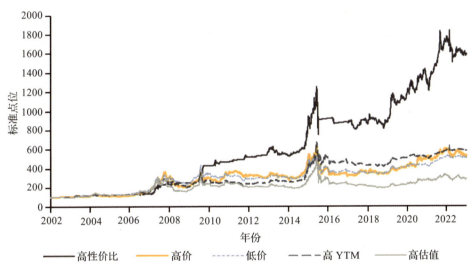

图7-4　长期看高性价比策略显著胜出，震荡市和结构市表现尤其明显

资料来源：Wind。

其次，回顾历史，也能获得有关可转债估值变动的借鉴经验（全市场隐含波动率中位数情况如图7-5所示）。我们认为，影响可转债估值的因素为正股、纯债机会成本、供需和条款博弈，历史上都能找到这些变量对可转债估值的影响轨迹。具体来看，值得关注的几个估值历史经验包括：

1. 2006年前，股市总体平淡加上投资者对可转债的期权价值认识不足，估值系统性低估，也可以认为是后续估值的绝对底部。

2.可转债估值的首要驱动力是正股（如图7-6所示）。股市趋势性向上期间，多数情况下可转债估值与正股同步上行，而固收投资者对流动性拐点的"敏感度"可能更高，例如2014年和2018年；进入牛市中后期，供需的极度不平衡只能由高估值解决，此时可转债的价值更多是交易价值。

3.可转债整体估值下行的因素可能来自多个方面，包括熊市冲击（2018年）、流动性收紧甚至债基赎回（2011年、2013年、2020年6月、2022年12月）；供求周期的错位显然也会造成估值中枢的较大变化，例如2007年、2015年大牛市后供给恢复、筹码极度稀缺状况缓解等。

4.可转债估值的底部判断比股市更清晰，包括隐含波动率、平价-平价溢价率（负溢价率数量）、绝对价格等，典型估值底包括2011年、2018年。

5.除牛市外，债市机会成本（如图7-7所示）、增量资金系统流入（2019年）、条款博弈（2008年）也能驱动或支撑可转债估值。

6.内部估值一直存在分化，在大扩容后分化更分明，同时孕育机会。关于可转债估值的详细内容可参见第三章。

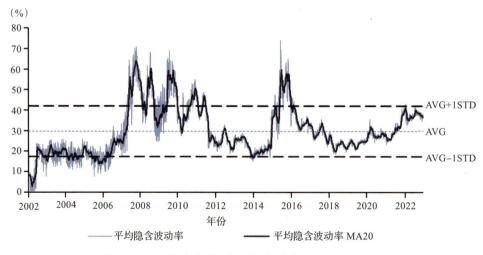

图7-5 可转债估值（隐含波动率）的历史变动

资料来源：Wind。

图 7-6　正股是可转债估值的首要驱动力

资料来源：Wind。

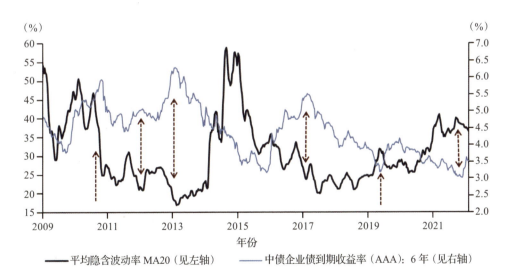

图 7-7　债市机会成本也是可转债估值的支撑因素

资料来源：Wind。

最后，我们最关注的显然是历史上不同阶段可转债策略和操作特点（如

图 7-8 所示）。结合以上因素的演化，我们将 2002 年后的可转债市场分为五个阶段加以分析，分别为黄金时代（2002～2006 年）、趋势为王（2007～2009 年）、震荡行情（2010～2014 年）、跌宕起伏（2015～2016 年）、峥嵘岁月（2017 年后），并在下文逐一详述。

图 7-8 可转债历史脉络和运行阶段

资料来源：Wind。

黄金时代（2002～2006 年）

时代关键词：新鲜事物、估值便宜、条款优厚、超额回报。在股市方面，A 股处于前期发展阶段，市场制度和机制还不够完善，投资者保护力度不足；A 股仍以资源类企业为主，中游和消费端的优质企业暂未证券化，结构性机会比较少。股权分置改革尚未完成，国有股份减持压力较大，市场表现整体偏弱（这一阶段可转债与股市的重要事件见图 7-9）。

而可转债刚刚"出道"，还不被广泛认知。2001 年后可转债条款模式逐步成熟，加之 2002 年定增和信用债市场尚未诞生，可转债就成为主要的再融资工具，吸引万科、招行等一众优质标的，投资群体多元，供需发展两旺。股指低迷外加需求群体少导致可转债估值十分便宜；此外，彼时为发行成功，条款相当优厚，仅董事会就可决定转股价下修，甚至存在强制转股价修正、时点回售等条款，所有可转债都有银行担保，最终可转债让投资者获得丰厚回报。

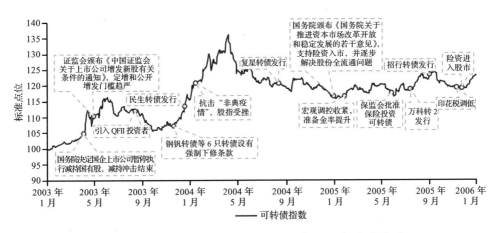

图 7-9　2003 年至 2006 年初可转债与股市重要事件

资料来源：Wind、国务院网站、证监会网站。

历经波折，可转债基本要素的雏形初定（如图 7-10 所示）。虽然起步较早，但国内可转债经历较长探索期。1997 年 3 月证监会颁布《可转换公司债券管理暂行办法》（简称"《暂行办法》"），算是国内可转债的第一部规范文件。《暂行办法》允许上市公司和非上市重点国企发行可转债，与当时国有股权尚未完成改制有关；此外，发行门槛、转股价和转股期、赎回与回售条款虽未在《暂行办法》中有明文限定规范，但也纳入必选项开始进行要求。对于可转债融资对象也曾有过不同尝试。待 IPO 公司同步发行可转债等在海外虽有实践，但 A 股一、二级价差过于明显，可转债价格波动较大（南化、丝绸），更重要的是可能潜藏上市失败等风险，进而造成可转债（很多是固收类投资者）的大幅波动（茂炼）。因此，可转债最终被确立为上市公司的再融资方式。

2001 年 4 月，证监会颁布《上市公司发行可转换公司债券实施办法》（简称"《实施办法》"）等文件，在《暂行办法》的基础上对担保（当时全部可转债均需担保）、赎回和回售条款等进行详细设定，发行门槛和期限等基础设计保持不变。至此 A 股转债的基本要素均已确定，机场转债的条款设计也成为后续可转债相对标准的参照。

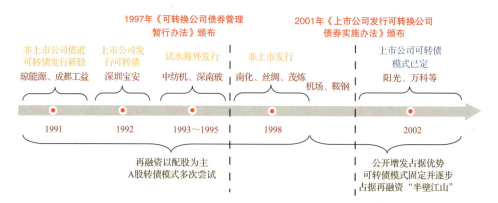

图 7-10 可转债法规发展脉络和其他再融资方式演变

资料来源：证监会网站。

可转债"编年史"正式开启。自 2001 年后，可转债市场监管进一步规范，再加上天然附有下修等条款红利，可转债刚"出道"便迎来第一次扩容期（当时和公开增发各占据再融资的"半壁江山"）。2001 年 4 月 30 日威孚高科就公告可转债发行计划，接下来西宁特钢、东方电子、东方集团、丝绸股份（最早的"二代"可转债）先后公告将发行可转债。可以看出，最早的一批可转债发行人以制造业和上游资源类企业为主，率先试水的上市公司看重的是可转债融资便捷且能显著优化资产结构的优势。而民生银行早在 2000 年 7 月就公告了可转债预案，背后是银行天然具备补充资本金的促转股意愿，各类银行此后成为可转债市场的常客。当时再融资难度很大，为吸引投资者，确保发行万无一失，初期可转债市场非常友好，条款极为丰厚，可转债刚刚在 A 股站稳脚跟就迎来"黄金时代"。

优质标的快速进入可转债市场，投资群体日益多元。2002 年后，公开增发趋严且定增和信用债仍待成形（配股已逐渐淡出），可转债成为众多优质上市公司股权再融资的第一站。包括招行、万科等龙头企业纷纷选择可转债融资，投资者更加有的放矢。可转债市场虽然还是小众市场，关注者并不多，但投资者构成已日益多元（这个阶段可转债投资者结构变化如图 7-11 所示）。从可转债公告中的前十大持有人来看，公募基金是最大参与群体（主要为一级债基和混基，可转债仓位情况见图 7-12）；券商、保险等机构开始积极配置可转债，保险机构在 2004 年 8 月保监会批准后率先以一级方式进入可转债市场，并逐步壮大二级投资。因认知条款等存在一定门槛，当时个人投资者参与可转债的热情还不算高，打新分配也显著倾向网下机构投资者。此外，2005 年之后，QFII 将 A 股转债当作进入国内权益市场的第一站，正是看重可转债良好的攻守特性和当时高性价比。

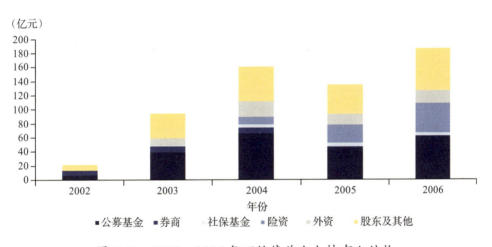

图 7-11　2002～2006 年可转债前十大持有人结构

资料来源：Wind、公司公告。

当时可转债条款十分优厚。可以说，这一阶段可转债显示出很强的吸引力，与条款有直接关系。"优厚"体现在几个方面：①董事会决议就可决定转股价修正而无须获得股东大会通过。公司管理层更多从促转股的角度做出下修决定，执行阻力小，导致下修频次也更高。例如，山鹰转债历史上共实施 7 次下修，其中 5 次在 2006 年修改规则以前。②有些个券甚至存在强制下修条款。历史上仅有 6 只可转债存在强制下修条款，均是 2006 年前的存续可转债。③商业银行为可转债提供担保，不存在所谓的信用风险。④回售期多与转股期在同一时点，回售条款的触发条件也比后期宽松很多，回售条款才是真正的硬保护。条款保护构成当时可转债超额回报的重要来源。(条款详细内容可参考第二章。)

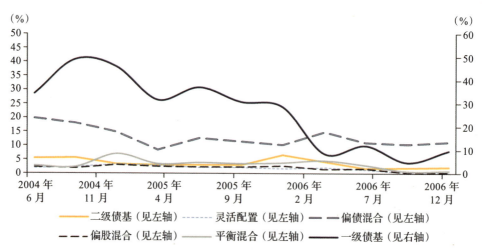

图 7-12　2004～2006 年债基和混合基金保持了不低的可转债仓位
资料来源：Wind、公司公告。

可转债估值十分便宜，背后的核心是股指低迷、可转债关注度低、对期权价值认知不足等。从不同指标角度来看，当时可转债估值都很便宜（如图 7-13、图 7-14 所示）。例如，2002～2004 年的相当长的时间内，平价 100 元附近的平价溢价率均不及 5%，90～100 元平价对应的平价溢价率小于 10%；市场平均隐含波动率常在 10% 左右甚至更低水平（而且模型还没有考虑转股价修正条款）。这些现象反映出，当时可转债的期权价值尚未被充分发掘，估值隐含的正股预期偏低。背后的原因在于，一方面，可转债初登二级市场舞台，投资者对期权价值的认识不足导致定价偏谨慎，多数条款博弈预期也并未在估值中反映；另一方面，资金承接能力整体仍偏弱，市场流动性处于较低水平。丝绸、燕京等可转债发行时均出现较大比例的投行包销，燕京等可转债甚至出现多个交易日无成交的情况。此外，当时股市环境并不算有利，震荡市思维也压制正股预期，直到 2006～2007 年牛市期权价值才得以发挥。从更长的时间看，上述内部逻辑随可转债发展也发生了本质变化，因此这一阶段的可转债估值也是后续时期的底部参考。

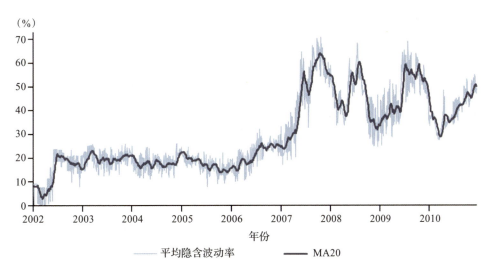

图 7-13　从隐含波动率角度看，2006 年前可转债估值系统性偏低
资料来源：Wind。

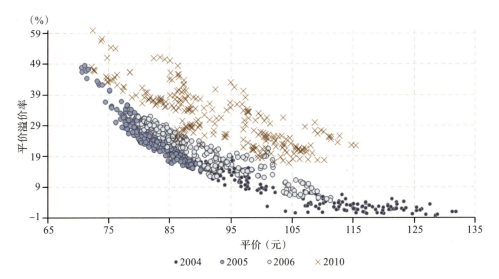

图 7-14　从平价 – 平价溢价率视角看，当时可转债估值也偏低
资料来源：Wind。

综合来看，这一时期可转债赚的是到期收益率、条款博弈、估值修复和个股机会的钱，可转债性价比毫无悬念好于正股（如图7-15所示）。如果从可转债性价比角度看，当时多数可转债属于"高性价比"品种。"高性价比"反映在：首先，多数时间内可转债跑赢正股。可转债指数从2002年下半年开始就持续跑赢平价指数，按月度收益看，跑赢正股的可转债占比维持高位。高性价比为可转债构筑坚实的安全垫，抵抗正股波动。从可转债收益拆分也能看出，2002~2004年可转债估值经历系统性修复，构成超额回报的来源之一。其次，底部敢于做左侧。2005年熊市期间，可转债估值和价格（YTM）进一步压缩到极端水平，平价、债底和条款博弈形成坚实底部支撑。相对股市，可转债投资者已提前判断底部到来，并进入左侧交易。最后，可转债也不缺弹性，为固收投资者带来很好的收益增厚（如图7-16所示，当时利率债和可转债是一级债基等主要投资方向）。2006年股市反弹时，可转债估值也处于底部，性价比吸引力很强，甚至形成双轮驱动。优质可转债在牛市中的表现不输正股。

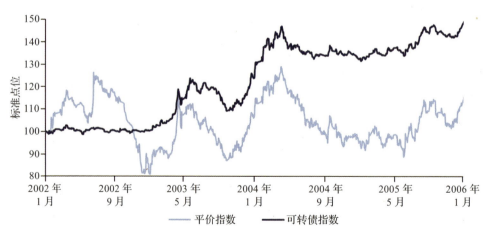

图7-15　2002~2006年可转债显著跑赢正股

资料来源：Wind。

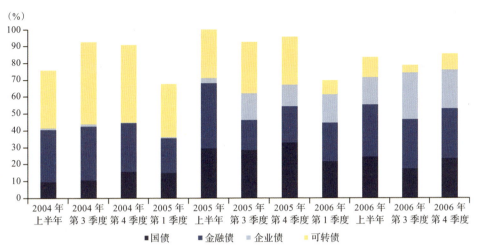

图 7-16　2007 年前一级债基主要持有利率债和可转债

资料来源：Wind。

操作上，投资者敢于大胆重仓可转债，并获得显著超额回报。一方面，可转债性价比很高，标的多为行业龙头，对一、二级债基和股票投资能力较强的混合基金均有很强吸引力。从持有结构就能看出，偏债混合和平衡混合等基金持有较高可转债仓位，看重的就是可转债的性价比优势和促转股意愿。可转债发行人万科、招行、民生等都是跑赢市场的优秀公司；另一方面，当时还没有标准意义的信用债，可转债有银行担保，收益率不输利率债，具备纯债替代能力，不少一级债基的可转债仓位超过 60%，并获得可观的持有期回报。可以说，从操作上来看此阶段也显然属于可转债的"黄金时代"。

趋势为王（2007～2009 年）

时代关键词：趋势交易、《上市公司证券发行管理办法》、条款博弈。这一阶段股市大开大合，与基本面和资本市场发展阶段均有关联。2007 年，资本市场改革顺利推进，股权分置接近完成，汇改提速支撑人民币资产，多方合力推动 A 股定价重估并演化成超级牛市。而后 2008 年金融危机与 2009 年经济刺激政策再次主导经济和股市起伏。大牛市中，可转债期权价值得以充分挖掘，估值中枢系统性提升。与股市类似，趋势交易中可转债强者恒强，止损不止盈是法宝。此外，2006年《上市公司证券发行管理办法》的出台进一步规范可转债发行和条款等要求，国内定增和信用债快速发展，可转债生态产生一定变化。2008年熊市条款博弈集中出现，罕见构筑整体"条款底"并再次实现超额回报（这一阶段可转债和股市的重要事件如图7-17所示）。

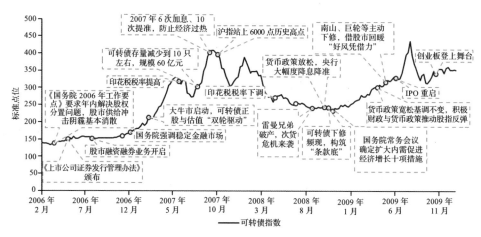

图7-17　2006年至2009年末可转债与股市重要事件

资料来源：Wind、国务院网站、证监会网站。

首先从政策方面看，2006年《上市公司证券发行管理办法》是市场发展的重要节点，重新规范可转债发行与条款事项，尤其是下修议程变化等影响较大。《管理办法》是可转债发行和条款设计等的主要法规依据，可转债整体上被纳入股权融资体系，主体框架后续被长期沿用。具体来看，可转债发行门槛等向公开增发靠拢，而T+0交易、涨跌幅限制宽松等优势依旧延续。较此前规定的变化包括：①在盈利门槛上，主板向公开增发看齐，比定增更严格（连续3年盈利，加权ROE不低于6%，较2001年《实施办法》有所放松），创业板放宽至仅要求连续2年盈利；②在规模方面，发行后有息负债不超过净资产的40%；③在条款方面，增加了下修需经股东大会表决通过。由于不持有可转债的公司股东往往对股权摊薄"更介意"，此后可转债下修也演变为三方博弈（投资者、发行人、股东），下修执行难度有所增加。

而这一阶段最鲜明的特点就是可转债迎来历史性大牛市（见图7-18及

图 7-19），趋势交易是重点（股市）。可转债成为债券投资者间接参与权益市场的有力工具，期权价值得以充分体现，可转债估值也走出长期低估状态。毫无疑问，在此过程中，正股是最强有力的回报驱动因素，条款博弈在 2008 年底成为亮点。

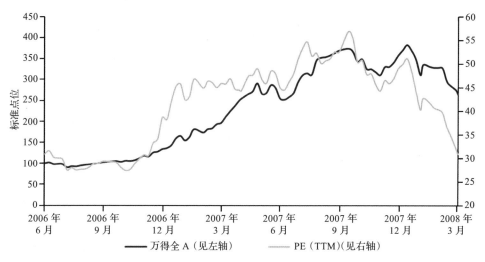

图 7-18　2007 年股市迎来历史性大牛市

资料来源：Wind。

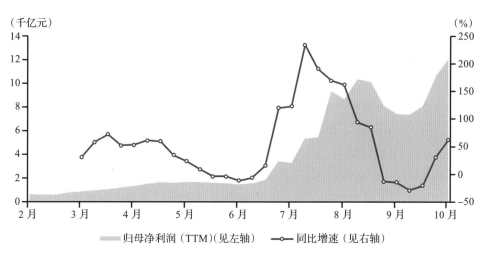

图 7-19　2007 年是盈利和资金驱动大牛市

资料来源：Wind。

在该阶段，可转债估值与股指呈现明显正相关走势，可转债在牛市中一度成为"拍卖市场"。从交易层面看，可转债投资者也遵循趋势交易思路，持盈止损，使得强者恒强。正股预期同步提升，使得可转债估值与股指正相关走高，甚至形成"双轮驱动"（如图7-20所示）。期权价值得到充分挖掘，前期估值洼地逐步被填平。此外，该阶段债券投资者逐渐演变为可转债市场最主要的参与者（如图7-21所示）。牛市中固收投资者将可转债视作参与权益市场的少数通道之一，愿意给出高溢价，并逐渐成为可转债市场的主力。此时可转债品种体现出了很强的稀缺溢价，类似拍卖市场，价高者得，混基等有更多选择并退出该市场，债基等成为最主要的需求群体。形成"股市涨→可转债临近赎回转股→净供给减少→债基增配→供求拉动估值"的正向循环，推动可转债估值与正股同向变动。

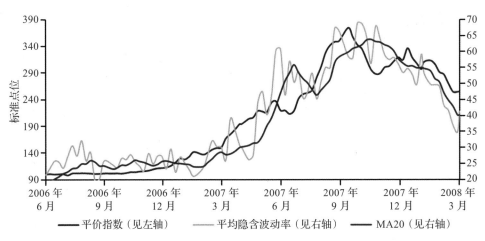

图 7-20　正股与可转债估值双轮驱动明显

资料来源：Wind。

可转债在牛市中后段的另一典型现象是个券批量赎回（如图7-22所示）。在趋势交易中，因存在赎回条款，可转债往往会出现"优汰劣胜"现象，2007年的大牛市期间尤其明显。具体过程是，正股大幅上涨后，进入转股期、赎回期的可转债很容易触发并执行赎回条款（历史上多数发行人将强赎视作积极促转股手段，"不赎回"操作到 2019 年后才开始增多）；加之新券补充需要时间（如图 7-23 所示），净供给快速收缩，导致供需不平衡加剧，可转债估值进一步上升，而可转债择券空间也有所下降。

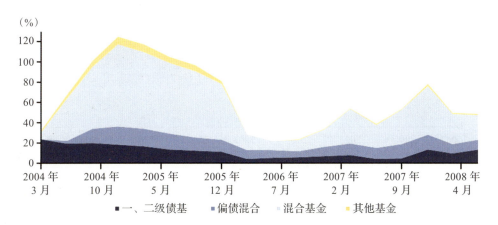

图 7-21　固收投资者（部分包含在混合基金中）逐渐成为可转债市场主力

资料来源：Wind。

从 2007 年大牛市中，我们总结出趋势行情下的三个原则：

第一，"止损不止盈"是法宝。在牛市初期，高涨的盈利预期是主导，但后期趋势本身更重要。A 股仍是散户占比很高的市场，流动性驱动下惯性扮演重要角色，何况火热的经济环境已经掩盖了个人投资者基本面研究的缺失。反过来，在 2008 年转入趋势性下跌之后，及时止损是关键。

第二，获得可转债筹码和仓位高低是关键。在普涨格局下，个券的差别只是涨多涨少，可转债筹码随着转股而越来越稀缺，获取筹码最重要。高流动性可转债具备更强的稀缺溢价，如当时首钢、晨鸣、国电等就成为机构抢筹对象。

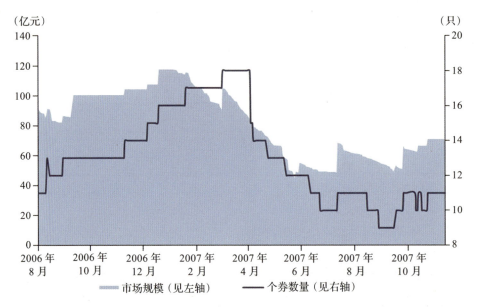

图 7-22 在牛市中后段，可转债个券数量和市场规模因赎回被动下降

资料来源：Wind。

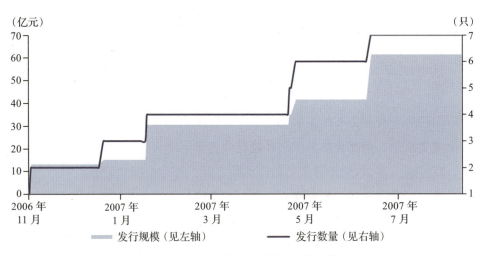

图 7-23 新券发行"姗姗来迟"

资料来源：Wind。

第三，个券比拼的是弹性。弹性也将是个券比拼的重点（如图 7-24 所

示)。可转债弹性来自正股弹性和可转债对正股的敏感度(如图7-25所示),在同样流动性水平下,行业与正股波动率较高的品种更受追捧,如重工和巨轮。牛市演进过程中低价券被逐步"消灭",总的来看"上车"更关键。

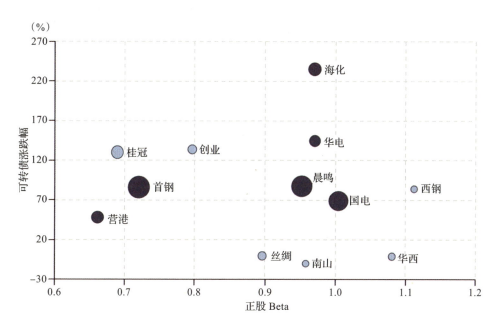

图7-24 流动性和正股弹性是趋势行情下的择券重点

注:圆圈的大小代表个券的流动性(债券余额),圆圈颜色代表的是信用评级,颜色越深评级越高。

资料来源:Wind。

2008年牛市转熊市,除了坚决止损之外,条款博弈成了少有的"亮点"。2007年股指屡创新高后,市场情绪虽仍然十分亢奋,但是当所有人都变成多头之后,他们也都变成了潜在的空头,加上宏观调控逐步加码,股市已经在亢奋中悄然见顶。2008年,美国次贷危机更是让市场雪上加霜,成为A股剧烈调整的触发剂。可转债难以独善其身,2008年股市跌幅较大且迅猛,几乎所有可转债的平价均受到重创,可转债跟随下行。可转债相对正股抗跌,平价溢价率被动拉升,但高企的平价溢价率意味着可转债弹性显著受损,失去了"进可攻、退可守"的特征。不过,优厚的条款再次体现出保护作用，多只个券濒临回售线，进而促成了转股价修正，而个券修正行为又带来了很强的示范作用，引发更多可转债效仿。

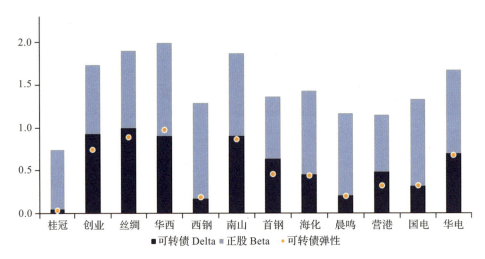

图 7-25　2006 年可转债品种弹性拆分，高弹性可转债更稀缺

资料来源：Wind。

显然，与其说是转股价修正条款见效，还不如说是回售条款的威力显现。在转股价修正的过程中，可转债平价水平得以重回 100 元附近，相当于"推倒重来"，强有力地化解股市系统性风险。2008 年可转债市场因回售保护和频繁下修形成了罕见的"条款底"，对可转债估值形成系统性支撑。2009 年开始出现新的下修模式，发行人为促进转股，在回售期前就执行下修并借助小牛市完成转股过程，如巨轮、山鹰等。

震荡行情（2010～2014 年）

时代关键词：股指震荡走弱、大盘可转债时代、机会成本走高、条款逐步弱化。宏观环境上，该阶段经济政策的影响开始出现，且海外金融危机余波的影响仍在。限制房价过快上涨和高通胀成为政策着力点，资金面多数时间处于收紧状态。股市基本面和流动性难形成共振，震荡市思维长期弥漫。不过，这一时期公募债基和可转债规模蓬勃发展，中行、工行转债亮相并引领大盘可转债时代到来,可转债筹码的稀缺性降低,可转债估值回落。2011年、2013年可转债经历两次明显的正股和估值双杀,直至触及纯债底部。债底支撑虽然坚实,但信用债收益率处于高位,可转债也承担了很高的机会成本,向上空间仍要看正股。震荡市总体平淡,操作上重在把握波段和个券,策略上重在积小胜为大胜。在经历了2009年、2010年的稀缺时期后,加上条款博弈的经验积累,发行人逐步弱化可转债条款保护。条款博弈在《管理办法》出台后难度加大,股东成为博弈的关键力量。(这一阶段可转债和股票的重要事件如图7-26所示。)

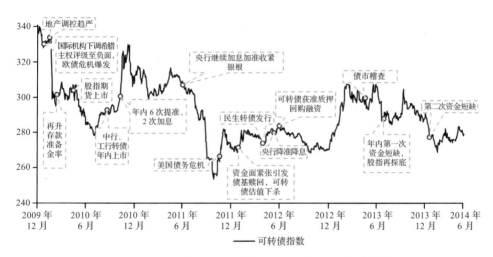

图7-26　2010年至2014年初可转债与股市重要事件

资料来源:Wind、证监会网站。

可转债迎来大盘可转债供给,筹码稀缺度有所降低(如图7-27、图7-28所示)。股市牛熊转换后可转债发行恢复,尤其是在此阶段,银行转债集中发行推动可转债规模突破历史高点。银行一直是可转债市场最活跃和传统的一部分发行人,背后是独特融资优势:可转债是少有的可以补充一级资本的融资工具(目前已经不能直接补充资本金),尤其银行股价多在每股净资产附近甚至更低,难以通过定增折价发行,可转债就成为银行的优质再融资选择。随着银行转债批量发行,可转债供给水平在两轮牛市后得以加速恢复,存量可转债的筹码稀缺度也有所下降。例如,公募基金前五大重仓可转债的集中度从 2010 年第 1 季度的 70% 降至 2011 年第 3 季度的 50%，且优质新券（石化、中行、工行、川投、国投等）对存量可转债形成一定资金分流，市场交易集中

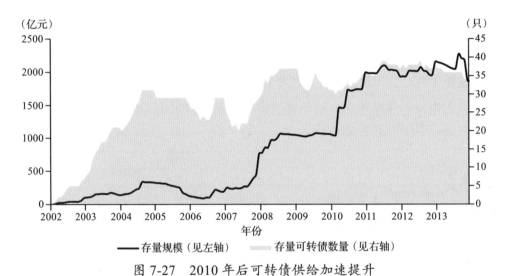

图 7-27　2010 年后可转债供给加速提升

资料来源：Wind。

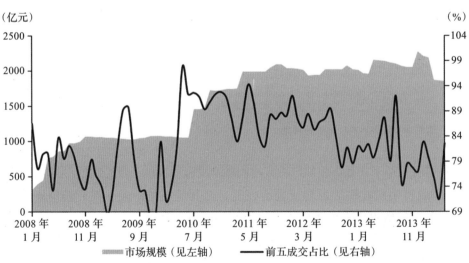

图 7-28　随着市场扩容，可转债交易集中度明显下降

资料来源：Wind。

度也有所下降。此外,"大盘可转债时代"背景下,银行板块占比增加使得可转债市场的 Beta 属性显著增强,可转债指数很大程度取决于银行转债表现。

受益于债基发展,可转债需求也有所增加。2010 年国内信用债市场进入快速发展期,债基规模大幅增长(如图 7-29 所示)。一方面,股市弱震荡、利率下行期纯债配置价值增加,信用利差也具备不错吸引力;另一方面,城投债、产业债融资需求旺盛,供需两旺推动债基发展。在资产平衡配置诉求下,可转债需求水涨船高,一级债基打新受限也推升可转债"准权益"资产地位;此外,可转债投资者多数为固收投资者,对银行股基本面很熟悉,敢于配置。与类似到期收益率水平的同等级信用债相比,银行转债几乎不用承担信用风险,却能博弈权益弹性。债基的可转债平均仓位从 2010 年初的不到 1% 增加到 2013 年的 4%~5%,仓位和债基总规模共同推动可转债需求增加(如图 7-29 和图 7-30 所示)。此外,可转债在这一时期也开始获得质押回购资格,功能进一步完善,可转债基金操作空间有所拓宽。(关于可转债质押回购的相关法规可详见附录 B。)

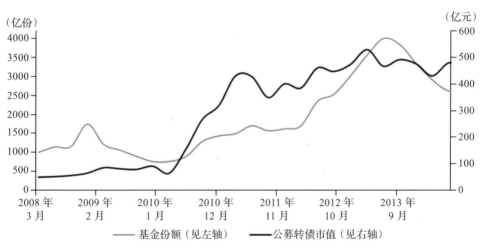

图 7-29 公募转债市值受益于债基扩容推动

资料来源:Wind。

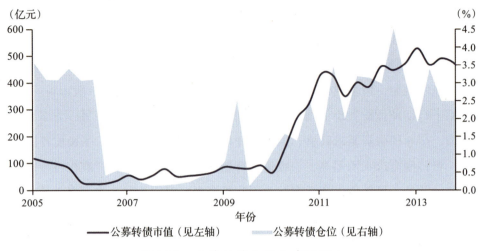

图 7-30　公募转债仓位也有所增加

资料来源：Wind。

但可转债供需在动态平衡中经常出现时间差，导致可转债估值在供给放量过程中下降。此时可转债市场容量依旧不高，加上牛市后筹码偏紧，供给快速增加对本就估值偏高（当时隐含波动率维持在40%～50%的水平，明显透支正股空间）的转债市场产生明显冲击（反映在新券定位也受到明显冲击，如图7-31、图7-32所示）；需求随后缓慢增加，供需平衡推动可转债估值企稳（如2010年下半年股市回暖叠加债基配置力量增强，可转债估值获得支撑）。

此外，这一阶段股债环境也对估值偏不利，股市弱震荡（如图7-33所示），同时该时期出现过多次资金面紧张（如图7-34所示），造成债基赎回压力，可转债估值受到多轮冲击（如2011年和2013年底）直至2014年初降至底部位置，也成为后续类似逻辑参考的典型时期之一。背后逻辑链条是，纯债资金面紧张冲击债市（2011年和2013年发生在年底，2013年更是受到两次罕见资金短缺冲击），进而造成债基显著赎回压力；可转债作为流动性最好的债券品种可能率先被抛售；流动性偏紧对股市也偏利空，造成股、债（债底）、可转债估值三杀。从调整特征来看，高流动性的底仓可转债跌幅明显大于正股，进而带动市场普跌。

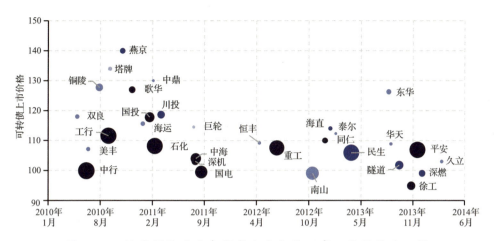

图 7-31 供需错位反映在新券上市定位不高，承接能力不强

注：圆圈大小代表的是个券的流动性（债券余额），圆圈颜色代表的是信用评级，颜色越深评级越高。

资料来源：Wind。

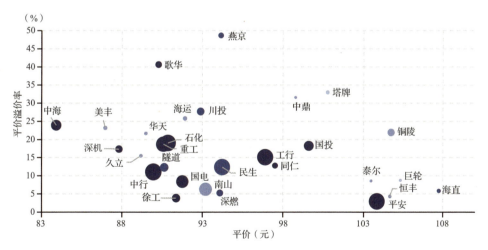

图 7-32 核心中大盘新券上市后定位普遍不高

注：圆圈大小代表的是个券的流动性（债券余额），圆圈颜色代表的是信用评级，颜色越深评级越高。

资料来源：Wind。

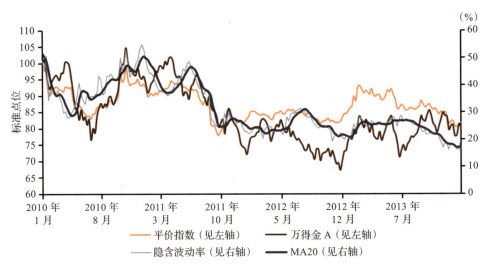

图 7-33 股指和可转债正股震荡下跌,压制正股预期和可转债估值

资料来源:Wind。

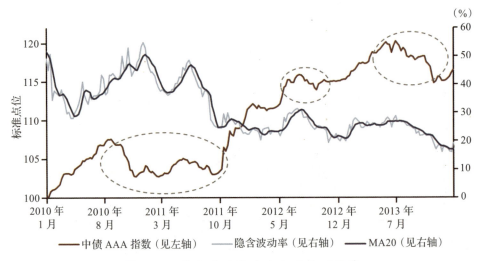

图 7-34 债市流动性冲击也波及可转债

资料来源:Wind。

典型的震荡市环境能带来哪些操作启示?

首先,震荡市可转债的操作难度较大。震荡市考验自下而上的投研能

力，可转债估值与股指走势也开始反向变动，投资者追高意愿降低，可转债弹性不佳。股市震荡决定了可转债的上下空间也相对有限，结构性机会和波段机会的把握能力决定最后的回报水平，整体而言轻松赚钱的机会显著减少。可转债底部支撑更坚实，相对股市底部判断更有效，提供左侧布局机会。而纯债底部附近可转债机会成本可能增加（信用债开始快速发展，城投等信用债加杠杆也有不错效果），走出底部仍要靠正股（如图7-35、图7-36所示）。详细内容参见第八章。

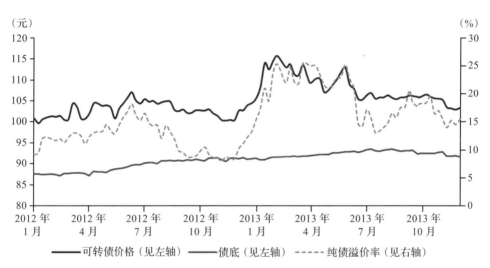

图7-35 2012年可转债底部支撑明显，甚至随债市回暖成为主要驱动力
资料来源：Wind。

其次，从具体操作上看，择时和择券的重要性增加。在盈利模式上，震荡市主要赚波动和个券的钱，本质上是赚别人的钱，导致市场充满了博弈。可转债绝对回报有所降低，"积小胜为大胜"是制胜法门。可转债波段操作好于"拿住不动"；个券质量参差不齐，精选可转债能获得较明显超额回报。以核心大盘品种为例，持有可转债的累计回报与持有时间并不成正比，持有体验也一般。

图 7-36　可转债也承受不小纯债机会成本

资料来源：Wind。

择时重在"悲观时买入、乐观时卖出"（如图 7-37 所示）。震荡市压制了可转债的赚钱空间，关键点位附近的止盈诉求较大。在股市基本面逻辑和流动性环境未发生显著变化时，股指难走出震荡区间。不过，震荡市买卖点的判断相对清晰，尤其对可转债而言。在买点判断上，随正股和可转债估值调整，债底和条款支撑开始变得坚实，左侧布局逐渐具备吸引力（可转债投资者通过 YTM（如图 7-38 所示）、绝对价格、纯债支撑强度等指标能获得比股市更清晰的底部信号）；可转债性价比也能增厚安全垫，高性价比策略在震荡市将获得明显超额回报；在卖点方面，除股指拐点判断外（基本面和流动性变化、估值性价比和板块轮动、技术上股指关键点位压力），可转债赎回条款则是辅助判断卖点的重要依据。历史上，多数发行人均会通过赎回促进转股，尤其是在震荡市中纯粹通过正股的自然上涨而达成提前赎回条件很有难度。

震荡市重择券，高性价比策略是制胜法宝（如图 7-39 所示）。一方面，震荡市指数机会稀少，自下而上的贡献度和必要性增加，少数"牛券"的贡献也不容小觑，背后是对板块、风格轮动和正股的挖掘。例如，2010 年地产和货币政策收紧，金融地产表现较差，景气度传导至后周期的机械、有色和可选消费等板块，对应铜陵、塔牌、双良转债大幅跑赢市场（如表 7-2 所示）；2013 年 TMT 成长股、化工、医药等占优，相应的东华、美丰、同仁转债走强，可转债投资者依旧可通过个券机会获取绝对甚至超额回报（股市中小盘走强对可转债也偏有利，如图7-40所示）；另一方面，可转债性价比的纪律性显得更重要。高性价比可转债胜在安全垫和风险收益比，向上空间明显大于向下空间。震荡市中正股波动增加，可转债性价比则提供更多超额回报。从回测结果也能明显看出，可转债高性价比显著占优，在震荡市中表现更优。

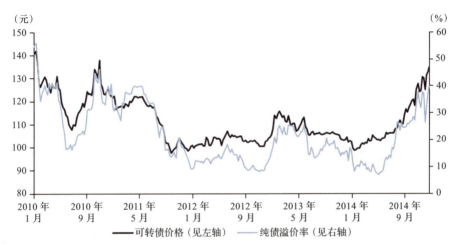

图 7-37　震荡市中可转债悲观时买入、乐观时卖出

资料来源：Wind。

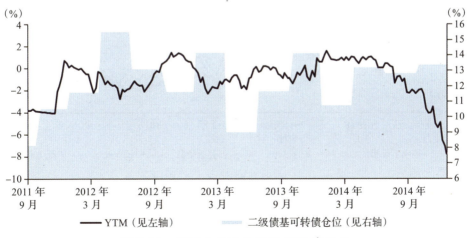

图 7-38　YTM可辅助判断可转债买点

资料来源：Wind。

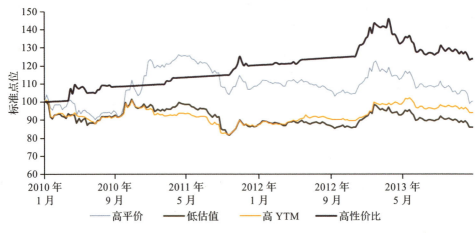

图 7-39 高性价比策略在震荡市中明显占优

资料来源：Wind。

图 7-40 震荡市期间中小创表现更佳

资料来源：Wind。

表 7-2　2010~2014 年股市板块轮动

(%)

板块	行业	2010年第1季度	2010年上半年	2010年第3季度	2010年第4季度	2011年第1季度	2011年上半年	2011年第3季度	2011年第4季度	2012年第1季度	2012年上半年	2012年第3季度	2012年第4季度	2013年第1季度	2013年上半年	2013年第3季度	2013年第4季度	2014年第1季度	2014年上半年	2014年第3季度	2014年第4季度
周期	上游资源	采掘	-13.2	-27.8	16.0	25.6	4.3	-4.4	-7.9	-19.4	5.5	-8.4	-3.6	2.5	-7.6	-24.2	6.7	-6.5	-11.8	1.2	20.9	16.7
		有色金属	-8.8	-21.5	37.7	23.8	8.5	-12.2	-14.8	-22.9	16.3	1.6	-2.1	-1.8	-7.9	-22.8	12.1	-10.0	-2.4	5.9	25.5	8.8
	中游材料	钢铁	-14.1	-29.6	13.3	3.2	16.7	-7.8	-18.8	-17.8	4.3	-8.5	-7.5	7.9	-4.5	-18.8	7.3	0.7	-4.4	0.3	30.4	44.4
		建筑材料	1.6	-25.7	31.3	16.3	22.6	-6.4	-26.0	-19.7	2.3	-3.3	-5.0	11.1	-3.2	-14.5	8.1	4.2	-0.6	-0.9	24.1	18.3
		化工	-8.6	-30.6	14.8	5.0	5.4	-5.5	-13.2	-19.6	5.6	-3.6	-3.9	2.5	13.0	-12.7	9.4	0.5	-0.8	-0.2	25.5	4.1
	中游制造	机械设备	0.9	-22.6	27.7	29.5	8.0	-10.1	-19.6	-17.2	1.6	1.8	-13.1	5.0	2.4	-11.9	14.4	7.6	-2.4	1.2	29.8	11.2
		电气设备	6.3	-17.8	27.7	9.9	-1.0	-16.4	-15.1	-17.0	-1.4	-3.1	-10.5	7.3	1.2	-4.1	19.3	11.1	4.5	0.5	27.3	-0.8
		国防军工	1.7	-19.3	34.7	5.2	7.9	-15.0	-21.1	-19.0	2.2	-3.1	-8.9	4.6	19.0	-4.1	15.8	11.1	-10.1	16.1	42.9	8.2
消费	可选消费	汽车	-9.0	-24.7	32.0	-1.4	8.4	-14.2	-14.2	-16.3	4.1	-4.2	-11.2	18.6	3.2	-5.7	14.3	2.2	0.3	7.1	24.4	4.3
		家用电器	1.0	-25.1	18.9	11.4	14.3	-3.5	-18.5	-15.2	12.3	-1.1	-6.4	11.6	9.7	-4.8	14.4	18.7	-7.3	2.5	12.1	16.2
		食品饮料	-3.0	-12.5	34.8	7.3	-0.7	-5.6	-13.3	-6.2	4.8	9.8	-5.2	-9.0	-3.9	-11.1	6.8	-4.1	-4.2	-1.4	14.5	10.5
		综合	15.5	-22.2	26.6	7.4	10.8	-8.5	-10.2	-17.8	2.3	-1.2	-7.6	3.8	11.3	-15.1	20.6	6.1	7.6	1.0	31.8	2.6
	必须消费	纺织服装	10.2	-22.2	22.4	4.4	9.8	-7.4	-9.5	-15.8	3.5	-0.3	-13.7	2.6	2.6	-3.0	19.0	-2.3	-3.2	1.0	17.8	4.5
		医药生物	5.2	-9.5	31.2	5.9	-6.2	-7.3	-10.5	-10.1	-3.1	14.6	-2.1	-0.2	23.4	-10.1	18.1	10.3	-12.0	1.0	30.5	-0.9
		农林牧渔	4.8	-19.1	32.7	8.1	-3.2	-13.0	-5.0	-12.3	-1.0	-0.8	-5.0	1.7	1.2	-12.9	21.9	-3.5	6.3	1.4	30.5	-1.2
		休闲服务	14.4	-22.9	25.1	-0.3	1.8	-5.0	-12.7	-16.6	5.1	5.9	-2.0	-3.5	8.7	-12.6	35.3	10.3	-5.5	3.7	27.6	-1.3
		商业贸易	2.4	-17.1	29.8	-3.7	0.1	-13.0	-11.5	-18.3	4.0	-3.7	-10.7	3.2	0.3	-9.7	42.2	-3.5	4.7	-3.2	26.7	14.8
		轻工制造	6.6	-25.0	23.5	3.0	5.7	-7.7	-7.1	-18.3	3.4	-3.4	-8.5	6.9	6.5	-11.7	22.3	3.2	4.7	2.7	22.9	-1.6
金融	大金融	银行	-4.9	-19.8	-2.1	3.2	8.9	-4.8	-9.3	3.3	10.8	-5.6	-7.6	27.0	-4.2	-13.8	6.9	-6.9	-1.4	0.5	4.6	60.5
		非银金融	-6.5	-19.7	-2.9	6.5	-0.5	-5.3	-17.9	-10.1	11.3	14.0	-6.3	8.3	13.0	-5.5	8.8	4.4	-11.1	3.2	17.4	109.5
		房地产	-3.2	-31.7	11.9	4.2	10.8	-10.1	-17.4	-8.4	-1.2	9.5	-11.5	22.3	-5.6	-5.5	8.8	-6.4	3.0	-2.4	22.2	36.4
成长	TMT	计算机	14.6	-15.9	20.6	11.3	-8.9	-10.6	-14.9	-7.7	2.4	3.1	-2.9	-1.7	15.3	7.0	37.6	2.2	3.5	10.5	23.4	-2.6
		电子	19.7	-16.2	26.2	17.1	-2.7	-12.1	-14.7	-17.1	-0.1	-3.9	-4.3	-2.4	16.6	5.6	15.3	-15.0	0.8	9.4	20.3	-8.6
		传媒	-4.4	-26.5	14.3	-2.0	-4.5	-10.7	-8.3	1.7	-6.4	-8.2	1.0	-6.4	15.4	32.0	70.5	-2.3	0.1	4.6	10.2	1.6
		通信	-4.4	-20.9	9.8	11.3	2.2	-11.0	-11.1	-9.0	-1.7	8.6	-6.6	8.5	12.9	2.2	23.7	3.5	2.1	11.0	22.1	2.9
稳定	公共产业	公用事业	4.5	-20.6	8.6	2.5	4.4	-7.1	-14.7	-5.2	3.0	-0.9	-8.8	9.7	2.0	-8.3	5.4	3.5	-4.8	1.9	25.9	29.5
		交通运输	9.9	-25.2	9.9	2.7	3.2	-10.3	-15.7	-12.7	3.0	-0.9	-14.4	2.0	-4.2	-15.6	23.9	-1.1	-2.3	-3.9	29.7	36.1
		建筑装饰	-0.4	-25.1	20.9	18.3	5.2	-7.5	-17.2	-14.4	2.8	6.4	-5.9	15.2	-6.7	0.8	-8.4	0.1	24.3	62.8		

注：表中数字为季度板块涨跌幅。
资料来源：Wind。

跌宕起伏（2015～2016年）

时代关键词："水牛行情"、可转债杠杆威力、高光时刻、规模低点。多方因素共振推动股市终于走出震荡格局，迎来与基本面脱节最为严重的一次牛市。当时经济增速放缓成为不争的事实，但政策大力推进结构转型；货币政策转向宽松，地产、城投等投融资萎缩加上实体经济回报偏弱，溢出资金转向股市，而理财等通过配资将资金导入股市；沪股通预期升温，引发抢筹冲动。尤其是，本轮牛市中场外配资扮演了重要角色，"改革牛"叠加明显杠杆放大，大级别行情就此展开（这一阶段可转债和股市重要事件如图7-41所示）。

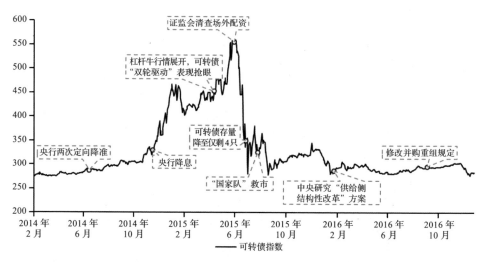

图 7-41 可转债与股市重要事件

资料来源：Wind、证监会网站。

经历两三年的震荡市，可转债在当时留给投资者的印象就是不赚钱。但也正是这种普遍预期导致估值极具吸引力，尤其是股市走牛，一举突破多年震荡阴霾，大牛市中正股与估值"双轮驱动"再现。质押回购显威力，可转债基金在杠杆和银行等大盘行情下上演高光时刻，2015年表现最好的基金中，可转债基金竟然超过半数。但可转债规模在大牛市赎回潮中遭遇前所未有的考验，2015年最少仅存4只可转债，加上投资群体再次扩大，供需矛盾进一步推升可转债估值。投资者都以赎回预期看待可转债，也就是无论正股和平价如何，几只存量券绝对价位的差异都很小，因为投资者认为这些可转债很快就会触发赎回条款，隐含的回报（赎回价－当前价格）超过纯债即可，价格表现上几乎共同进退。

2016年后，供给侧结构性改革、外资等逐渐成为关键词；资本市场改革大旗拉开，注册制开启、经济驱动力转换、居民资产再配置需求推动机构化进程提速，股市逐渐迎来结构性时代。但流动性难形成共振，盈利驱动占据主导，白马大盘开始占优。可转债市场规模随再融资重启有所恢复，供需极度不对称缓解，估值向中枢回归。高估值环境下可转债操作性不佳，整体机会有限。

大牛市中可转债投资者再次执行趋势交易收获颇丰，甚至从买点看还领先股市，胜在以配置心态做交易。虽难预见牛市，但可以说在本轮牛市可转债投资者凭借可转债产品特性、流动性判断等优势牢牢把握住了机会。具体来看，背后原因包括：①可转债底部坚实，投资者敢于做左侧。牛市前夕，股市已经历相当长震荡期，2013年出现资金短缺后，从绝对价格、估值和债底支撑等角度看，可转债均已达历史底部。核心品种性价比已非常有吸引力。②固收投资者对流动性驱动的牛市往往更敏感。2014年后，债市对流动性转松率先达成共识，国债收益率在4月和9月明显下行，而股市到11月央行降息才"得到"流动性拐点的明确信号。加上可转债足够便宜，投资者更有动力在左侧埋伏博弈股市变盘。可转债基金、一、二级债基等国内主流可转债投资者在2014年第3季度也提前加仓（如图7-42所示）。③有了2007年、2009年大牛市的经验，前期优先增加仓位和收集筹码，中后期持盈止损。大盘时代客观择券条件叠加流动性优势，投资者大举增持银行转债，也在牛市第一轮大盘上涨中收获颇丰。

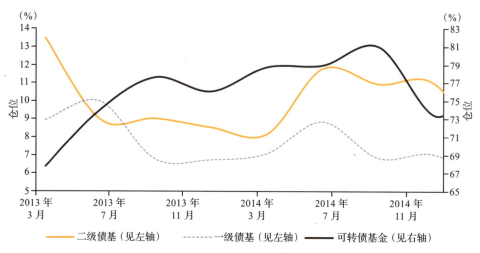

图 7-42　主要持可转债的公募基金在 2014 年第 3 季度前已开始加仓

资料来源：Wind。

而可转债遇到"水牛"，杠杆威力显现，可转债基金呈现高光时刻（如表 7-3 所示）。除上述几点外，可转债在大牛市前期的亮眼表现，与自身杠杆能力也有不小的关系。2012 年后，可转债具备质押回购资格，因而可转债基金也能实现杠杆操作。可质押回购的优势叠加有利的正股风格，进一步推动大盘品种吸引力和估值的提升，强化趋势。其中，可转债基金表现最为突出，也成为当年可转债投资者的缩影。纵观可转债基金业绩，多数在牛市前中期甚至能跻身全市场前列，靠的就是"双轮驱动与杠杆威力"。

表 7-3　2014～2015 年牛市期间（前、中、后期）可转债基金收益，中前期甚至不输股基

代码	名称	前期收益率（%）	中期收益率（%）	后期收益率（%）	前期排位（%）	中期排位（%）	后期排位（%）
530020.OF	建信转债增强	83.6	90.1	127.9	0.4	3.5	0.2
519977.OF	长信可转债	79.5	94.9	106.4	0.5	2.1	0.5
163816.OF	中银转债增强	81.7	98.1	80.5	0.4	1.4	2.1
100051.OF	富国可转债	74	94.3	92.3	1	2.4	0.9
050019.OF	博时转债增强	73	77.3	72.7	1.2	14.1	3.8
040022.OF	华安可转债	88.5	95.6	51.7	0.3	1.9	19

(续)

代码	名称	前期收益率(%)	中期收益率(%)	后期收益率(%)	前期排位(%)	中期排位(%)	后期排位(%)
310518.OF	申万菱信可转债	69.6	78.6	47.8	1.5	12.7	23.3
340001.OF	兴全可转债	43.8	53	39.6	20.3	41	33.7
470058.OF	汇添富可转债	67.4	81.5	32.9	1.9	9.4	43
161719.OF	招商可转债	68.3	78.1	34.1	1.8	13.6	41.5
090017.OF	大成可转债增强	73.3	88.5	24.6	1.1	4.1	52.7
000080.OF	天治可转债增强	40.4	46.6	37.5	25.3	47.1	36.7
000003.OF	中海可转换债券	40.5	47.4	17.6	25.1	46.3	62.9
240018.OF	华宝可转债	65.1	72.1	28.4	2.7	19.6	48
000067.OF	民生加银转债优选	57.3	66.7	10.5	6.9	25.1	75.3
000536.OF	前海开源可转债	42.3	47	6.8	22.4	46.6	79
161624.OF	融通可转债	50.7	56.9	11.5	12.6	37	73.6
161826.OF	银华中证转债指数增强	39.2	41.3	3.3	26.9	50.7	91.6
165809.OF	东吴中证可转换债券	42	44.9	−9.5	22.9	48.6	96.7

资料来源：Wind。

大牛市批量"解决"可转债，存量规模降至历史低谷（如图 7-43 所示）。在历史上多数时间，"强赎"条款触发后发行人均倾向于执行，尤其利用牛市达成促转股目标。而银行和大国企自身促转股意愿往往偏强，赎回更加不拖沓。2015 年 3 月后，随着牛市演进，中行、工行等相继赎回，而吉视、齐峰等少量新券（发行需要至少 6～12 个月）显然无法弥补大盘可转债空缺，可转债规模急转直下。到 6 月下旬，市场仅剩余包含民生在内的 7 只可转债，余额总计 348.7 亿元，7 月后仅剩 4 只。

可转债存量在赎回潮中急剧萎缩的同时，投资群体则较此前显著扩大，可转债标的稀缺性愈演愈烈，估值和绝对价位达到历史高位。2015 年 6 月可转债价格中枢已达 210 元，平价中枢为 203 元，对应平价溢价率中枢为 8%，隐含波动率中枢达到 41%。投资者仍沉浸在牛市氛围中，仍以可转债必然赎回的信念为可转债定价，几只存量券的绝对价位差异很小，且几乎共同进退。值得一提的是，也正因赎回条款，可转债在牛市中往往存在"优汰劣剩"特征，仓位随牛市见顶反而持续下降。显然，这对投资者是一种天然的保护，一般投资者的仓位在见顶时往往较高，牛转熊过程中可能承受不小的回撤损失。股市危机来到时，除刚性配置资金外，多数可转债投资者均已主动或被动降低仓位，避免大幅回撤。

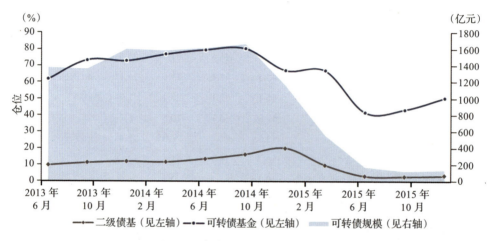

图 7-43　2015 年主要债基可转债仓位随市场规模被动下降

资料来源：Wind。

2016 年是可转债承上启下之年，融资地位不下降，供给逐步恢复常态。跌宕起伏之后，一切待从头，政策鼓励可转债市场发展。2015 年 12 月，国务院常务会议指出"积极发展项目收益债及可转换债券、永续票据等股债结合产品"。可转债发展完全符合国内直接融资需要，发行开始恢复。自 2016 年初开始，三一、国贸、九州等新券陆续发行，到年中可转债存量数量超过 16 只，基本回归牛市前正常水平，因缺少大银行供给，市场规模回归至 300 亿元水平。

可转债估值在供给压力和流动性偏紧环境下加速回归中枢，可转债高估值叠加股市震荡，机会主要在个券层面。从 2015～2016 年得到的另一历史借鉴是，大牛市以后，可转债供需恢复正常往往存在阵痛期，可转债性价比也需要时间改善。经历牛市中批量赎回后，市场规模极度压缩和可转债基金等刚性配置资金的矛盾导致估值明显透支正股涨幅。当然，估值是慢变量，2016年1~3季度股市相对平淡，债市机会成本不高，供给释放推动估值缓慢下行，整体仍高于中枢水平。而2016年底金融去杠杆开启引发流动性紧张，可转债不幸再次遭遇"三杀"：债市成为震中，加上美债收益率上行等因素，利率持续走高；流动性冲击下股市难幸免；债基赎回导致抛售可转债、估值下杀，投资者依稀见到了2011年和2013年的影子。截至2017年第1季度，大牛市后供需矛盾导致的高可转债估值基本被修正。全年来看，机会主要来自个券挖掘、少数新券机会和估值过度调整后的波段机会。

峥嵘岁月（2017年后）

时代关键词：大扩容、个券时代、炒作和可转债新规。从市场容量、个券结构和新玩法等角度看，2017年后可转债开启了一个新的阶段，背后是大扩容过程。2017年定增收紧和信用申购成为可转债扩容的重要推手，而随着市场影响力增加，扩容已经成为不可逆的趋势，即使2020年定增再次放松也没有使趋势逆转。注册制改革推动扩容进一步深化，可转债市场演变为大众市场已成为共识。扩容影响可转债内部结构、投资者构成，进而影响操作习惯，可转债进入个券时代。当然，A股转债的基础盈利模式和驱动因素没有改变，股债环境依旧对可转债市场有不可忽视的影响，2018年熊市环境中可转债再次触底，2020~2022年债市冲击也多次波及可转债。需求扩张同样深刻影响可转债市场。理财净值化推动"固收+"模式兴起，可转债价值被进一步挖掘，配置群体再次多元化。供需扩容带来的是择券空间明显拓宽、个券流动性提升、市场深度和抵抗大环境波动的能力提高。可转债新玩法、新现象不断出现，大范围游资炒作、个券赎回风波推动可转债法规进一步完善。信用违约风险成为新增变量，但好在可转债"金身"未破，促转股核心未变。（这一阶段可转债和股市重要事件分别见图7-44、图7-45。）

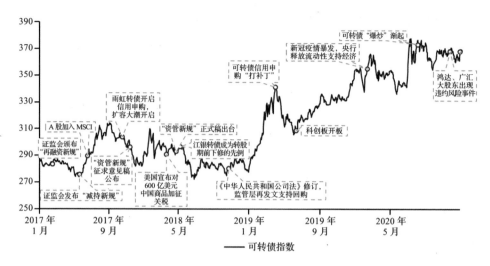

图 7-44 2017 年至 2020 年可转债与股市重要事件

资料来源：Wind。

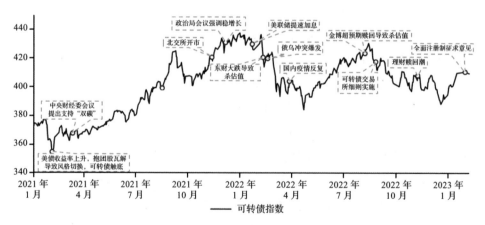

图 7-45 2021 年至 2023 年初可转债与股市重要事件

资料来源：Wind、证监会网站。

在股市方面，经济总体增速放缓，存量经济中行业集中度提升和转型升级是主要逻辑。2017 年以后 A 股也踏上一段新征程，整体来看股指大级别熊牛转换减少（仅 2018 年底），结构性机会成为主旋律。国内经济发展阶段、资本市场改革和海外环境共同使得长期逻辑发生转变，A股机构化持续推进，把握核心矛盾是胜出关键。具体来看，有以下几个趋势：

第一，我国经济的内生增长动能发生转变，科技自主可控诉求增强，赛道体系重塑。一方面，行业集中度提升，消费和产业升级是两大趋势，对应产业规模和相关上市公司市值天花板被打破，结构性机会频繁出现。另一方面，国际形势愈加复杂，中美贸易摩擦等事件使我国自身掌控核心技术的诉求显著增强。在此大背景下，从"十三五"到"十四五"，中国经济将更加追求高质量和可持续增长方式，高端制造、碳中和与新能源、自主可控等领域迎来新机遇。

第二，与牛市趋势交易不同，结构市仍需考察股票成长性与估值匹配度。合理的估值溢价显然应建立在相匹配的基本面之上，否则可能隐藏风险。例如，2021~2022年部分行业龙头股调整的原因就是公募过度"抱团"，但板块实际成长性已不足，换言之，基本面难以支撑其已泡沫化的估值。由此造成结构市中风格、行业必将存在轮动，重仓应建立在深度产业研究基础上。

第三，宏观变量对股市影响增大。包括大国博弈、去全球化挑战、新冠疫情、俄乌冲突等因素，造成股市盈利预期、流动性的波动加大。例如在2018年中美贸易摩擦降低盈利预期叠加去杠杆的影响下，股市出现大幅调整；2020~2022年新冠疫情影响全球经济活动和货币政策取向，进而影响企业盈利、流动性、通胀等因素。

第四，资本市场改革推进，A股机构化提速。基于资本市场规范发展和居民配置诉求等因素，注册制、外资流入、资管新规等制度红利长期利好股市健康发展；科创类企业比重持续增加；注册制下，优质企业上市融资渠道通畅，壳价值显著降低；居民资产配置和投资门槛提高、外资流入等推动机构化进程，基本面是定价的根基，机构也更能发挥投研优势。

此阶段可转债最重要的变化是，大扩容趋势已经形成。再融资政策在2017年再次调整，"定增新政""减持新规"相继出台，定增作为主要再融资手段，发行门槛受到更严格的限制，可转债再次迎来发展壮大的契机。此外，一级市场从资金申购改为信用申购，资金成本显著降低，承接力量强，一定程度上也降低了供给的负面影响（监管机构也出手整治了虚报申购额和拖拉机账户等问题)。

可转债市场规模从1000亿元左右扩容到超过8000亿元。而与2010年附近的扩容不同,此轮可转债在非金融领域也出现全面扩容趋势,科技、医药甚至消费品种都有明显补充(如图7-46、图7-47所示)。从数量上看,可转债市场中分布最多的行业已变为和A股类似的医药、化工,银行转债规模依旧最大,但占比降至30%左右。而从正股市值来看,可转债也大小盘兼具,有金融、交运、周期等蓝筹品种,扩容后中小盘可转债在数量上也占据明显优势,这部分正股结构类似中证500、中证1000和国证2000等中小盘指数(如图7-48、图7-49所示)。2021年股市大小盘风格切换,可转债也因此受益。

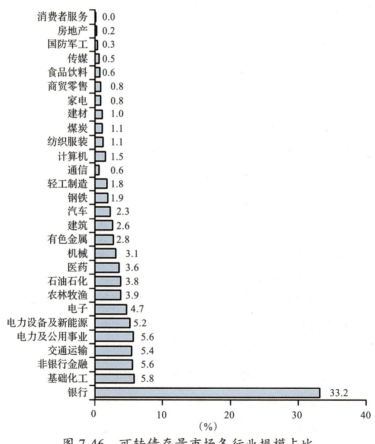

图7-46 可转债存量市场各行业规模占比

资料来源:Wind。

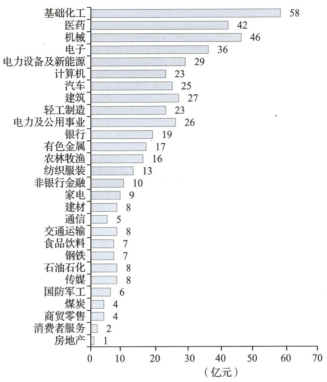

图 7-47 可转债存量市场各行业数量分布

资料来源：Wind。

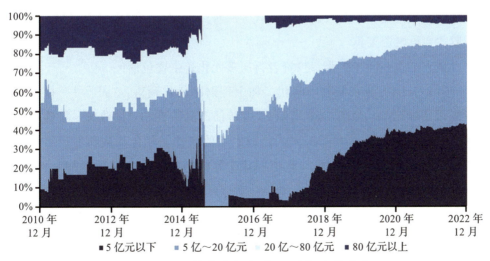

图 7-48 可转债市场按余额划分结构演变

资料来源：Wind、证监会网站。

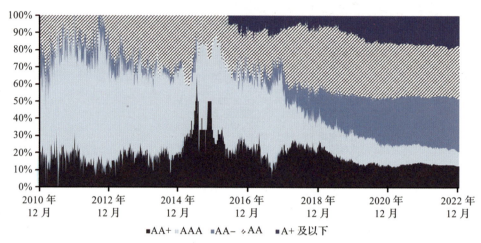

图 7-49 可转债市场按信用评级划分结构演变

资料来源：Wind。

扩容不仅因外部环境改变，可转债独特优势被市场不断发现是趋势形成的关键。可转债具备延迟摊薄股权、可溢价发行（尤其对于正股平均市净率小于 1 的银行和国企等）、大股东配售热情高（虽然后续增加 6 个月锁定期，但成本依旧较低）、无融资间隔（定增需距离 IPO 或前次再融资 6~18 个月）、公开募资、低息融资、对中小市值公司更友好等特性。加上媒体及研究报告等提升了关注度，不少公司的"二代"品种陆续发行，可转债和定增已成为 A 股主要再融资工具。

需求端也在同步扩张，投资者再次多元化，主要包括：

第一，国内迎来低利率时代，加上理财净值化调整，"固收+"模式配置需求快速增加（如图 7-50 所示），可转债产品特性和"固收+"策略高度契合，潜在需求空间大幅扩大。公募中除债基外，混合基金和专户等增配意愿也较强；保险、信托、理财、QFII 等机构的需求也显著增加，例如，2019 年 8 月后保险等长线资金系统性增持可转债，并推动可转债估值提升。

第二，个人、私募投资者关注度明显提高（如图 7-51 所示）。历史上可转债市场一直都是机构主导市场，个人投资者占比在 3% 以下。而随着打新机会增多、市场影响力增强，个人投资者和私募也更多流入可转债市场，甚至

一度取代保险成为公募以外持有可转债最多的群体。在此过程中，积极的一

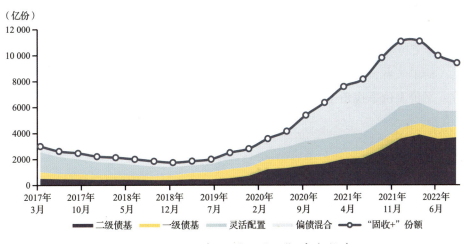

图 7-50 2017 年后"固收+"基金扩容

资料来源：Wind。

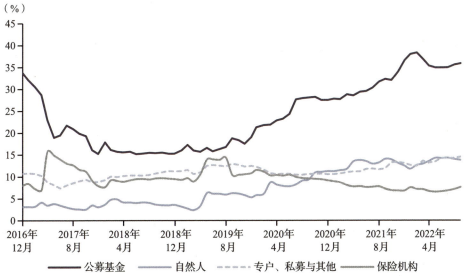

图 7-51 2017 年后公募基金仍占主导且定价权强化，自然人和专户、
私募与其他占比明显提升

资料来源：上海证券交易所、深圳证券交易所。

面是个券流动性（尤其是中小盘可转债）得到提升，期权价值得到进一步挖掘；但炒作行为也一度扰动市场（利用T+0制度和涨跌幅宽松的特点多次回转交易）。可转债法规不断完善，限制炒作行为，2021年《可转换公司债券管理办法》和配套交易所细则施行，可转债监管体系更加健全。（详细内容参考附录B。）

简单来看，2017年后按可转债估值变化可大致分为三个阶段（此时期平价 – 平价溢价率视角下的可转债估值如图7-52所示）。

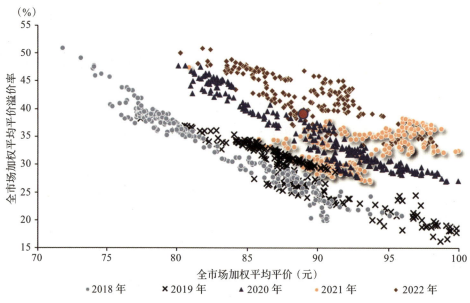

图7-52　2017年后可转债市场加权平均平价和平价溢价率散点图
资料来源：Wind。

第一阶段：2017年至2018年底，股市变动和可转债供需格局演变等推动估值下行直至底部。具体来看，背后因素的变化包括以下几个方面。

1. 股市方面，这一阶段金融严监管和大小盘切换对可转债正股并不友好，尤其在2018年的熊市中，正股和可转债估值双杀。金融去杠杆和供给侧结构性改革成为这一阶段政策主线，加上存量经济下龙头盈利占优、再融资和并购收紧、外资进入，股指整体平淡，大小盘风格上演极致切换。从可转债正股结构看，除部分周期品种外，股市环境对很多中小盘可转债并不算友好。直至2018年底，从隐含波动率、绝对价格、股债性等角度看，可转债估值均在底部位置。

2. 民企大量违约导致机构排查信用风险，不少中小盘可转债无法入库，可转债需求下降。

3. 大扩容后筹码稀缺性有所下降。此时需求端的扩张速度小于供给端，尤其股市冲击导致一级承接力量偏弱，2018年出现集中破发和负溢价率等现象。

第二阶段：2019年后可转债需求扩张提速，叠加股市结构性机会，推动可转债估值波动上行。具体来看包括以下几个方面。

1. 2019年7月至2020年4月，保险、信托、银行理财等资金系统增持可转债，可转债估值抬升。此阶段中信、浦发两只近1000亿元大盘可转债发行，可转债估值不降反升，显示需求支撑已完全匹配供给，甚至有更多的潜在增长空间。

2. 2020年5月至2021年初，货币政策回归常态，叠加股市回落、少数可转债大股东出现信用风险事件及2019年修订的《中华人民共和国证券法》施行改变了小盘股定价，小盘可转债估值降至低点。

3. 2021年可转债受益于股市风格切换、小盘股领涨，"固收+"带动需求力量膨胀，加上来自纯债的机会成本低，高价可转债的不赎回操作反成"常态"（难以持续），可转债估值一路上行至近年高点。

第三阶段：2022年后，可转债估值与正股匹配度变差，在震荡中消化。股市面临新冠疫情、海外冲突和加息周期多重压制；可转债估值经过两三年的整体上行，虽然需求有支撑但已透支正股预期；个券赎回预期回归，在股弱、券贵、赎回三重压制下，可转债估值震荡下行，年底还受到理财赎回冲击。

大扩容背景下，可转债估值分化成为常态，也孕育更多结构性机会（如图7-53所示）。如行业轮动、正股资质、投资者行为、历史成本（新老券之间）等均可能造成估值分化。对投资者而言，合理分化有其存在理由，而分化中的错误定价则蕴含投资机会。比如2019年初的盛路和百合转债，都曾出现过负溢价率，显然就是错误定价，也为后来可转债的突出表现奠定了基础。无论如何，可转债估值与正股预期是根本判断标准。

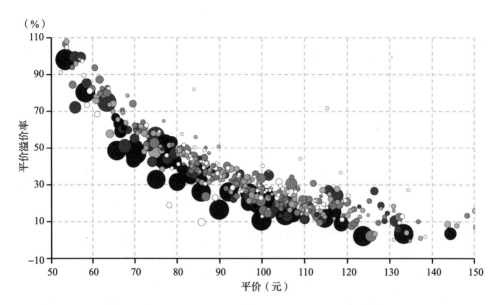

图7-53　从平价-平价溢价率视角看，扩容后可转债估值分化也很明显
资料来源：Wind。

在这一阶段，随着市场规模和产品规模壮大，择券越来越成为重点。不可否认，可转债依旧较大程度受股市和债市环境影响。在结构市占优情况下，投资者通过对股市节奏和可转债性价比的判断，仍可通过适当择时获取绝对和相对回报，如2019年的股市结构性机会、2021年中小盘切换行情和2021年初可转债估值底部反弹、2022年更多规避风险等。而扩容后，个券挖掘能给投资者提供更强穿透市场环境的能力，即便整体平淡或承压，个券仍可能精彩。从可转债基金或二级债基的行为看，自下而上的研究也提供了更多超额回报的可能。在客观条件上，扩容后可转债正股的行业分布、市值分布和基本面资质均有明显提升，可转债投资者可借鉴股票投研做法，挖掘更多α机会。（详细择券内容可详见第五章、第六章。）

CHAPTER 8
第八章

可转债顶底识别指南

本章要点

- 可转债有三条支撑线——平价、债底和条款,在可转债下跌时均可形成托底力量。平价底受股市支撑,往往较难判断,但股市反弹时可转债跟涨较快;条款底平价往往较低,回升也较慢;纯债底最坚实。
- 可转债大多具有"圆底"特征,这决定其适合左侧交易,但真正将可转债带出底部还要靠股市。2002年至今可转债共经历了六次典型底部。
- 可转债顶则与牛市走势关系较大。但其运行有三个阶段,从正股和可转债估值的"双轮驱动",到进入高估值环境,跟涨能力明显减弱,最后老券"优汰劣剩"。可转债同步或领先股市见顶,此时可转债的产品特性往往能帮助投资者及时止盈。

引言

在任何一个市场中,顶底都是多空双方力量对抗达到极限后的表现,可转债自然也不例外。尤其在顶底附近，可转债特性表现更突出，不仅国内固收投资者，股票投资者和海外投资者等也多次参与其中并有所收获。尽管"追底逃顶"可遇而不可求，但这并不妨碍我们从历史的角度探讨可转债顶底的基本特征。然而遗憾的是，市场上还缺少与之相关的系统性分析。本章中，我们将紧紧围绕可转债市场的顶底进行详细的分析与讨论，力求为投资者未来参与可转债提供借鉴。

识"底"篇

可转债市场是如何见底的，底部有哪些支撑因素

传统上，可转债有三条支撑线：平价、债底和条款。从经验上看，可转债大跌后触及支撑线的顺序一般为平价、条款、债底，但在极端条件下也可能同时见底（如2005年、2014年）。可转债底部逻辑如图8-1所示。

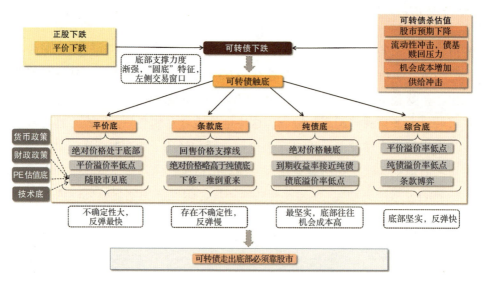

图8-1 可转债底部逻辑

股市或正股见底，可转债因而止跌，形成的是"平价底"。一般情况下，

可转债价格都高于其平价。一方面，投资者依托债底和条款支撑，并手握转股期权，愿意为此付出溢价；另一方面，可转债进入转股期后，其价格一旦低于可转债平价（出现负溢价），就会出现理论上的套利空间。尤其是在熊市等时期，平价溢价率本身已经比较低，平价支撑更为明显。此时，如果正股跌无可跌，平价对可转债价格的支撑逐渐显现，形成"平价底"。

平价底的支撑力量显然来自股市。股市在估值被极度压缩、股债性价比达到极端值等情况下做空力量枯竭、股指企稳，而可转债也因此得到更多支撑。在可转债特征方面，在平价底附近，可转债平价中枢一般高于或大致等于债底（80～90元附近），对应的平价溢价率较低（5%～10%，甚至更低），核心品种的纯债溢价率往往大于平价溢价率。当然，平价底不确定性较大，毕竟股市何时见底很难准确判断，波动难免。平价溢价率也不是判断平价底的充分条件，只要股市企稳，可转债估值没有明显压缩空间，都可以认为是平价底。我们会结合股市估值、技术分析、情绪指标判断股市是否阶段性见底，从而推断可转债是否也已经进入底部区域。

在特定情况下，市场出现大范围的条款博弈，可转债出现明显抗跌性，形成的是"条款底"。如果股市快速下行，导致可转债正股大幅杀跌，部分发行人必然面临回售压力。此时，股市的小幅上涨可能是杯水车薪，发行人通常积极考虑下修转股价以化解系统性风险。从历史经验来看，可转债被推倒重来后，其平价一般会达到80～100元，而可转债支撑价位在105～110元附近（个券差别很大，和市场状况也有关），明显高于债底。条款底形成后，由于平价溢价率此时很高，股性很弱，很少能出现强势反弹，但会表现出明显的抗跌性。条款底的典型案例发生在2008年底，个券纷纷下调转股价并得到效仿。2017年市场大扩容之后，个券差异增大，不容易形成条款底。

在市场极度悲观环境下，可转债价格纷纷跌至债底附近，形成的是"纯债底"。纯债底最容易理解。可转债能够还本付息，因而具有纯债价值。显然在理论上，可转债价格应高于纯债价值，这是可转债的"硬保护"。从可转债价格特征来看，纯债底的价格中枢是三种底部中最低的。根据经验，可转债价格达到如此低的位置，除了熊市拖累正股外，可转债估值的大幅下杀也是诱因之一。而可转债估值大幅调整的原因可能是：①正股悲观预期。

②债市的流动性紧张导致债基大面积面临赎回压力。可转债作为流动性最好的债券品种，往往难逃被率先抛售的命运。③纯债机会成本高企。利率债、高等级信用债、理财等的机会成本较高时，可转债需求往往不振。④供给冲击。纯债底的典型案例发生在2014年和2018年底。

股市、条款博弈都难以提供足够支撑的情况下，债底将成为最后的坚实保护。在平价方面，如果正股下跌导致可转债平价大幅缩水至70元以下，其平价溢价率将超过40%。显然，此时平价已经无法提供任何支撑，期权价值难以体现。如果条款博弈也很难达成（或博弈失败），那么债底就是可转债最后的支撑。历史上，债性指标达到极端水平往往是可转债市场出现纯债底的标志。譬如，绝对价格接近或低于面值，可转债平均到期收益率达到甚至高于同等级信用债水平（此时纯债替代价值已经很高，内含期权价值几乎免费），平均债底溢价率持续低于10%等。

"圆底"特征利于左侧布局，而走出底部仍要靠股市

可转债通常早于股市进入底部区域。可转债存在条款等保护，在正股下跌到一定程度后对正股调整将不再敏感，因而比正股更抗跌，下跌节奏慢于平价，当然这时候的平价溢价率往往被动抬升。

反过来，底部反弹过程中，可转债往往也略迟缓。可转债抗跌的代价是被动积累溢价率。当正股反弹时，可转债需先消化高溢价率，才能跟上正股上涨节奏。因此，在平价回升初期，可转债价格上涨节奏缓慢，导致触底回升过程通常是类似"圆底"形状。从投资者行为角度分析，固收投资者风险偏好较低，在熊市转换期，也更容易先试探性建仓，待正股趋势确认后再逐步增加仓位，导致可转债往往在底部缓慢上涨（股市熊牛转换等情况例外）。

"圆底"特征决定其适合左侧交易。可转债的触底信号鲜明，且经常先于股市见底，投资者在底部窗口期介入的向下调整空间和风险非常小。左侧交易花费的可能更多是时间成本。

但真正将可转债带出底部还要靠股市。可转债的第一驱动力仍是正股。在三类底部中，平价底最难判断，但可转债和股市同时触底，底部的平价溢价率不高，当股市反弹时可转债跟涨最快；条款底的平价往往较低（平价要

低于回售触发线 70 元），股市反弹时可转债也需要更多时间消化高溢价率，回升也较慢。其中，条款底在反弹初期甚至会有偏负面反应，原因在于转股价修正预期弱化，关键看条款博弈预期反映得是否充分。

无论何种类型底部，本质都是赔率开始具备优势，以时间换空间的能力加强。而从个券层面看，除了可转债本身性价比，正股弹性也是重点，要充分利用可转债的期权特征博弈潜在变化。例如，在条款底和纯债底中，部分可转债经历正股和平价大幅下跌，可转债价格止跌但整体性价比已相对较低，可转债跟涨能力往往偏弱。这时候正股是反弹的关键，依托行业、股市风格、正股基本面预期和弹性是择券重点（历史上的可转债底部如图 8-2 所示）。

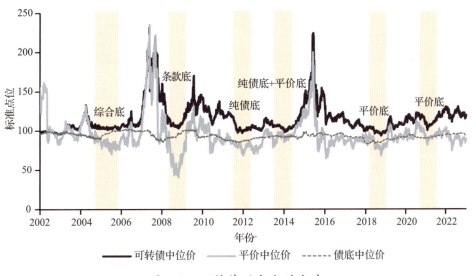

图 8-2　可转债历史上的大底

资料来源：Wind。

鉴"底"篇：记忆中的底部

坚实的综合底：2005 年

在股债环境方面，经济增速回落和股权分置改革是当时的市场主线。

2004年为防止投资增速过快和高通胀问题,央行多次加息加准,资金面紧张和经济增速放缓预期导致股债双熊。进入2005年,通胀压力降低,货币政策开始转向宽松并推动债市回暖,但股市表现仍然落后。从基本面来看,宏观经济增速回落,且当时A股里上游资源品和顺周期板块占比最大,大宗商品降价直接导致股市整体盈利增速降低。而在估值方面,除盈利预期减弱外,2005年也是股权分置改革落地之年,国有股的潜在供给进一步压制估值,上证指数在2005年6月向下突破1000点来到历史底部。

可转债先于股市半年形成"综合底"。当时股市缺少赚钱效应,市场对可转债了解较少,投资者群体单一,可转债估值水平很低,导致2005年可算是纯债底、平价底、条款底同时构成的"综合底"(如图8-3、图8-4所示)。

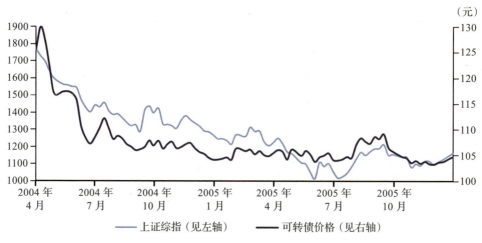

图8-3 2005年可转债先于股市见底

资料来源:Wind。

从纯债角度看,当时的可转债都有银行做担保,不存在信用风险,利率甚至堪比纯债。可转债价格不断逼近债底支撑线,纯债溢价率在年初已降至10%以内(如图8-5所示)。可转债平均到期收益率超过7天回购利率,继续下跌的空间非常小,债底明显构成托底力量(如图8-6所示)。

第八章　可转债顶底识别指南　183

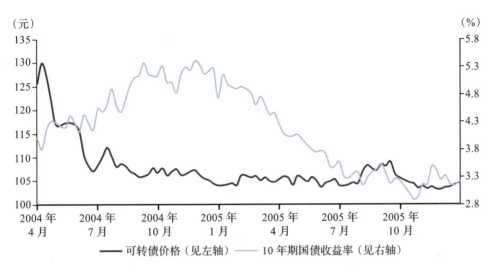

图 8-4　2005 年初债市环境开始改善

资料来源：Wind。

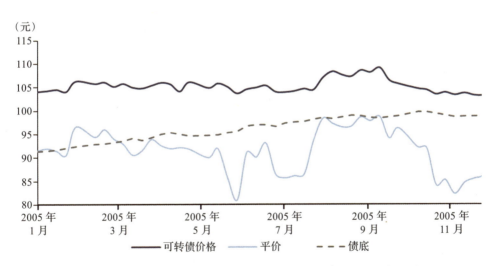

图 8-5　债底、平价和条款共同构成可转债价格支撑力量

资料来源：Wind。

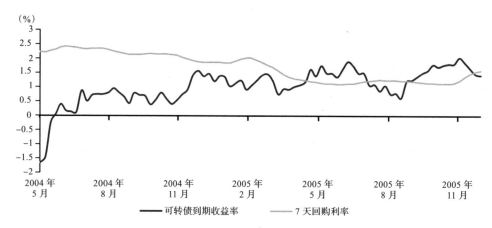

图 8-6　2005 年可转债到期收益率已接近甚至超过 7 天回购利率

资料来源：Wind。

从股性指标看，平价已跌至和债底相当水平，平价溢价率和纯债溢价率双低。随着高通胀的缓解和股权改革的推进，股市在 2005 年也缓慢筑底，平价和债底形成双重支撑。

除此以外，条款设置十分优厚，保护力度很强。由于当时投资者对可转债的认可度较低，加上熊市思维明显，发行人为了吸引投资者设置了优厚的条款。条款博弈成为部分品种先于股市触底企稳的关键。转股价修正只需要董事会决议即可，执行意愿和频率都远高于 2006 年后。例如，山鹰一期共进行了多达 5 次下修，华电转债等甚至还存在强制修正和时点回售等难以想象的优厚条款。不过，由于可转债价值被市场认可不充分，条款博弈并未在估值中完全反映出来。

需要注意的是，当时有许多后来成为中国优质蓝筹标的的公司借助可转债市场进行融资，比如招行、万科等。而在投资者结构方面，当时保险资金还不能投资可转债，投资者群体以混基、债基等为主，个别公募基金当时重仓可转债并获得了明显的超额回报。可转债后来也成为 QFII 投资者进入 A 股的"第一站"，它们看中的也是可转债"进可攻、退可守"的特性。

2006年股改尾声叠加外需推升经济，A股开始进入牛市（如图8-7所示）。股权分置改革在2006年进入全面完成阶段，且经济保持较快增长，下半年盈利和估值形成双轮驱动。

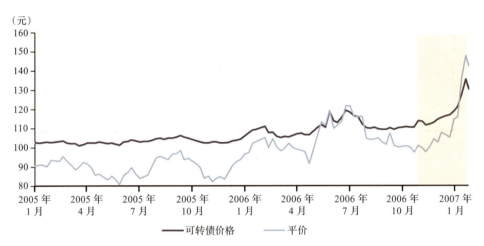

图 8-7　2006 年股市带动可转债反弹

资料来源：Wind。

股市回升是可转债走出底部的必要因素，反弹中结构分化明显，高弹性个券反弹幅度大。2005年至2006年上半年，可转债持续底部震荡，平价和可转债估值走势基本相反。此时虽然股市尚在探底，但对可转债而言已进入左侧交易窗口期。直至2006年下半年，股市明显走强，可转债在平价和可转债估值的"双轮驱动"下逐步走出底部（如图8-8所示）。从风格上看，高平价、低估值的弹性品种率先突围（国电、南山、华电、燕京等），走势明显好于普通高性价比（低平价溢价率叠加高到期收益率）品种。主要原因在于，股市反弹呈现结构性特征，制造业产业链表现最突出，相应可转债个股表现强势（如图8-9、图8-10所示）。

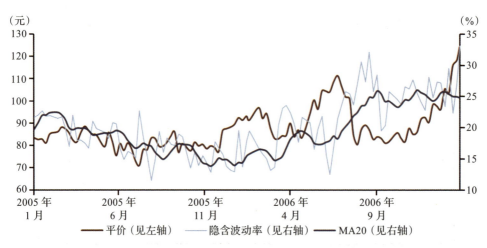

图 8-8 在底部反弹中，正股和可转债估值同向变动

资料来源：Wind。

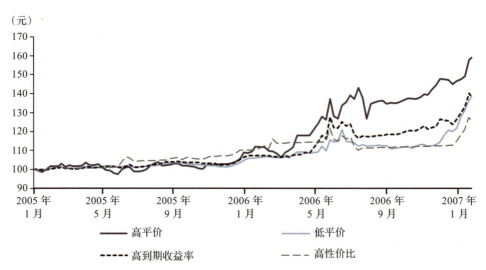

图 8-9 反弹中可转债普涨，正股强势品种表现更优

资料来源：Wind。

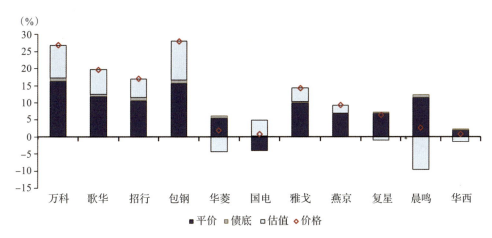

图 8-10　制造业产业链可转债在反弹中表现较好

资料来源：Wind。

特殊时期、特定市场环境下的条款底：2008 年

2008 年在美国次贷危机影响下股市大跌，可转债市场难以独善其身，行情急转直下。2008 年 11 月 3 日，收盘时可转债指数迎来当年的最低点。可转债市场当时仅有 16 只可转债，由于正股跌幅较大且迅猛，几乎所有可转债的平价水平均受到重创。多只个券濒临回售线，进而促成了转股价条款修正，而个券转股价修正又产生了很强的示范作用，引发更多可转债修正转股价行为。显然，从这个意义上说，与其说是转股价修正条款见效，还不如说是回售条款的威力显现。在转股价修正的过程中，可转债平价水平得以重回 80～100 元附近，相当于"推倒重来"，化解股市系统性风险。当时的典型案例是恒源转债，它曾经三次大幅调整转股价，从初始转股价 50.88 元修正到 12.88 元，堪称"良心转债"。

条款博弈的存在，使可转债在 105～110 元附近就开始产生抗跌性，可转债先于股市筑底，形成"条款底"（如图 8-11 所示）。底部形成后，可转债价格对正股下跌不再敏感，甚至正股跌到一定程度后可转债估值与正股呈现反向关系，条款博弈成为当时少有的盈利来源。可转债市场也因此表现出很强的抗跌性，明显早于股市见底。值得一提的是，2008 年时回售条款多设置在进入转股期后不久,所以在平价不断下跌中引发条款博弈预期。2009年之后的发行人逐步将回售期移至到期前最后两年,条款约束力大为减弱,导致在面对可转债大幅调整时,条款博弈的作用有限。

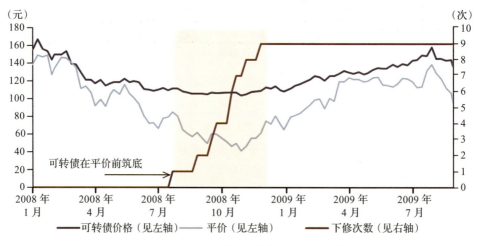

图 8-11　2008 年可转债形成条款底

资料来源：Wind。

条款底领先于股市底部,但需经历磨底期,也是布局窗口。2008 年 10 月底平价中枢降至 46 元附近,经过 10~12 月密集下修,平价修复至 80 元,但可转债弹性依旧不佳。可转债跟涨能力偏弱的主要原因是,一方面,可转债往往会通过大面积的条款博弈先于股市见底,但股市仍在下行通道,部分个券在下修后平价继续调整,甚至再次积累了高溢价率;另一方面,当时下修多是基于回售压力发生的,如果没有最大限度下修,修正后平价可能在 80 元附近,反弹驱动力度一般。

2009 年初牛市带动可转债走出底部,个券表现分化,正股趋势更重要。2008 年底扩内需和后续产业政策是股市反弹的主线逻辑。可转债正股也出现了较大的分化,受益于产业激励政策的大荒（大豆、油料等农业）、赤化（医药健康）、金鹰（纺织）、海马（汽车）、五洲（公路运营）、柳工（工程机械）等涨幅领先,而其余则继续低位震荡。在股市结构性反弹中择券,正股趋势性更重要,个券性价比要求可适当放宽。高平价策略明显占优（见图 8-12）。

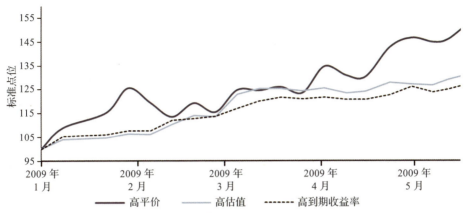

图 8-12 条款底反弹偏慢，正股存在分化导致高平价策略占优

资料来源：Wind。

极度悲观环境下的纯债底：2011 年

在市场环境方面，国内货币、信用紧缩政策和欧债危机共同导致 2011 年的股债双杀。2011 年，央行货币政策转向紧缩，年内央行进行了多次加息和提高准备金操作。另外，房地产过热问题也受到重视，中小城市开始采取限购措施。雪上加霜的是，外部环境也偏利空，欧美纷纷开始退出 QE，欧洲面临大规模债务危机。国内资本市场在经济增速放缓叠加高通胀和外部流动性冲击的环境下，经历了股债双杀（如图 8-13、图 8-14 所示）。

图 8-13 2010~2011 年货币政策收紧，股债遭遇双杀

资料来源：Wind。

图 8-14　2010~2011 年央行连续进行加息加准操作

资料来源：Wind。

可转债当时遭遇了惨烈的杀估值，股、债、估值三杀引发可转债价格快速下跌。股市大跌导致可转债正股预期悲观、期权价值削弱；纯债资金面紧张还造成资金成本和债基赎回压力大幅增加，可转债作为流动性最好的债券品种再次被率先抛售（如图 8-15 所示）；大盘可转债供给冲击成为引发系统性调整的"最后一根稻草"，石化二期仅公布预案就导致可转债暴跌，估值在多重因素影响下快速压缩。市场平均隐含波动率从 2011 年 11 月初的约 40% 快速降至 2012 年 1 月的 23%，市场整体估值达到历史低位。可转债市场在平价、债底、估值三杀的情况下大幅下跌，截至 2012 年 2 月底，48% 的个券价格跌至 100 元以下，21% 的个券价格低于 90 元。

债底成为最后一道坚实支撑，"纯债底"领先股市约一年见底（如图 8-16、图 8-17 所示）。进入 2011 年 9 月，平价逐渐低于纯债价值，难以对可转债构成支撑力量，可转债已经越来越接近债底支撑线。在条款博弈方面，回售条款被普遍削弱，不少个券尚未进入回售期，且大股东博弈心态渐浓，也难以提供有力贡献。债底成为最后也是最坚实的支撑。可转债绝对价格在 12 月跌至 97 元，AAA 级可转债到期收益率超过 3%，纯债溢价率中枢已低于 10%。核心品种石化转债到期收益率曾达到 5.2%，与自身信用债（08 石化债）仅差 40bp，纯债溢价率低于 5%，可转债市场真正到达了纯债底（如图 8-18 所示）。

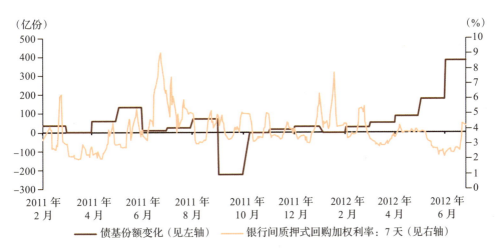

图 8-15　2011 年底资金面紧张引发债基赎回量陡增，2012 年中期逐步缓解

资料来源：Wind。

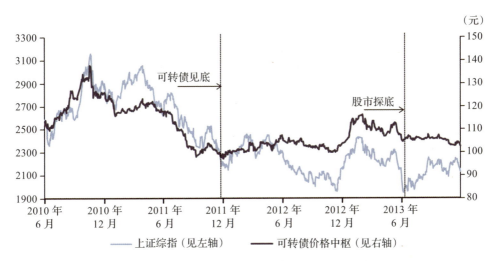

图 8-16　2011 年底可转债先于股市触底

资料来源：Wind。

图 8-17　债底成为可转债坚实的支撑

资料来源：Wind。

图 8-18　债底溢价率被极度压缩，债底随利率下行支撑力度增强

资料来源：Wind。

从估值角度看，可转债也已来到历史底部（如图 8-19、图 8-20 所示）。从核心品种看，2012 年 1 月中旬工行转债的隐含波动率显著低于正股历史波动率 20% 的水平；在价格接近面值的情况下，平价溢价率一度罕见达

到 –0.38%，可转债相对正股更有吸引力。实际上，在本轮底部，可转债比股市提前约 1 年见底。上证指数在 2012 年底下探至 1900 点低位后，个股估值极度压缩，至 2013 年上半年才触底反弹。

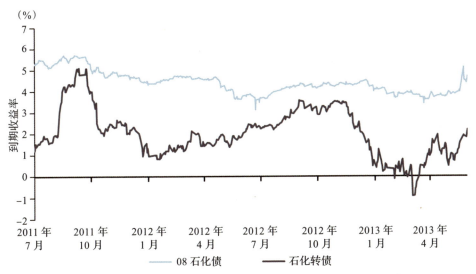

图 8-19　石化转债到期收益率在底部已接近 08 石化债

资料来源：Wind。

图 8-20　AAA 级可转债和信用债到期收益率在 2011～2012 年已所差无几

资料来源：Wind。

在底部震荡期间，债底甚至成为首要驱动力量，但来自纯债的机会成本仍高。政策转向推动债市率先好转，CPI 进入下行通道，稳定发展成为首要目标；央行停止紧缩政策并开始降息，银行间资金面企稳，2011 年底国债收益率从高位下行。随着债市回暖，2012 年债基申购量持续增加，可转债的债底价值也不断提升。中行等大盘可转债甚至在债底驱动下进入上行趋势，走出独立于股市的行情。但此时信用债机会成本仍高，高等级信用债收益率随基准利率快速下行。在股市仍持续下跌的过程中，可转债的期权价值无法发挥，业绩也很难跑赢纯债。当然，可转债相比高收益信用债的尾部风险小很多。当时从大类资产配置角度看，各个资产的排序是：高等级信用债、可转债、低等级信用债。因此，债底抬升更多是提升底部水平，封杀可转债价格大幅下跌空间，但向上驱动力略显不足。

直到 2012 年底，股市终于探明底部，开始企稳。经济转型期的增速放缓是 2012 年股市继续下跌的重要因素，地产监管仍未放松，A 股盈利预期下降，风险偏好也较低迷。脆弱的股市稍遇利空（转融通业务开启等）则继续下跌。直至 2012 年底，股市估值基本探底，权重股向下空间很小；基建正在接力地产托底经济，制造业开始回暖，叠加年内多次降准降息，股市触底企稳。

可转债反弹稍落后于股市，但底部埋伏终有收获。随着 2012 年债市走牛，纯债机会成本不断降低，同时股市触底，股债配置开始发生倾斜，可转债的投资价值逐步显现。可转债平价从 2012 年 9 月开始反弹，而可转债价格在 11 月才出现明显回升趋势。事后来看，在底部埋伏高性价比的可转债品种，正是博弈股债转换的绝佳策略（如图 8-21 所示）。可转债的多数标的分布在基建链条、制造业（美丰、海运、国投、石化、川投、巨轮、工行等），表现亮眼（如图 8-22 所示）。

此外，这一期间可转债市场获准进行回购融资，从而提升流动性，并为其后牛市中杠杆威力的发挥奠定了基础。个别保险机构等果断配置资金、大胆抄底，并在其后获得了丰厚的回报。

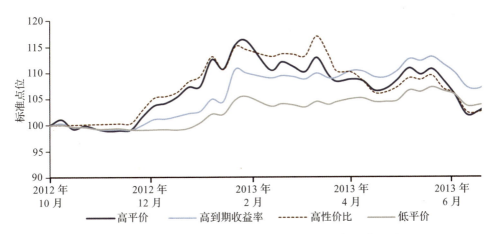

图 8-21 2012 年底可转债普涨，高性价比策略表现亮眼

资料来源：Wind。

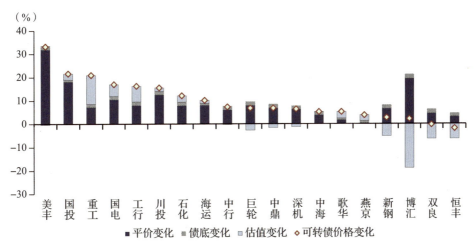

图 8-22 多数可转债正股在反弹中收获较多涨幅

资料来源：Wind。

复合型的"纯债底叠加平价底"：2014 年初

2013 年是债券市场发生深刻变化的一年，债市整体走熊。表面上，当年发生了一系列重要事件：①3 月银监会发布《中国银监会关于规范商业银

行理财业务投资运作有关问题的通知》，规定非标资产在理财资金中35%的上限比例，开启非标监管。②4月债市"打黑"、"丙类账户"监管事件，违规机构被责令去杠杆、收缩规模；央行意外采取强势紧缩态度，在利率持续攀升的环境下，反而坚持增加央票投放。6月20日，7天回购利率一度超过30%。③经济基本面超预期改善使利率进一步上行，市场悲观情绪蔓延。一系列事件使2013年出现了债熊。而央行坚持紧缩政策的背后，是遏制"同业创新"带来的金融安全隐患，金融稳定成为货币政策的重要目标。

在股市方面，基本面和估值出现背离，股指下挫。2013年股市盈利回暖，但国内外流动性显著偏紧，风险偏好也受到压制，估值压缩，股指下行。市场再次面对股债双杀的环境（如图8-23所示）。

图8-23　2013年第4季度遭遇股债双杀

资料来源：Wind。

可转债无疑也是债熊的受害者。除股市下跌外，更严重的是年底资金短缺导致的债基赎回压力增加，债市环境对可转债的负面影响较2011年更甚。另外，年底央行货币政策转松后，信用债息差暂未收敛，机会成本仍然较高。几只大盘可转债的上市给本就疲软的需求造成进一步冲击，徐工转债上市首日收盘仅 94 元，平价溢价率为 3.9%（如图 8-24 所示）。

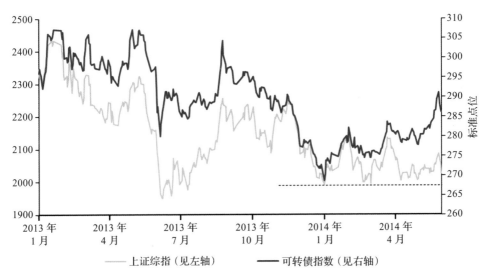

图 8-24　2014 年第 1 季度可转债和股市同时筑底

资料来源：Wind。

平价与债底共同支撑可转债价格，形成"纯债底叠加平价底"（如图 8-25 所示）。2013 年底可转债估值大幅下杀后，绝对价格逐步逼近平价和债底支撑线。从平价支撑来看，2014 年初短期资金短缺缓解后，股市估值基本见底，股债性价比达到历史高点，股指开始磨底。从核心品种来看，当时可转债市场中包含中行、平安等五只规模过百亿个券，正股在估值见底后企稳，对市场整体见底止跌起到较大作用。可转债市场整体平价中枢在 90 元附近震荡，平价溢价率中枢为约 8%。而从债底方面看，中行等核心品种的到期收益率甚至来到 4.5% 以上，和纯债已所差无几（如图 8-26 所示）。纯债溢价率中枢也降至 10% 以下的历史低位。因此，2014 年第 1 季度平价与债底共同成为可转债的支撑力量，纯债溢价率和平价溢价率都降至低位（2014 年 1 月正股短期急跌，平价溢价率略有提升，债底支撑更明显）。从当时来看，在实质上很难违约的情况下，可转债还有期权价值，且优质品种的正股股性也不差，可转债性价比已经很高。

图 8-25 2014 年第 1 季度可转债形成"纯债底叠加平价底"

资料来源：Wind。

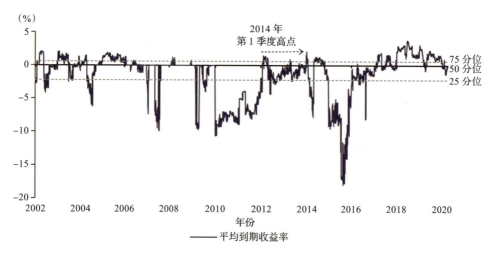

图 8-26 2014 年第 1 季度可转债到期收益率达到历史高位

资料来源：Wind。

2014年初股市磨底，国内投资者的资金成本仍高，直至下半年股市逆转，可转债才走出底部（如图8-27、图8-28所示）。平价底反弹快于单纯纯债底和条款底（如图8-29所示）。2014年1~3月，在股市小幅回暖的推动下，可转债价格从98元回升至104元，其间国债收益率仅下降3bp，正股驱动显著（平价溢价率中枢为12%）。不过，整体来看当时国内可转债投资者态度仍偏谨慎。原因在于，首先，2014年初虽然流动性冲击造成的债基赎回暂缓，但债市还没有从熊市情绪中走出来，相比理财、余额宝甚至IPO打新吸引力一般，债基净申购量持续低迷。其次，债市短端利率很高，固收存量资金增持可转债的意愿也不强。最后，地产调控和产能过剩现象导致股市赚钱效应不足，可转债需求恢复尚需时日。可转债配置需求和市场情绪低迷。直至6月后牛市渐起，可转债才终于走出底部区域（如图8-30所示）。

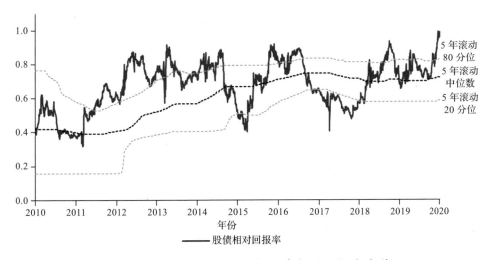

图 8-27　2010 年～2020 年股债相对回报率走势

资料来源：Wind。

值得一提的是，此时在底部率先增持的反倒是QFII、RQFII等资金。其实，并非这些资金更聪明，而是其资金成本和机会成本很低，使得大举增持更从容。这一时期，是典型的"以配置的心态做交易"，消耗最多的是时间成本。直至 2014 年下半年，股市回暖乃至牛市意外开启，可转债配置价值才被更多国内投资者认可，而杠杆功能在此期间发挥威力。

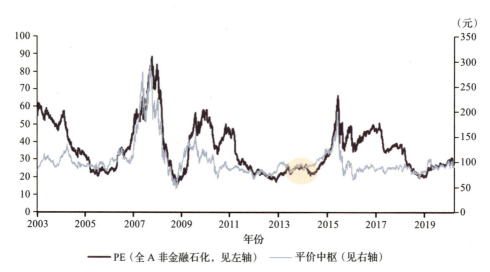

图 8-28　股市估值和可转债平价中枢在 2014 年初来到历史底部

资料来源：Wind。

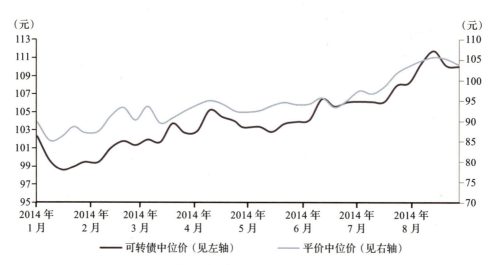

图 8-29　2014 年第 1 季度底部反弹快于 2008 年和 2011 年

资料来源：Wind。

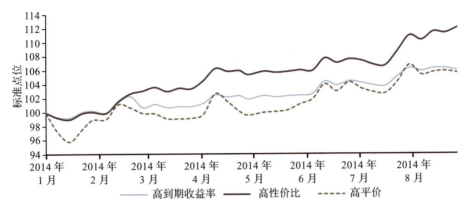

图 8-30 可转债普涨，底部埋伏高性价比可转债效果较好

资料来源：Wind。

漫长等待之后的平价底：2018 年

2018 年去杠杆压力、中美贸易摩擦等多重内外因素造成股市走低。2018 年金融去杠杆力度空前，信用收缩导致社融大幅回落、信用利差飙升，对企业融资环境带来负面影响；周期行业需求转向疲软，大宗商品和股票同跌。除企业盈利增速下行外，A 股流动性环境较差，叠加中美贸易摩擦和汇率下跌，进一步影响风险偏好，股市估值下行幅度更甚（如图 8-31 所示）。

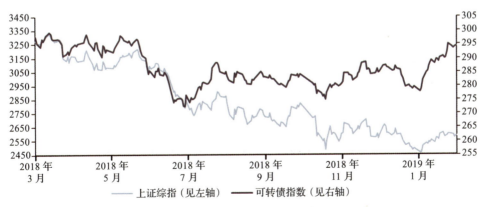

图 8-31 2018 年第 4 季度可转债率先触底

资料来源：Wind。

从绝对价格中位数和估值指标来看，可转债已再次来到底部区域（如图 8-32 所示）。2018 年底可转债绝对价格位于 94～100 元，到期收益率中位数达到 2.7%，已经与 7 天回购利率相差不大（如图 8-33 所示）。隐含波动率等可转债估值指标也已见底（如图 8-34、图 8-35 所示）。

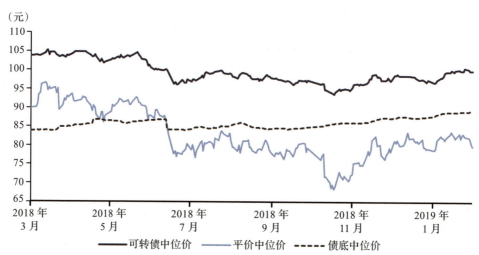

图 8-32　整体看平价支撑不弱，但部分中小盘可转债拉低平价水平

资料来源：Wind。

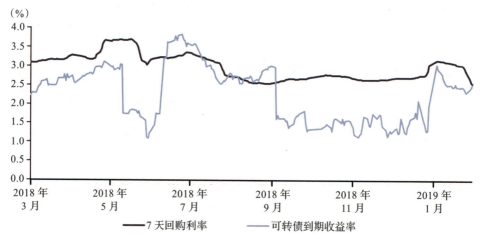

图 8-33　可转债到期收益率曾经与 7 天回购利率相差无几

资料来源：Wind。

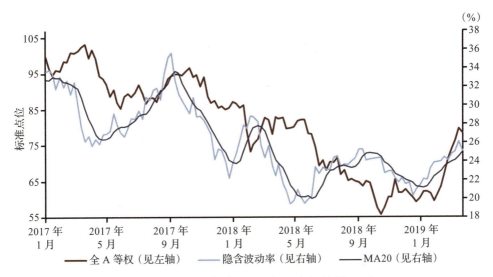

图 8-34 2018 年底可转债估值也持续下杀

资料来源：Wind。

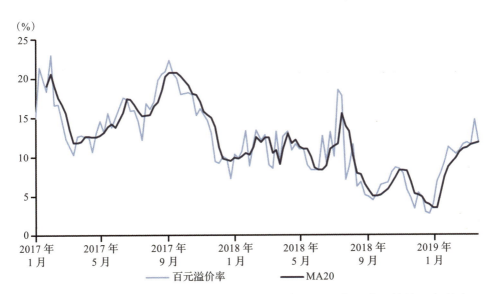

图 8-35 从百元平价对应的平价溢价率角度看，可转债估值也持续下行触底

资料来源：Wind。

但个券之间存在较大分化，大盘核心可转债未触及债底，市场实际形

成"平价底"。受信贷收缩、股市风格和当时配置偏好等影响,小盘可转债普遍受影响较大。扩容后可转债市场的中小盘占比开始增加。不过小盘可转债的评级往往较低,债底支撑较弱,绝对价格低但距离债底仍有距离,决定其企稳和反弹的力量主要还是正股。此外,当时高等级核心品种尚未触及纯债底。例如光大转债在 2018 年底价格达到 107 元附近,到期收益率在 0.5% 左右;类似地,宁行、国君、长证、电气、常熟等品种的到期收益率也小于 2%,离纯债收益率还有一定距离(如图 8-36、图 8-37 所示)。

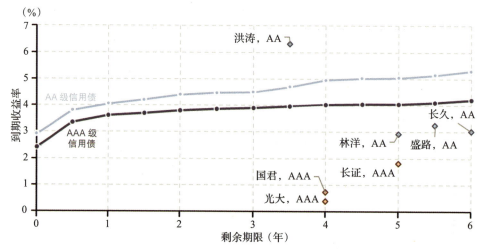

图 8-36　2018 年底主流可转债和同等级信用债的到期收益率尚有距离
资料来源:Wind。

总的来看,可转债市场尚不能和 2011 年、2014 年的纯债底相比,可转债走势更多依赖正股表现。股市(平价)成为可转债的实际托底力量。"平价底"反映在平价 100 元附近的平价溢价率仅为 −0.26% 以及负溢价率频发(如新券百合、长久等可转债在绝对价位不高的情况下出现负溢价)。2018 年底的股市估值已经压缩至历史低点(全 A 除金融石油外的滚动市盈率降至 21 倍附近),例如白马股、蓝筹股的估值与业绩预期增速相比已具备较强吸引力,股指在预期 2019 年信贷改善叠加信用适当下沉的情况下逐步企稳,可转债形成"平价底"。

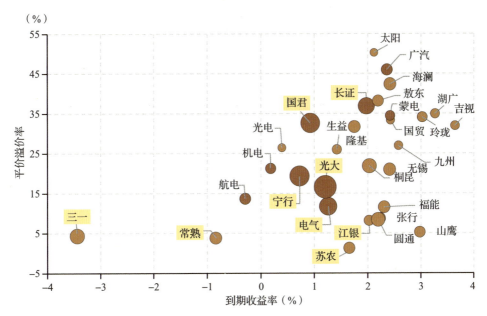

图 8-37　2018 年底高评级可转债的到期收益率仍未到达绝对底部，低价的多为中小可转债

注：气泡大小代表当前可转债余额

资料来源：Wind。

为什么本轮可转债并未跌至债底水平？与 2011 年和 2014 年的不同之处在于，一方面，整体平价在 80～90 元附近企稳，支撑力度更强；另一方面，债市资金面充裕，机会成本较低，估值没有继续大幅下杀以致触及债底。为避免金融去杠杆引发系统性风险，2018 年央行及时调整货币政策（全年四次降准、多次公开市场操作和再贴现，释放了一定流动性），"宽货币"带来了债牛（如图 8-38 所示）。在非标融资被严查后，债市甚至出现"资产荒"现象，信用债市场虽然因此发行规模大增，但违约数量也达到历史之最，信用分层现象严重（如图 8-39 所示）。2018 年第 4 季度信用债虽然做到适当下沉，但整体看高收益债券利差分化程度难有显著变化。在股市估值来到历史低位，而纯债机会成本偏低的情况下，可转债仍是向风险要收益的重要工具。

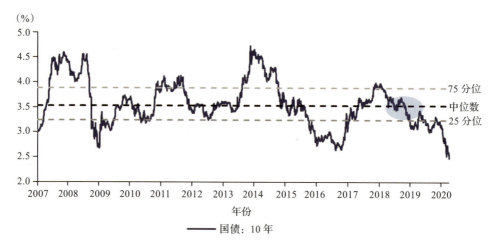

图 8-38　2018 年 10 年期国债利率持续下降

资料来源：Wind。

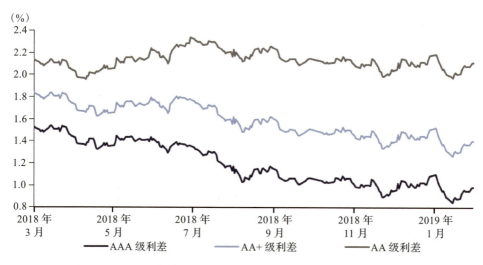

图 8-39　2018 年底信用分层明显，高收益债机会成本较低

资料来源：Wind。

2019 年初，股市迎来估值修复的普涨行情，平价底的弹性在股市反转时更好，可转债也迎来"双轮驱动"（如图 8-40、图 8-41 所示）。2019 年初的股市反弹是信贷环境改善、社融超预期后的普遍估值修复行情。本轮可转债的托底

力量是股市，反弹的第一驱动力也是股市。而从股市预期、债市机会成本等情况看，可转债估值也已经触底。在平价溢价率被极度压缩情况下，可转债跟涨能力较强，底仓（光大、东财等）和中小盘弹性品种均有不小涨幅。由此也再次验证，中小盘品种虽然绝对价位低，但托底和反弹的决定因素均是正股而非债底。在普涨行情下，低估值叠加低价格组合通过"双轮驱动"可获得更好的向上弹性，好于高平价策略。在操作层面，在β行情中，提升仓位仍是最优先的选项，大规模和高流动性品种出现了筹码稀缺现象，估值快速提升。

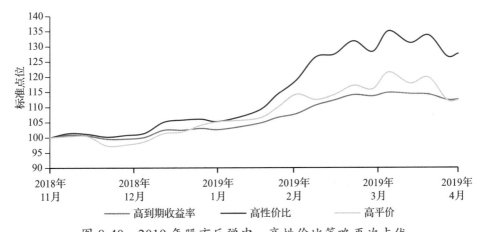

图 8-40　2019 年股市反弹中，高性价比策略再次占优

资料来源：Wind。

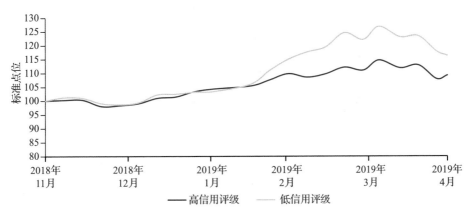

图 8-41　2019 年低信用评级的可转债弹性相对更强，背后有中小盘正股风格加持

资料来源：Wind。

不一样的信用风波：2021年

2021年初股市风格切换给投资者留下深刻印象，"核心资产"抱团瓦解，中小盘估值触底（如表8-1所示）。2021年全球经济错位复苏、货币政策常态化（包括国内货币政策和美联储QE等）使得股市转为盈利驱动，上游资源品涨价导致"类滞胀"情景担忧加剧。而A股内部交易结构问题越发突出。2017年后供给侧结构性改革、外资大举流入等引领股市充分挖掘龙头股价值，尤其2019年和2020年公募基金凭借良好表现吸引资金流入，新基金宣传和发行力度大幅增加，并形成"新发基金→买入权重股→净值表现良好→吸引更多申购"的正反馈效应。在推动核心资产继续上涨的同时，也造成估值极致分化，交易结构变差。直到2020年初新修订的《中华人民共和国证券法》施行，因担忧退市风险，小盘股估值受到压制，风格演化达到极致。

而进入2021年2月，海外市场大宗品种快速涨价带动美债收益率上行以及监管警示抱团行为等导致A股核心资产定价逻辑松动，进而引发基金赎回负反馈式下跌。市场重新审视新兴产业赛道成长性，2月底中小盘股估值企稳修复，第2季度"专精特新"等优质小盘股受到更多资金关注。

表8-1 2021年股市板块和风格轮动，市值风格出现明显切换

板块		行业	YTD	2021年第4季度	2021年第3季度			2021年第2季度			2021年第1季度		
				10月	9月	8月	7月	6月	5月	4月	3月	2月	1月
周期	上游资源	采掘	30	−12	11	19	0	7	7	1	3	7	−4
		有色金属	42	−1	−16	21	28	−3	8	9	−9	8	3
	中游材料	钢铁	22	−13	−13	18	17	−1	−2	10	8	9	0
		建筑材料	−11	−4	−7	9	−6	−8	2	0	1	4	2
		化工	30	−2	−4	16	4	3	6	3	−6	6	7
	中游制造	机械设备	15	−1	−6	9	3	2	5	−1	−2	3	1
		电气设备	63	12	−3	6	10	20	8	5	−4	−5	5
		国防军工	5	5	−13	18	3	0	15	−4	−10	3	−9
消费	可选消费	汽车	20	13	−10	9	0	9	6	4	−5	−6	0
		家用电器	−23	0	−2	0	−10	−6	−1	0	−3	−2	−3
	必须消费	食品饮料	−15	1	12	−5	−19	−6	7	6	3	1	−7
		纺织服装	7	1	−6	8	1	−1	6	3	3	7	−7
		医药生物	−3	0	6	−8	−10	−1	5	11	−3	−1	0
		农林牧渔	−9	1	9	−14	−6	−6	1	−7	10	0	
		休闲服务	−16	4	8	0	−20	−9	4	2	1	6	2
		商业贸易	−5	2	−2	2	−6	−6	6	−1	3	3	−5
		轻工制造	−1	−3	−7	4	−7	−3	0	3	6	2	3

(续)

板块	行业	YTD	2021年第4季度	2021年第3季度			2021年第2季度			2021年第1季度		
			10月	9月	8月	7月	6月	5月	4月	3月	2月	1月
金融	银行	−4	2	1	2	−11	−5	4	−4	2	3	5
大金融	非银金融	−24	−4	1	5	−11	−6	7	−3	−5	−1	−7
	房地产	−21	−9	6	5	−13	−8	2	−2	−3	10	−7
成长	计算机	−4	0	−1	−2	−3	2	8	0	−3	−2	−4
TMT	电子	9	2	−3	−9	5	11	2	5	−6	−5	3
	传媒	−11	0	2	0	−12	4	3	2	−4	−1	−1
	通信	0	0	−1	−8	7	5	7	−3	−5	4	−7
稳定	公用事业	11	−9	19	11	−9	−1	4	−9	16	1	−4
公共产业	交通运输	−5	−2	4	7	−11	2	3	−1	−1	4	−3
	建筑装饰	5	−7	0	11	5	0	0	−5	6	6	−1
宽基指数	上证综指	1	−1	1	4	−5	1	5	0	−2	1	0
	沪深300	−7	1	1	0	−8	−2	4	1	−5	0	3
	上证50	−12	2	3	−1	−10	−4	5	−1	−4	1	2
	中证500	10	−1	−2	7	−1	1	4	4	−2	0	0
	中证1000	11	0	−4	6	3	4	7	1	−1	0	−5
	创业板	13	3	1	−7	−1	5	7	12	−5	−7	5

资料来源：Wind。

可转债还遭遇信用风波冲击。2020年12月，几只可转债母公司超短融违约、信用外评下调等引发市场关注。很明显，本次信用风波冲击完全超出了市场预料。根本原因就是，风险源大多是传统上被认为是没有信用风险的AAA级可转债。有相当多的投资者甚至将其作为底仓持有，突如其来的风险冲击导致这些机构迫于出库压力而急于卖出，最终造成了流动性踩踏。其中某可转债正股立即跌停，可转债一度下跌23%并触及下跌熔断，到期收益率飙升到8.8%；其他有类似担忧的可转债也相继大跌7%～8%。虽然可转债市场也曾出现过个券信用风险，但本次母公司违约与可转债关联度高，市场对可转债可能出现违约风险的担忧加剧，并扩散到更多中低评级或低资质可转债。机构短期内不仅快速抛售风险可转债，还对可能存在相关风险的可转债做出库处理，并形成"可转债出库→价格调整→触及止损线再次遭抛售"的负反馈链条，可转债估值大幅下杀。加上股市中小盘股在2021年初受到压制，数量和规模占比均较大的中小盘可转债引领全市场快速下跌。

信用冲击持续发酵，2021年2月可转债再次触底，尤其是中低评级品种（如图8-42、图8-43、图8-44所示）。当时绝对价格中枢降至99.8元，其中AAA级和AA+级可转债降至103～105元附近，而AA级和以下评级可转债的价格已明显跌破面值；全市场的到期收益率中枢一度超过3%，高评级的到期收益率在1.5%～2%，AA级的到期收益率中枢达到2.7%。不过，与2018年底类似，本次触底仍然属于"平价底"。从股债性指标看，2021年2月100元平价附近的可转债对应的平价溢价率已降至4%附近，纯债溢价率约为10%，平价对可转债价格起到主要支撑作用。

图 8-42　2021年初可转债价格再次跌至面值附近

资料来源：Wind。

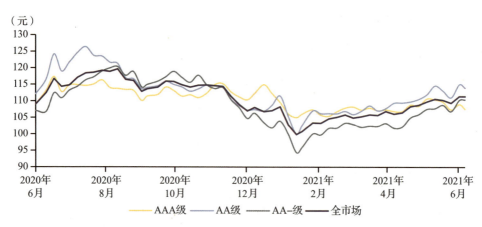

图 8-43　2021年初不同评级可转债的价格均降至低位

资料来源：Wind。

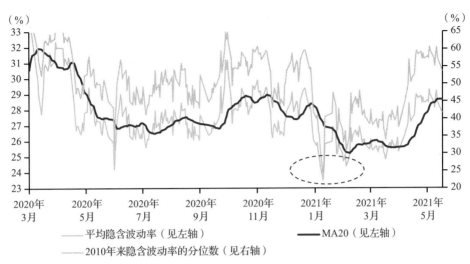

图 8-44　2021 年初隐含波动率也大幅降至历史低位

资料来源：Wind。

显然，大小盘可转债明显分化，核心大盘可转债尚未触及纯债底（如图 8-45、图 8-46、图 8-47 所示）。本轮信用风波由几只 AAA 级个券引发，但可转债中金融、央企等标的依旧具备较高信用资质，受波及程度更轻；投资者对于数量上更多的中低评级可转债，尤其是现金流水平一般、大股东现金流状况不佳或正股小市值可转债（叠加正股估值的压制）的信用状况担忧加剧，导致其受影响也更深。当然，本轮下跌已逐步演化为全市场流动性冲击，高信用资质可转债虽然理性来看信用风险较小，但也难以置身事外。

本轮下跌中正股在底部也扮演了关键角色（如图 8-48 所示）。当时债市整体资金面宽裕、机会成本偏低（可转债的个券风险并未过多蔓延到纯债市场），未造成类似 2011 年和 2014 年的大幅流动性冲击直至触及债底的情况；更重要的是，对于中低评级可转债，债底支撑本就偏弱，本轮冲击更是直接影响其内含纯债价值。A 股转债面对信用违约风险更从容，正是因为发行人的强促转股意愿和能力，95% 的可转债依旧可以成功转股退出，公募转债至今也未出现实质违约。面对信用风险，发行人还可以通过修正转股价自救（2022 年此类型下修越来越多），上市公司处置信用风险的 "工具" 也更多（重组等），期权价值就成为托底的关键。而从股市来看，2021 年 2 月在多重因素压制下，小盘股估值已被压缩到极致，实质上多数小市值公司的成长性尚未被发掘，甚至被显著错杀。综合来看，当时正股的底部支撑已经很强。

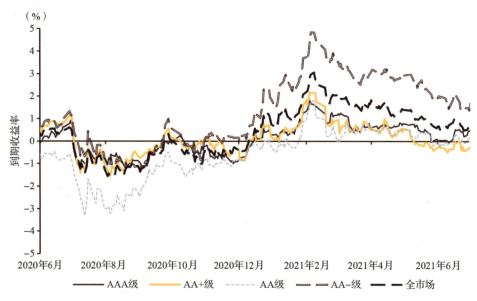

图 8-45　2021 年初到期收益率中枢超过 3%，高等级可转债到期收益率高于 1%

资料来源：Wind。

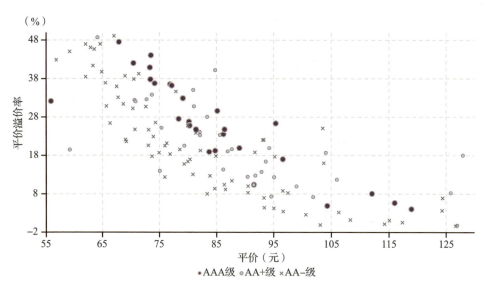

图 8-46　2021 年 2 月初不同评级可转债平价 - 平价溢价率情况

资料来源：Wind。

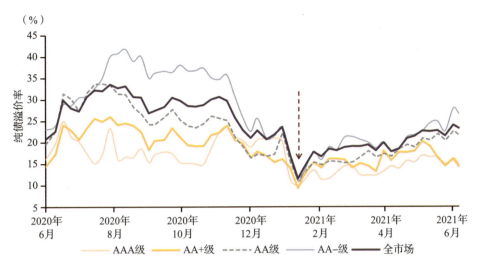

图 8-47　2021年初纯债溢价率也压至低位,但仍普遍高于平价溢价率

资料来源:Wind。

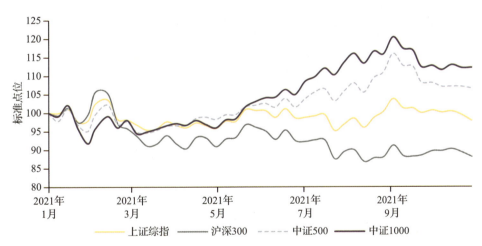

图 8-48　优质中小盘股反弹是可转债走出底部的重要环境支持

资料来源:Wind。

底部布局再次见效,可转债投资者甚至领先股市走出小型牛市(如图8-49所示)。事后来看,依托底部左侧布局可转债是当时较好的策略。可转债市

场受信用风波冲击后，估值中已蕴含了较大错杀空间（背后是可转债的真实违约概率并不高，入库标准也更加理性）；在正股方面，可转债投资者甚至早于股市布局优质中小盘"专精特新"等标的，可转债中相关品种多、研究更充分，底部判断和提前布局也起到重要作用。2021年2月下旬到3月可转债开始在正股驱动下回暖，平价底部弹性不弱，且正股与可转债估值出现"双轮驱动"。自2021年第2季度开始，越来越多市场投资者关注股市风格切换和"专精特新"类品种，增量资金不断进入可转债市场直至走出小牛市行情。甚至从当年全市场收益来看，可转债基金也表现不俗。

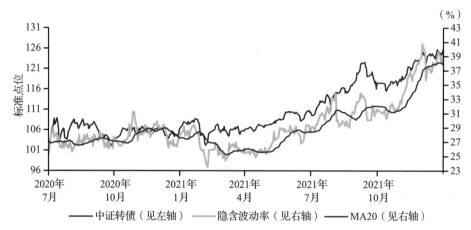

图 8-49　2021年初触底后可转债在反弹中迎来"双轮驱动"
资料来源：Wind。

与以往历史大底略有不同的是，本轮底部进入反弹的节奏更快。一方面，该底部由事件性冲击造成，而股债环境整体较为有利（股市内部风格切换仍属存量博弈，节奏也往往快于整体牛熊转换），市场能更快对错杀进行修复；另一方面，可转债扩容后潜在需求增加、结构多元化也起到一定加速效果。此外，本轮风波后，可转债信用资质考察的重要性也有所提升，包括外评公司的跟踪评级调整更频繁、机构入库标准更为合理、对大股东和其他潜在风险（尤其偏债品种）的关注度提升等。

识"顶"篇

顶的形成：可转债与股市高度同步

牛市中可转债最大的两个特点是"双轮驱动"和"优汰劣剩"（如图 8-50、图 8-51 所示）。显然，推动可转债大涨的最核心因素是股市走牛。在趋势性行情中，可转债的股性和期权价值得以充分发挥，这是债基等投资者分享权益机会的利器。一般而言，在股市牛市上涨过程中，可转债主要经历三个阶段。

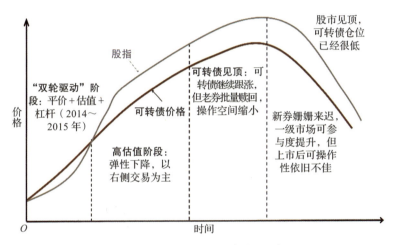

图 8-50　牛市中可转债价格特征

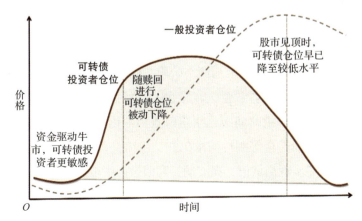

图 8-51　牛市中可转债投资者仓位和一般投资者仓位示意图

阶段一：正股与可转债估值形成"双轮驱动"

在趋势性行情中，可转债投资者也会遵循趋势交易思路，使得强者恒强；另外，可转债需求弹性强于供给弹性，牛市中可转债是固收投资者参与权益市场最直接的渠道，增量资金不断进场。从可转债价格驱动力来看，平价和可转债估值（股市预期、供需结构等因素推动）同向提升，形成"双轮驱动"。甚至在资金驱动的牛市，债券投资者因对流动性更"敏感"，估值提升的节奏可能反而快于股市。此阶段仓位比择券更重要。而为了克服熊市思维，埋伏低绝对价位、低估值品种的效果往往显著。

阶段二：可转债进入高估值环境，跟涨能力减弱

可转债市场成为拍卖市场，价最高者得。经过最初的"双轮驱动"后，只有通过高估值才能平抑供求关系，压制潜在需求，实现供求出清。另外，赎回条款也对估值继续提升造成压力。因此，在第二阶段，可转债来到高估值环境，跟涨能力有所减弱。

不过，在这个阶段中，两种情况下个券的表现可能更突出，一类是自身题材热度高、正股持续强势的品种，高估值环境下弹性依旧不减；另一类则是牛市初期平价溢价率较高，但正股自身弹性较好的品种。在牛市初期，可转债往往需要先消化过高的溢价率，这导致涨幅不突出，但行至牛市中段，比拼的是正股弹性。

阶段三：可转债"优汰劣剩"，同步或领先股市见顶

赎回条款是可转债的天然止盈线，帮助投资者在牛市见顶过程中被动降低仓位，产品特性促成了投资纪律性。但随着牛市进入后期、老券批量赎回，存量可转债的性价比已经远不及前两个阶段，此时市场一般具备如下特征：

1. 供需失衡突出。个券数量大幅减少，市场急需新鲜血液进场。但新券一般需要9～12个月审批时间，远水难解近渴。因此，投资者仓位虽然被动普遍下降，但可转债基金等刚性需求仍在，供需失衡局面短期无法缓解。

2. 可转债市场呈现高估值、高波动、高回撤。牛市预期支撑和供需严重失衡使得可转债估值继续维持在高位。但在牛市中后段，存量资金惜售，增量资金稍有进场便会引起个券估值剧烈波动，造成盘面量跌价涨。此时可转债的安全性早已消失，如果股市出现阶段性横盘或调整，可转债回撤往往更多。

3.择券空间狭小，整体配置价值弱化，个券以交易性机会为主。首先，个券数量快速减少直接缩减择券空间；其次，对于高绝对价位、高估值的个券而言，其正股预期能否兑现待验证，赎回预期也增加了估值调整压力；最后，零星新券上市往往一步到位，可操作性也一般。当然，只要股市趋势性还在，可转债大概率继续跟涨，个券存在交易性机会。

顶的特征：形态多为尖顶，持续时间通常短暂，右侧还是左侧交易看股市趋势和资金规模

股市顶部往往是尖顶。在趋势性行情后半段，虽然增量资金可能减少，但预期十分一致，"盘子很轻"，反而可能上涨迅猛，直到放量滞涨信号出现。当人人都成为多头之后，"多即是空"，盈亏同源，盛极而衰，牛市做多力量也已经在衰竭。由于积累了太大的浮盈，一般市场转向时，调整往往也会非常迅猛，呈现尖顶特征。

而可转债的顶部也稍纵即逝。可转债在股市见顶前已经进入"高价、弱保护"状态，上涨主要依靠正股趋势。虽然实际操作空间已十分狭窄，但可转债价格仍然跟随正股继续上涨；但股市转向后，估值中蕴含的正股预期逆转叠加可能面临的赎回压力，往往导致可转债平价和估值双杀，跌幅甚至会大于正股。此外，在见顶过程中，因规模急剧缩水和交易情绪下降，可转债成交缩量，加大了顶部逃离的难度和可转债价格跌幅。

在可转债顶部做左侧交易还是右侧交易取决于股市趋势的强度和资金规模，大资金当然要做左侧。尖顶和流动性不佳的特点意味着留给投资者的应对时间短。对大资金而言，需要尽量做左侧，注意投资纪律性，以免煮熟的鸭子飞走了。但是，对于小资金而言，比如在2015年的趋势性极强的行情中，无法判断股市的顶部，尤其是越临近顶部反而回报越丰厚，右侧止损或持有到赎回前最后时刻可能是最佳选择。有趣的是，由于可转债赎回条款的存在，到牛市后期，可转债存量呈金字塔形，且绝对价位很高，投资者只能被动减少操作，牛市尾声的可操作品种减少对投资者实际上是一种保护。

鉴"顶"篇：回首四次大顶

"非典型"顶部：2004 年

2004 年是政策驱动型牛市。当年对股市最积极的影响因素莫过于《国务院关于推进资本市场改革开放和稳定发展的若干意见》的颁布。该文件对若干影响 A 股长期发展的制度和规定都做了纲领性要求，原则是推动股市健康发展，包括支持险资入市，解决股权分置问题等。加上当时经济增速仍较快，股市形成阶段性共振。

严格意义上讲，2004 年初虽然也是牛市，但可转债的顶部特征和之后的几次大牛市有一定区别。从指标上看，在 2004 年 4 月中，可转债价格和股市来到顶部，而可转债的价格中枢仅为 130 元，平价中枢为 130.7 元，位于赎回触发线附近；平价溢价率中枢为 –0.04%，隐含波动率仅为 17%。在牛市过程中，仅有机场、万科、钢钒三只可转债赎回，但同时在 1 个月后有 3 只新券补充。在价格、估值、供需变化三方面，2004 年尚未出现超高价格、高估值、供需矛盾突出的典型可转债顶部特征。

形成这种可转债"非典型"顶部的原因包括：①当时对可转债的期权价值挖掘不充分。牛市中估值和平价反向变动，"双轮驱动"未显现。②牛市的级别一般。上证综指在到达顶部时涨幅仅为 32%（2007 年上涨 133%），股市主要受政策面驱动，资金面未能形成共振，其赚钱效应和大牛市比较为一般。③赎回退出稀少，供需格局稳定。一方面，较难触发当时的赎回条款（一般要求连续 20 天以上平价超过 130 元），牛市顶部稍纵即逝，在可转债触发赎回条款前正股就已经见顶回调；另一方面，民生等发行人选择了主动放弃赎回机会。

不过总的来看，2004 年仍然是可转债第一次遇到较大级别的牛市行情，可转债"进可攻"的特性得以较好发挥。在整个牛市过程中，可转债走出了"尖顶"形状，投资者遵从趋势交易获得了丰厚回报。固收投资者通过可转债直接参与牛市行情。

史上最大牛市中的可转债演绎：2007年

2007年是历史罕见的盈利驱动大牛市，这和当时强劲的宏观经济密不可分，盈利向好叠加资金共振主导了牛市。虽然政策转向抑制过热和流动性，但趋势已经形成，最终A股在盈利驱动下进入普涨大牛市，上证综指站上6000点大关。

可转债在这一大牛市中展现了鲜明的顶部各阶段特征（如图8-52所示）。

第一，"双轮驱动"行情（如图8-53、图8-54、图8-55所示）。2007年1月至5月，股市趋势形成，可转债平价和估值同步上涨，可转债指数斜率比股指更大。桂冠、海化、西钢等老券和巨轮、韶钢等新券在140元平价依然出现10%以上的溢价率。随牛市展开，增量资金不断涌入。

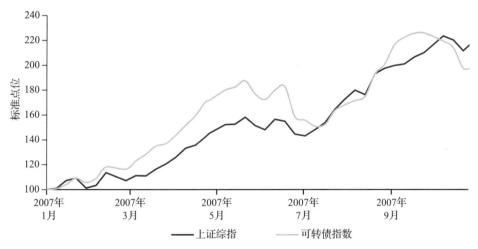

图8-52 可转债指数在2007年随牛市到达顶部

资料来源：Wind。

第二，可转债进入高估值环境，高价券被赎回以及时止盈，存量券以右侧交易为主。2007年5月后，可转债平均隐含波动率已经超过33%，市场整体来到高估值环境。晨鸣、海化、招商等老券开始赎回退市，投资者可借此提前止盈兑现；不过存量市场筹码稀缺性加重，高估值困境难解。在6~7月的股市短暂震荡调整中，可转债的波动性和回撤比正股更甚。总的来看，本轮牛市赚钱效应强,可转债价格攀升速度快,5月多数可转债的价格在200元以上。虽然可转债相对正股性价比已明显降低,但大牛市趋势仍在,中小资金在赎回止盈的同时仍可参与右侧交易。

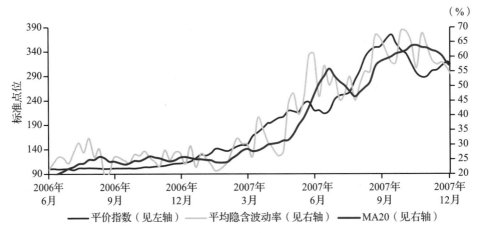

图 8-53　牛市上升阶段"双轮驱动"特征明显

资料来源:Wind。

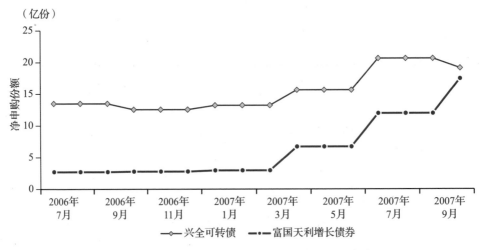

图 8-54　高可转债持仓公募基金受到明显净申购

资料来源:Wind。

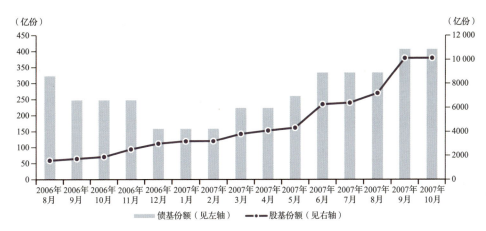

图 8-55 持可转债债基和股基在牛市开始后都受到明显净申购
资料来源：Wind。

第三，可转债随股市见顶，并呈现高价、高估值、供需失衡的顶部特征。2007年10月，可转债和股市几乎同时见顶。具体来看，顶部附近的可转债市场特征主要有：①在价格方面，可转债价格中枢为约224元，平价中枢为217元，对应的平价溢价率中枢为2.2%，可转债与正股几乎同步；②在估值方面，隐含波动率达到44.6%，远高于历史平均水平；③在规模方面，存量可转债仅有9只（还包括3只2007年5月后上市的新券），总规模仅70多亿元，供需失衡突出。在牛市中后段，操作空间减小导致可转债的整体换手率快速下降，多数机构投资者的可转债仓位也已经被动降低。可转债自身特性为投资者争取了提前止盈的时间窗口，增强了投资纪律性，避免股市突然逆转后措手不及。

4万亿投资计划刺激下的行情：2009年

2009年股市的看点在于全球经济衰退背景下中国的政策对冲和经济反弹。年内行情大致分为两个阶段。

股市第一阶段（1~8月）：盈利企稳尚需时日，股市在政策和估值驱动下见顶。在2008年金融危机冲击后经济亟待恢复的背景下，各项财政和货币政策成为驱动基本面改善和股市向上的核心因素，主要包括 4 万亿投资计划和信贷投放等。在基本面上，虽然经济复苏初现曙光，但政策效果尚未充分传导至企业端，盈利驱动未至。在交易方面，外部市场难以形成共振，但 A 股估值已具有较好吸引力。总的来看，2009 年第一阶段股市是在资金面和政策强刺激下的经济回暖预期驱动的（如图 8-56 所示）。

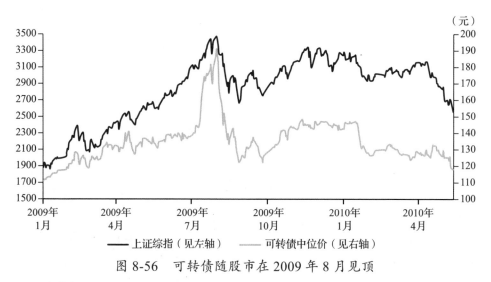

图 8-56　可转债随股市在 2009 年 8 月见顶

资料来源：Wind。

在可转债方面，2008 年熊市中可转债积累的高溢价率削弱了牛市初期的"双轮驱动"特征，而在牛市趋势中，绝对价格更重要（如图 8-57 所示）。如文前所述，2007 年牛市后存量规模锐减，加上 2008 年供给停滞，供需失衡导致可转债长期处在高估值环境中。尤其是在经历 2008 年熊市的洗礼后，可转债虽然比正股更抗跌，但也积累了很高的平价溢价率。例如，山鹰、锡业、南山等的平价溢价率甚至超过 100%。因此，不同于一般牛市初期的可转债特征，在 2009 年牛市初期，可转债需要先消化高估值。值得一提的是，除正股上涨外，条款博弈也是当时众多可转债快速抹平高溢价率的关键。发行人在牛市中看到了"好风凭借力"的促转股良机，无回售压力的下修开始出现。巨轮、南山、山鹰等均抓住了股市反弹机会下修并成功转股。但不管怎样，只要牛市趋势不变，高估值环境下可转债依然有跟涨能力，从交易机会看，绝对价格比估值更重要。

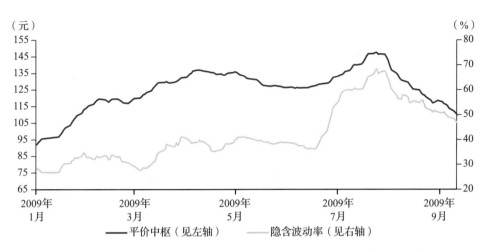

图 8-57　在股市趋势上行阶段，可转债经历"双轮驱动"但有所弱化
资料来源：Wind。

股市估值修复进入尾声，而存量券陆续被赎回就会推动顶部形成。2009年上半年的牛市行情定位偏向股市估值修复，趋势持续性一般。进入7月后，股市估值基本恢复到位，盈利预期能否落地的隐忧出现，上涨动能逐步弱化。另外，随着金鹰、五洲等老券纷纷退市，可转债筹码稀缺的问题再次浮现，择券空间缩小。7月底，可转债价格中枢为173元，平价中枢为139元；平价溢价率中枢为30.4%，隐含波动率中枢高达69.8%；可转债市场规模减少至105亿元，仅包含8只个券。和2007年相比，2009年牛市级别弱，顶部的绝对价格略低，但估值明显更高，原因依旧在于历史成本。在2009年股市第一阶段中后段，股市预期降低、供需矛盾以及较高的历史成本导致可转债弹性被削弱，并逐步见顶。

股市第二阶段（9～12月）：股市回调后转为盈利驱动，股指温和上涨。2009年下半年经济实现快速反弹，各项刺激政策逐步发挥威力，股市盈利驱动姗姗来迟。不过，预期抬升和流动性共振最强的阶段已经过去，而盈利长期驱动力不足的隐忧仍在。随中小盘估值溢价达到高位，股市逐步见顶，进入震荡区间，本轮反弹结束。

此阶段股市赚钱效应减弱，可转债回暖却难以再回到顶部。股市虽然一度回升到接近 3300 点的年中高点，但风格偏向绩优白马，整体赚钱效应弱于上半年。可转债受正股驱动回暖，但存量可转债正股的上涨动能有限，且高估值问题仍难化解，整体弹性不强。小级别的反弹难以将可转债再次带回年中的顶部位置。

"杠杆牛"来去匆匆：2015 年

2015 年水牛行情的背后是政策和资金驱动，杠杆配资盛行。在资金方面，货币政策转向宽松，地产、城投等投融资萎缩加上实体经济回报偏弱，溢出资金转向股市，尤其是银行理财通过配资将低风险资金导入股市；在政策和情绪层面，反腐倡廉、国企改革、经济转型、"一带一路"倡议酝酿出较高的经济预期和市场情绪；沪港通等引发外资流入 A 股预期。企业盈利驱动无法在短期实现，牛市主要在资金和预期驱动下展开。在节奏和风格上，当时国内量化对冲力量崛起，行为一般偏好多小盘同时空大盘，而其账户平仓叠加沪港通预期、"一带一路"倡议等主题共同带来 2014 年底开始的一轮急转大盘占优；此外，2014 年后股市两融、配资加杠杆达到空前程度，年底降息、互联网题材备受关注叠加配资加杠杆，2015 年股市逐渐重回小盘股领涨。总之，在杠杆和资金面驱动下，2015 年股市上涨推动做多情绪提升，资金与走势形成正反馈，并逐渐演变为"水牛"行情，当然也埋下了较大的金融隐患（如图 8-58 所示）。

和前几次牛市不同的是，2014 年可转债市场已来到大盘时代，大盘品种的走势对市场产生了较大影响。牛市初期风格分化，股市大盘率先启动带动银行转债快速上行，而当时大盘可转债的上涨无疑对可转债市场情绪有更强的催化作用，且大盘可转债本身具有质押回购资格（杠杆能力）。实际上，如前述底部分析，2014 年初可转债底部坚实，部分投资者已开始左侧布局，海外投资者因资金成本低更积极，此时已进入收获期。而从债基申购量和可转债基金仓位来看,债券投资者对大牛市的敏感性并不亚于股票投资者。2015年股市风格切换,中小盘可转债弹性释放,出现更明显的"双轮驱动"特征(如图8-59所示)。

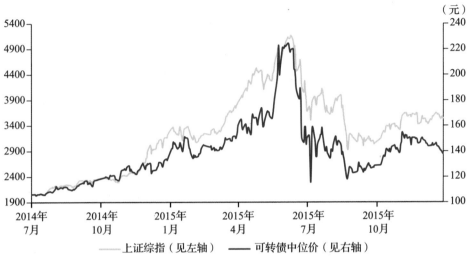

图 8-58　2015年可转债价格中枢随牛市到达顶部

资料来源:Wind。

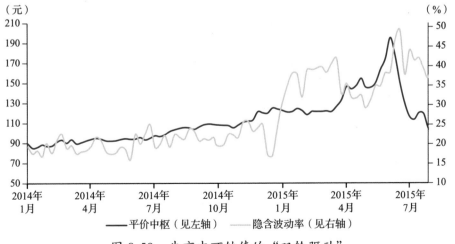

图 8-59　牛市中可转债的"双轮驱动"

资料来源:Wind。

硬币总有两面，大盘可转债的出清也加剧了供需矛盾，可转债规模降至历史最低（2015年7月仅有4只个券）。银行和大国企往往赎回不拖沓，2015年3月中行、工行等相继赎回，而吉视、齐峰等新券显然无法弥补大盘可转债空缺，可转债规模急转直下。投资者参与牛市的意愿仍强，但苦于标的稀少，仓位被动降低（当然也形成保护）。2015年6月下旬，市场仅剩包含民生在内的7只个券，余额总计348.7亿元；可转债价格中枢为210.7元，平价中枢为203.3元，对应的平价溢价率中枢为8.3%，隐含波动率中枢达到40.9%。此轮牛市中杠杆配资盛行，股市上涨陡峭，造成可转债顶部平价和绝对价格的位置较2009年更高。

可转债基金在牛市中出现高光时刻。随着可转债规模壮大，当时可转债基金已经走上历史舞台并成为最活跃的机构投资者。在2014年大牛市中，可转债基金表现亮眼，也成为当年可转债投资者的缩影。纵观当年可转债基金业绩，多数在牛市前中期甚至能跻身全市场前列，靠的是"双轮驱动与杠杆叠加的威力"。综合来看，正是牛市中可转债"进可攻、退可守"的特点造就了可转债基金丰厚的回报。此外，仅从事后来看，可转债在2013年的大底、2015年的顶底切换，最好地诠释了如何"以配置心态做交易"。

CHAPTER 9
第九章

可转债防"坑"指南

本章要点

- 本章主要讲解可转债投资中可能遇到的五类陷阱,俗称"坑"。
- 一是正股"坑"。通常业绩不佳公司的可转债不一定是差可转债,反而是"牛股"多伤人。
- 二是条款"坑"。主要表现在条款设计不当、下修被否、超预期赎回等。
- 三是发行"坑"。例如,发行方案设计不合理导致发行失败,中签率过高导致机构"爆仓",上市破发,审批流程长等。
- 四是估值"坑"。虽然便宜就是硬道理,但有时看似便宜的背后往往有其他瑕疵等,需要投资者甄别。
- 五是其他"坑"。可转债作为流动性较好的债券品种,往往在债基流动性出现问题时被用于兑现流动性;而小盘可转债流动性往往较差,一旦看错难以止损。

我们常说"少犯低级错误往往就意味着已经成功了一半",即使对于属于低风险品种的可转债也不例外。但是,可转债本身的产品特性较为复杂,存在需要投资者规避的各种"坑"。在本章中,我们就来谈谈可转债市场曾经出现的各种"坑",目的是从中吸取经验并为未来的投资提供借鉴。需要说明的是,为了避免不必要的误会以及对号入座,以下案例虽然真实,但我们仅以化名表示。

可转债有哪些"坑"

根据我们的经验,可转债投资中的"坑"大致可分为以下几类:

1. 正股"坑":业绩不佳公司的可转债不一定就是差可转债,反而是"牛股"多伤人;
2. 条款"坑":表现在条款设计不当、下修被否、超预期赎回等;
3. 发行"坑":发行方案设计不合理导致发行失败,中签率过高导致机构"爆仓",上市破发,审批流程长等,但随着可转债大扩容以及改为网上发行为主,这些情况已经非常少见;
4. 估值"坑":看似便宜的背后往往有其他瑕疵等;
5. 其他"坑":可转债作为流动性最好的债券品种,往往在流动性出现问题时被用于兑现流动性;小盘可转债流动性较差,一旦看错无法止损。

正股"坑"

案例:所谓"牛股"多伤人

在可转债市场中有个有趣的经验,业绩不佳公司的可转债未必是差可转债。原因在于,业绩不佳公司的促转股意愿往往很强,在正股大幅下跌之后通过转股价修正往往能化解系统性风险。而且一旦牛市来临,正是由于是公认的业绩不佳公司,往往股价估值也给予了充分反映,反而可能存在预期差机会。

反过来,历史上许多以大牛股上市的品种,没有给投资者带来太大的机会,甚至造成了损失。比如 A 可转债在正股经历了几倍上涨之后于 2010 年 5 月发行上市,但在可转债发行时,正股已经透支了未来的上涨空间和潜在利好。即便如此,投资者还是给予了可转债较高的上市定位和估值。其后正股经历了一段时间的震荡之后,受市场整体表现不佳、公司业绩不达预期等影响,可转债价格持续下跌,可转债最终以回售收场,给投资者甚至发行人自己带来了不小的遗憾。

类似的案例还有王府、歌尔等可转债,虽然投资者给予了较高的期待,但正股后来表现不及预期,可转债估值透支了潜在正股上涨预期,实际并没有给投资者带来太好的收益。

从该案例中,我们应该吸取的教训是:好公司不等于好可转债,好名字更不等于好可转债,正股高位发行的可转债反而可能由于正股潜在的上涨空间被大幅压缩、可转债估值过高等"坑人"。

条款"坑"

案例:特殊的换股条款,相当于内嵌一个"鲨鱼鳍期权"

有些发行人还会通过条款设计给投资者"挖坑",下面的这只可交换债券(EB)就通过特殊化的换股条款创造了一种反向的"鲨鱼鳍期权",极大地限制了投资者的获益空间。

鲨鱼鳍期权,又称敲出期权,是指设置一个"敲出价格",如果标的物的价格波动维持在敲出价格以内,这个期权就是一个普通的看涨或是看跌期权;一旦价格波动超出了敲出价格,该期权将自动作废。

而该 EB 与其他品种最大的不同在于在换股期前发行人仍有赎回权,相当于拥有一个反向的"鲨鱼鳍期权",具体条款如下:

(1)进入换股期前:进入换股期前 30 个交易日,如果标的股票在任意连续 20 个交易日中至少 10 个交易日的收盘价格不低于当期换股价格的 130%,发行人有权决定按照债券票面价格 107%(包括赎回当年的应计利息)的价格赎回。

（2）进入换股期后：当下述两种情形的任意一种出现时，发行人有权决定按照债券票面价格 107%（包括赎回当年的应计利息）的价格赎回：

①在换股期内，标的股票在任意连续 20 个交易日中至少 10 个交易日的收盘价格不低于当期换股价格的 135%；

②本次可交换债券未换股余额不足 2000 万元。

显然，对于该 EB，如果正股涨幅较大则可能被强赎（取决于发行人的态度，持有人只能被动接受），但跌幅过深又无法回售（因为回售期是最后两年）；如果只是小涨、小跌或走平，相对其他品种弹性太低。总之，发行人既想低息融资，又不想在换股期前因股票大涨让投资者获益，于是将该 EB 的收益锁定。由于这种特殊的条款设计，可转债投资者的利益无法得到充分保护。该债券最终表现平平，预计难逃被回售的结果。这也再一次告诉我们，合则两利，远离与投资者博弈的品种。

案例："不按套路出牌"的条款博弈——先回售，后下修

B 可转债在 2012 年触发条件回售条款，公司公告将以 102 元/张进行回售。在面临此种压力时，公司一度态度强硬，导致可转债遭遇较大比率的回售。截止到 2012 年 3 月底，未转股余额仅剩 7%。

然而，戏剧性的一幕发生在 3 月 8 日，即回售结果公布后，公司反而进行了转股价修正。随后，可转债平价提升至 100 元左右，价格自然相应大涨。

以往条款博弈的一般模式是：可转债触发回售条件，发行人为了规避回售（本质上是不愿还钱）下修转股价，投资者赚条款博弈的钱。

该可转债究竟为何"不按套路出牌"？我们分析后得出原因如下：

1. 条款博弈中大股东胜出。B 可转债执行回售后，几乎只剩大股东仍然持有。此时，只要说服其他中小股东，通过股东大会进行转股价修正，就能独享其成。

2. 信息不对称是博弈的关键。相比投资者，大股东能得到的信息更多，因此就有"不按套路出牌"的主动权，更容易在博弈中胜出。

因此，从该案例中，投资者应吸取如下教训：

1. 规避回售是条款博弈的一般模式但不是必然模式。投资没有定式，同样的剧情不会简单重演，更不会一镜到底。当然，上述案例也有其偶然性，可重复性不高。

2. 重视发行人的促转股意愿。我们曾经提到过，发行人的促转股意愿贯穿可转债整个存续期，堪称获取超额回报的第一驱动力。公司可能不惧回售，但一定不会拒绝转股的可能。即使触发回售，仍有修正转股价的动力。

3. 不能忽视大股东的作用。在投资可转债时，尤其是遇到条款博弈时，建议关注大股东的持券比例，对其行为进行多角度情景分析，对该案例相关情况提早预防。

案例：缺乏诚意的下修，与投资者博弈自食其果

C 可转债在 2011 年 9 月触发条件回售条款，同时公司拟将修正转股价。

有趣的地方正在于此，公司第一次公告的修正方案居然是：股东大会召开前 20 个交易日股票交易均价和前一交易日的均价高者的 160%。

彼时 C 可转债正股股价为 10.70 元，如果按该方案计算，修正后的转股价应在 18 元左右，对应平价仍然只有可怜的 58 元，如此下修显得毫无诚意。不久后，公司将该方案修改为：股东大会召开前 20 个交易日股票交易均价和前一交易日的均价高者的 120%。

遗憾的是，第二次的方案仍然不能一修到底，对应平价仅在 77 元附近。公司不够严肃的下修行为，几乎令可转债能够"推倒重来"的优势丧失殆尽。

结果可想而知，C 可转债让大多数短期套利者损失惨重。鉴于当时极度低迷的市场，如果没能一修到底，光靠正股上涨显然不现实。因此，经历了令人失望的条款博弈后，短线资金纷纷退出，再次将可转债价格打回到 103 元（即当前的回售价）以下，也为后市回售埋下隐患。该可转债曾被市场寄予厚望，但正股表现低迷、转股价修正不成功，发行人和投资者都付出了不菲的代价。

从该案例中，我们应该吸取的教训是：

1. 对发行人而言，下修转股价不是儿戏，认真权衡利弊后，要么不做，要么有了机会就要尽量一修到底，不要试图与市场博弈。

2. 回售条款仍然威力强大，是保护投资者、迫使发行人自保的底线，这是制度的力量，也是最确定的因素。

3. 条款博弈是短期内支撑可转债估值的重要力量，如果预期落空，可转债价格还将受到估值的下杀。不过，如果价格超跌，甚至低于回售价，可能反而具有投资价值。例如，该可转债价格最低至 95 元，相对 103 元的回售价，税后年化收益率将近 7%，不失为一种错杀机会。

案例：条款设计不合理，导致提前回售

D 可转债在发行仅半年后就触发条件回售条款，成为史上第一只被回售的个券。

正股股价远低于转股价的可转债，即使在当前市场中也随处可见。但 D 可转债成为第一只被回售的可转债，与其条款设计有关。

D 可转债的条件回售条款原文如下：

"在本转债转股期间，如本公司 A 股股票在连续 30 个交易日中任意 20 个交易日的收盘价低于当期转股价的 70% 时，持有人有权将其持有的可转债全部或部分按满一年、满两年、满三年、满四年后分别以可转债面值的 102%、103%、104%、105% 回售给本公司。本转债持有人每个计息年度可依照约定的条件行使一次回售权。在任一计息年度内，在回售条件首次满足后，转债持有人可以进行回售，首次不实施回售的，该计息年度不应再行使回售权。"

我们可以看出，该可转债进入转股期后持有人能行使回售权的时间长达 4 年半，在此期间只要遇到股价大幅下杀就可能触发回售条款。这种设计在今天看来是公司充满信心的表现，但无疑也增加了公司回售的风险。

我们将其下修条款稍微简化：

"转股期内，如公司股票连续 20 个交易日的收盘价低于当期转股价格的 80% 时，公司董事会有权向下修正转股价格，但修正后的转股价格不低于关于修正转股价格的董事会召开前 5 个交易日公司股票平均收盘价格。若修正幅度为当期转股价格的 20% 以上时，需由董事会提议，经股东大会审议通过后实施。"

我们可以发现，该下修条款有 2 个不合理之处：

1. 修正时间滞后。其修正与回售均为进入转股期即可，若两者同时满足条件，几乎没有给发行人提前进行转股价修正的时间。

2. 修正幅度有限。由于条款规定该券修正幅度不能超过当期转股价格的 20%，即使成功下修，其平价依然不足 70 元，这种规定几乎形同虚设。吸取了该券的教训，后面发行的可转债的修正条款中就再也没有规定修正幅度，只规定不低于修正前 5 个交易日正股收盘价均值。自此，回售条款的威力才得到真正的认可，该券成了可转债史上一个"悲剧英雄"。

此外，还有几只可转债明确规定"下调转股价不能低于净资产价值""每年只允许修正一次"等，现在看来也略显不合理。结合其他几只转股未成功或发生回售的可转债来看，除了正股大幅下跌外，上市公司不能正确判断股市形势和可转债条款设计不合理都是重要原因。

案例：下修被否

E 可转债在 2008 年 8 月触发条件回售条款，同时公司拟将修正转股价。

然而，股东大会审议时，由于大股东是持债人，不能参与表决，中小流通股股东认为权益受损，不同意下调转股价。最终，合计 4.03 亿股股份的股东参与表决，其中代表 98.52% 股份的股东投反对票否决该议案，这也是可转债史上首个下修被否案例。随即该券在二级市场遭遇大量抛售，被否第二天可转债价格下跌 1.17% 至 100.81 元。与当初上市时 150 元左右的价格相比，二级市场的可转债投资者亏损较大，也为投资者敲响了警钟。

此后，还出现过几个类似的案例，虽然不如 E 可转债典型，但也颇有借鉴意义：

1. 大股东的态度不明确，公司不缺少偿债资金。

2. 如果正股疲软，股价甚至跌破净资产价值，即使多次下修也难免最终遭遇回售。

由于当前可转债的回售条款相比以前普遍偏差（主要表现在回售期上），所以在熊市中的保护性并不好。该案例给我们的启示在于，在熊市投资可转债，一定要注意大股东持股比例和正股平均市净率水平，转股价修正潜力是博弈的重点。

除了以上案例，还有些不可测事件对可转债造成了超预期冲击，也分别给发行人、投资者等群体造成较大损失，可谓是"众生百态，苦乐皆在"。

案例：促转股遇上闪电熊，九成可转债被赎回

F可转债恰好在2015年牛市顶部发布赎回公告，结果在公告强赎到强赎截止日之间遭遇股市危机，股价一周跌去50%。最终，九成可转债被赎回，导致促转股实际上失败，给公司造成了流动性压力。不过，这个案例"坑"的主要是发行人，且偶然性较大，对投资者的借鉴意义不大。

投资者经常遇到另外几种情况：①每次可转债赎回，都会有投资者"意外"接受赎回，造成无谓的损失。尤其是某可转债曾经出现了三家公募基金遭遇赎回并给持有人造成巨大损失的案例，QFII投资者遭遇赎回的情况也不在少数；②对于那些股本稀释率较高、正股趋势性较弱、触发赎回条件前促转股动作较为频繁的可转债而言，触发赎回条件前往往就是逐步减持的最佳时期，否则也容易遭受巨大损失。

案例：高价可转债赎回预期反复，投资者最终买单

2020年之后，越来越多的可转债发行人选择"不赎回可转债"，这甚至一度成为市场主流操作。但无论是内在逻辑（发行人通过赎回促转股）还是历史经验（90%以上的可转债都通过赎回完成转股）都告诉我们，发行人不赎回可转债是暂时的，热衷于参加高价可转债的博弈无异于"在刀尖上跳舞"。博弈个券不赎回的收益是获得与正股几乎相当的弹性，但前提是正股继续保持强势；而代价则是一旦赎回则很可能面临个券摘牌、可转债估值迅速压缩、正股因转股抛压下跌等多种风险，实战中的风险收益比显然很差。

而可转债投资中因为赎回条款被"坑"的案例大多都是投资者与发行人预期错位所致。譬如：

1. 投资者对发行赎回意愿"线性外推"。2021年底，某可转债发行人连续三次发布公告——"三个月内，暂时不赎回××转债"，但其间并没有直

接或间接向市场透露其赎回的计划。当时就有不少投资者线性外推，认为公司也会发布第四次可转债暂不赎回的公告，继续持有甚至加仓可转债。但公司选择在2022年初突然公告赎回可转债，不少高位加仓的投资者只能选择割肉离场，偷鸡不成蚀把米。

2. 发行人向市场传递反复甚至错误信息。2022年下半年，某可转债发行人多次间接向市场传递公司短期内不会赎回可转债的信息，使得其可转债在160元左右时仍保持20%以上的高平价溢价率。但满足赎回条件后，发行人竟然果断选择赎回，让投资者措手不及，这也直接"带崩"了其他高价可转债，当天市场估值同步下杀。

3. 发行人本身就没有明确规划，实际上是"随行就市"。2022年中，某发行人缺乏关注度，也不站在"风口"，其正股与可转债表现平平。在与市场交流过程中，其管理层表示为了"博取更多关注，利于后续融资"等，即便可转债触发赎回条款公司也不会很快赎回。但在2022年底，随着新能源等概念大火，公司正股大幅上涨后立即公告赎回。事后探究，原因是公司高层意见相左，实控人与管理层对赎回的看法冲突，最终由实控人拍板赎回。

如何避免这种坑？简单来说，强者靠信息差，弱者靠理性和产品特性，但要相信市场中大多数人都是后者。读者要明确，无论从理论还是经验上看，可转债触发提前赎回条款都不是一件好事，除非有特别明确的信息说明发行人决定不赎回可转债，对于绝大多数场景，我们都建议及时止盈兑现。当前可转债品种已经非常丰富，无论哪只个券都能找到替代品，投资者实在没有必要参与这类赌性过强的博弈。

发行"坑"

案例：大股东优先配售带头弃购，可转债发行濒临失败

除了条款博弈，可转债的一级发行也经常充满了"戏剧性"。

典型的代表是 G 可转债，该可转债在 2017 年底启动发行。这个看起来资质还不错、流动性较好的品种，却给投资者造成了不小的损伤。

该券正股资质较好，涉及概念正当其时，申购前曾广受投资者追捧，甚至有人表示只要能中签就可以"闭眼买"。但随后的中签结果让人大跌眼镜。公司披露的发行结果公告显示，该可转债本次发行 48 亿元，持股 75% 的大股东原计划配售的 36 亿元竟然全部弃购，理由是子公司资金未到账。而其他原股东优先配售金额合计 6.5 亿元，最终仅占发行总量的 13.5%。相应地，网上申购的中签率高达 0.33%。

公司大股东及实控人虽然并无法律义务申购，但其做法还是令广大中小投资者不满。而且这种做法实际上使很多网上投资者中签超过 30 张，导致申购"爆仓"，中小投资者拒绝接盘，纷纷弃购。

按照发行公告，只要投资者弃购规模超过 30% 且承销商未能全数包销，该可转债发行就宣告失败。此外，即使承销商同意包销，10 亿元以上的包销额也将是不小的考验。不过，一波三折后，该券还是得以成功发行，承销商包销金额为 6 亿元，占发行规模的 12.5%。

虽然最终发行成功，但此后该券的表现也不尽如人意（长期在面值附近徘徊）。而且后来还出现屡次下修不到位的情况，导致该券成为不少投资者心中"最失望"的可转债之一。我们在前文中也曾提到，牛股多伤人，期望越高失望越大。

我们对该案例进行总结，其"坑点"主要有：

1. 大股东及实控人"意外"弃购（虽然并无硬性配售的义务，投资者按照惯例误判），导致网上中签率大幅跳升，中小投资者爆仓风险骤增。

2. 弃购给承销商带来很大的包销压力。

3. 信誉问题导致正股同时下跌，股债联动令可转债再次受到平价与估值的双重下杀。二级市场持有者及抄底者同样损失惨重，该券最终重创了除发行人以外几乎所有群体。

分析其背后的原因，给我们带来的教训是：

1. 可转债品种的发行人、大股东、投资者往往利益存在一致性，最终实现转股是目的。但对于该券，无论是优先配售还是下修转股价，投资者最终还是会用脚投票。聪明反被聪明误，对于发行人来说无疑是得不偿失。

2. 可转债的投资价值不完全取决于正股，"大热易死""牛股伤人"不是空谈。

3. 在信用申购制度下，可转债发行风险增大，如果大股东不按常理出牌，受损失的往往是中小投资者和承销商。

案例："逆天"的弃购比例——承销商包销、申购者爆仓

H 可转债在 2018 年底发行，该券的发行曾创下几个历史之最——承销商包销比例最大、网上弃购比例最大、中签率最高……

发行人于 2018 年底公告，承销团协议约定"本次网上、网下投资者放弃认购的可转债最终将全部由保荐机构（主承销商）包销，数量为 38 万手，金额为 3.8 亿元，包销比例为 43.68%"。同时，该券网上中签率提高到 1.15%，意味着网上投资者如果顶格申购则需缴款 1 万元，无疑造成众多中小投资者申购爆仓。

不过，该券上市后的表现大超预期，承销商和配售的原股东最终赚得盆满钵满，反而是中小投资者错失良机。相比于"坑感"，该券带给中小投资者的"悔意"更浓。

而另一个案例则是一只大盘 EB，发行时造成了网下投资者大量爆仓，同样令人印象深刻。可交换债券 I 的债项评级为 AAA，发行规模为 150 亿元，上市时间为 2017 年 12 月底。

当时的情况是，该券网下发行同样发生了大规模弃购，很多中小账户中签金额过大导致直接爆仓，这种被动违约使得弃购部分不得不由主承销商包销。由于规模较大，即使实力强大的主承销商也难以在短期内承接如此巨大的弃量。当时股市行情不好也是一个重要原因，巨大的破发压力使主承销商不敢按时上市，最终上市时间竟然推迟长达 1 个月！即便如此，上市首日仍然收于 95 元左右，盘中最低跌到了 93 元。该券打新带来了平均 8% 左右的浮亏，令主承销商、投资者苦不堪言，甚至有人发誓今后打新再也不碰 EB，

可见其"坑感"之深。

案例："白马非马"？大盘 EB 的破发

此外，所谓"白马标的"上市破发也曾给投资者带来不小的伤害。

如果说我们前面提到的 G 可转债在上市前是由于概念火热而备受关注，那么接下来要说的可交换债券 J 的正股无疑是投资者公认的大白马。即便如此，白马上市破发也让保险资管、银行委外等资金损失不小。

可交换债券 J 于 2019 年 4 月底上市，开盘价为 100.3 元，随后一路下行，最低到 97.4 元。虽然后面价格有所反弹，但仍未超过 100 元。如果只从打新角度看，该券实际收益较差。

"白马非马"究竟为何，我们的分析如下：

1. 该券看起来正股不错，但实际上票息只有可怜的 0.5%，且为固定利率，诚意略显不足，尤其与同期上市的其他传统可转债相比条款上的缺陷较为明显，投资者自然难以接受。这也是 EB 品种普遍存在的问题。

2. 稳健的白马属性自然重要，但可转债投资者可能更看重正股的弹性。业绩稳定、高股息的白马标的股价弹性往往不强，对于部分追求中短期收益的投资者吸引力有限。纵观历史，为投资者带来丰厚回报的可转债多是特发、凯龙、通鼎等有爆发力的高波动正股和题材品种。白马类品种如果没有题材加身，往往作为底仓配置性品种存在。

3. 上市时机也是可转债破发的重要因素之一。2019 年 4 月开始，股市预期减弱、回调明显，加上该券上市当天指数大跌 2.43%（年内第二大跌幅），导致其受到一定程度的"误伤"。不过，把握上市时机的确不易，无论是投资者还是发行人都很难做出准确判断。但该因素并非核心因素，反而会给优质标的带来一定的投资机会。

案例：上市时机之殇——破发创历史之最

如果说可交换债券 J 的破发是多种因素综合作用导致的，那么下面这只可转债就完全是由于选择了错误的发行时机及上市时间导致了破发。

K可转债的上市时间为2018年6月底。该券上市开盘价仅为91元，当天一路下行，最终收于盘中低点89.5元，申购者的损失高达10.5%，堪称历史之最，最大的原因就是选择了错误的发行时机和上市时间。2018年整年处于单边下行趋势中，而年内跌幅最大的就是5月底到7月初这段时间（贡献了超过1/3的跌幅）。在此时发行可转债及上市，破发基本是"板上钉钉"。

不过，该可转债的表现并不令人失望，因为它同样创造了"最快下修"的历史纪录。发行人在2018年7月启动下修预案，并于8月实施，充满诚意的下修幅度与下修速度表达了其强烈的促转股意愿。虽然在发行时"坑"了投资者，但后面的"补偿"也让大家对该券颇有好感，后市走势明显好于那些"反面教材"。

案例：条款设计不合理，导致发行失败

虽然很多公司的可转债之路十分坎坷，但最后往往还是成功发行，G可转债这样的"大坑"也不例外。但也有极少数品种"中止发行"，倒在最后一关。

可交换债券L是2019年发行的新EB，其债项评级为AA+。与传统可转债、其他EB最大的不同是，该券采取"可变规模"发行方式，即最终会依据利率询价结果决定发行规模（10亿～15亿）。如果投资者选择较低利率，则发行人更倾向于超额发行。

如此，投资者将处于被动地位，其风险在于：①收益率和债底保护相对较弱，甚至存在0.1%的票面利率。②可能要承担更大份额的申购量，有一定的爆仓风险，且小公募EB品种往往流动性不佳，交易价值不高。③如果选择高票息，发行人很可能按基本规模甚至更低规模发行，导致个券流动性风险进一步增大。总之，这种发行条款几乎完全是站在发行人角度设计的，颇有趁可转债发行火热尽可能降低发行成本之意。

最终，该券发行失败，成为可转债发行史上一个特例。究其原因，除了

发行条款设计不合理，还有以下几个方面：

1. 换股价设置较高，初始平价溢价率高达 15%；反观同期的另一只 EB，正股基本面更好，还是折价发行，自然能发行成功。

2. 条款设计只考虑发行人利益，不考虑投资者是否会接受，而且最后不足额认购也不包销，很难让投资者感受到诚意。

3. EB 一般按照纯债标准管理，散户无法申购非 AAA 评级的品种，接盘力量大大削弱。

估值"坑"

案例：便宜就一定有安全边际？须谨防"跳水选手"

我们所说的便宜，除了纯粹的估值便宜之外，大多数是指绝对价格较低、接近债底的品种，即所谓"偏债品种"。

而接下来要介绍的这两只典型低价可转债，不仅发行规模、评级、上市时间较为接近，其价格表现也极为相似，都是当年可转债界的"跳水选手"。

类型一：质押率高叠加信用违约风险，导致可转债价格跳水。

M 可转债上市时间为 2016 年 1 月，该可转债发行人的转股意愿较强，多次下修且每次下修都颇有诚意。此外，仅从数据上看，该券性价比甚至优于同类品种（价格在面值以下，平价溢价率小于 10%）。但其表现弱于其他品种，令人疑惑。我们认为主要原因是：

1. 除可转债外，公司同时还有数量不低的公司债。从当年财报上看，其偿债能力不足，带来一定的信用风险。

2. 公司正股质押率较高，加上 2018 年股市单边下行，质押风险已经不可忽视。好在后来的民企纾困政策启动，这才解决了燃眉之急。

3. 公司基本面一般且所处行业正经历严重洗牌，投资者对其正股的预期也在下降，估值难以得到较好支撑。

4. 在机构行为方面，定增股东减持、其他资金提前离场等也带来不小的负面作用。

类型二：正股基本面一般且发行人放养，可转债价格毫无回升迹象。

N可转债的上市时间为2016年8月。该券并没有信用风险，基本面虽然一般但也不至于太差。而其可转债表现令人失望的程度却不低，主要原因是发行人缺乏"存在感"，对于可转债几乎采取放养态度，有的投资者甚至打趣"发行人会不会已经忘了他们发过可转债"。

很难想象，一只2016年7月发行的可转债，在其后几年，发行人只有寥寥几则定期公告。要知道，其间股市经历了至少两轮牛熊。该券走势基本复制正股，其平价由上市时的97元一路下跌到后来的33元，基本没有回头。

公司也未出现多大的负面新闻，但该券价格就是长期保持在债底附近。有如此"定力"的发行人可谓相当少见。在正股价格长期低迷，业绩也不尽如人意的情况下，公司却迟迟没有公布下修计划。该券缺少兴奋点，成交量也逐渐萎缩，最终沦为发行规模10亿元左右的品种中流动性最差的一只。

其他"坑"

当然，可转债市场中还有一些让人啼笑皆非的案例，借鉴意义不大，我们在此仅一笔带过，不再赘述。如当年某公司在第一期可转债尚未结束前就试图发行第二期可转债，目的是以新偿旧，最终未能获得监管部门认同，发行取消；而另一只可转债则是承销商工作不认真，造成错误签名，一度成为市场笑谈。

此外，很多可转债的流动性很差，一旦股市走势逆转，投资者几乎是束手就擒，缺少止损能力。因此，我们经常提醒投资者，对中小盘可转债，倾向于低位介入且对基本面需要更高的置信度。这是一种普遍现象，我们不再通过案例展示。

我们谨希望本章内容能给读者借鉴和启发。

APPENDIX

附　录

附录 A　可转债信息哪里找

从技术上来说，可转债牵扯的工具和信息来源比较多。对于初入市场的研究者，我们在此推荐一些实用的信息检索方法，供投资者参考。

如何寻找相关的公司公告？ 和可转债相关的公司公告，可在公司官网上的"投资者关系"板块、证券交易所网站（上海证券交易所：www.sse.com.cn/disclosure/listedinfo/announcement/；深圳证券交易所：www.szse.cn/disclosure/listed/notice/index.html）以及其他第三方数据平台搜索（Wind 个股或个券中的公司公告栏，以及公司公告（NA）功能中的债券——可转债等项目）。一般包括：

1. 发行相关信息。可参考的新券发行过程中的公司公告有《××（正股名称）：公开发行可转换公司债券发行公告》（如何申购、条款设计等）、《××：公开发行 A 股可转换公司债券募集说明书》（发行人基本经营状况等）、《×× 公开发行可转换公司债券网上中签率及优先配售结果公告》《××：公开发行可转换公司债券发行结果公告》《××：公开发行 A 股可转换公司债券上市公告书》等。

2. 条款相关信息。董事会决定下修后，发布《××：关于董事会提议向下修正可转换公司债券转股价格的公告》，并提请股东大会审议。一般 15 天后，公司召开股东大会，发布《关于向下修正"××转债"转股价格的公告》。进入回售期且每年首次触发条款后，发行人会发布《关于"××转债"回售的公告》，公布回售申报时间。赎回条款触发后公司将公布《赎回/不赎回"××转债"的提示性公告》。可转债开始转股，因分红除权调整转股价格也会进行相应公告。

3. 需要特别提醒的是，Wind 相对缺乏可交换债券的公告信息，申购时间偏紧且多面向机构投资者，需要投资者不断跟踪交易所网站获取发行信息。

上交所可交换债券公告信息：www.sse.com.cn/disclosure/bond/announcement/exchangeable/。深交所暂无可交换债券信息公告专栏，需在债券公告中搜索"可交换债"等关键字获取公告信息：www.szse.cn/disclosure/bond/notice/index.html。

如何获取可转债个券的信息和实时行情？ 个券成交信息、基本信息和其他统计信息可以在交易所网站上查到（上交所：www.sse.com.cn/market/overview/；深交所：www.szse.cn/index/index.html）。

有 Wind 软件的投资者则可以通过可转债分析（CBA）功能跟踪每日可转债个券行情和条款触发进度等；可转债研究（BCVB）功能主要是历史可转债信息汇总，包括一级发行、上市信息、退出方式、条款统计等；基金资产配置（MFAA）功能包含季度基金业绩和持仓情况。个股和个券信息也可以在 Wind 资讯主页输入代码查询。

如何寻找可转债市场的法规和其他市场信息？

1. 上证信息网（http://bond.sse.com.cn/data/statistics/monthly/mainbond/）更新月度债券投资者结构数据。

2. 全部法规条文参见证监会网站（https://neris.csrc.gov.cn/falvfagui/multipleFindController/indexJsp）。

3. 中国结算（http://www.chinaclear.cn/zdjs/zshanhai/center_dataclist.shtml）随时更新标准券折算率表。

可转债中容易被忽略的"小知识"

知识一：可转债代码的命名规则

可转债和对应正股在同一交易所上市交易，而沪深两市可转债代码命名有所不同。

其中，上交所的规定可总结为：上市公司 A 股代码前三位为'600'的，其可转债交易代码为'110***'。如上市公司 A 股代码前三位为"601"或"603"的，其可转债交易代码为'113***'，其中'113000—113499，用于代码前三位为'601'上市公司发行的可转债，'113500—113999'用于代码前三位为'603'上市公司发行的可转债。

深交所并无统一的代码规定，根据我们的经验总结如下：2015 年前，深圳可转债代码形式主要为 125***、126***，之后主要是 123***、127***、128***，主板、中小板、创业板之间并无明显区分。

知识二：可转债二代品种

深交所：严格按照"XX 转 2""XX 转 3"进行命名。

上交所：①无存量可沿用上代原名，譬如山鹰转债；②也可按年份命名，如"隆 22""鹤 21""桐 20"等；③存在重名问题的可以用 01、02 等设置新名，例如永冠新材转债二代为"永 22"、永创智能二代为"永 02"；④少数发行人选择取正股名字中的不同文字的方式改名，如参林转债（一代）、大参转债（二代）。

此外，可转债名称的更改还有一些有趣的案例：

1. 可以重名。巨星农牧与巨星科技均使用巨星转债命名，但两家公司除了简称相似外没有任何正式的关系。

2. 可以半途改名。如顺昌转债改为蔚蓝转债，杭锅转债改为西子转债。

知识三："真转债"有哪些

历史上可转债的品种有五类：公募可转债/EB、私募可转债/EB、新三板可转债、定向可转债、可分离可转债。我们平时研究的范围只涉及公募可转债/EB，其他品种均无法在二级市场上交易。

按出现时间来看：

1. 可分离可转债（WB）：①2006年发布的《上市公司证券发行管理办法》将可分离可转债规定为再融资品种，旨在发展新的融资手段；②与公募可转债的主要区别在于可分离可转债的股权、债权可单独交易，可转债股权、债权结合；③虽然《上市公司证券发行管理办法》中仍有关于可分离可转债的相关规定，但市场中并没有存量的可分离可转债；④典型的可分离可转债有08江铜债等。

2. 私募可转债/EB：①发行人（一般为中小公司）能够通过私募可转债/EB更好地融资，投资人能获取足量特定公司可转债/EB；②与公募可转债的主要区别是公募可转债为交易所交易，私募可转债为OTC交易，使得私募可转债几乎没有二级市场；③当前市场中仍存70余只私募EB，2021年共发行33只私募EB，规模为421.6亿元；④典型的私募EB有22盛EB01、22康01EB等。

3. 新三板可转债（双创可转债）：①全国股转公司为支持双创公司融资，2017年发布《创新创业公司非公开发行可转换公司债券业务实施细则（试行）》，使得新三板公司有了新的融资渠道；②与公募可转债的主要区别在于一级市场募资易失败、几乎没有二级市场、公司信用风险较大；③双创可转债主要问题在于发行人均为中小公司，易发生信用事件，且可转债几乎没有流动性，故少有投资者进行认购，整体市场规模不大；④典型的新三板可转债有蓝天转S1、紫科转S1等。

4. 定向可转债：①定向可转债主要用于并购重组的支付，发行目的是通过兼顾股权与债权的特性来减少交易双方的分歧，更好地促进并购重组的完成；②与公募可转债的主要区别在于公募可转债发行的主要目的是再融资，用途包括产能扩张、项目建设等，而定向可转债只是并购重组中的一种支付方式；③当前市场定向可转债的存量为17只，规模为106.5亿元；④典型的定向可转债有TCL定转2、劲刚定转等。

附录B 可转债的法律法规

可转债属于衍生投资品，受发行、交易规则影响较大。准确把握可转债法规，可以帮助我们理解很多A股转债市场变化的根源。2002年来，可转债经历多次法规调整，直至2022年8月正式监管体系建成，如图B-1所示，具体内容包括以下几个方面：

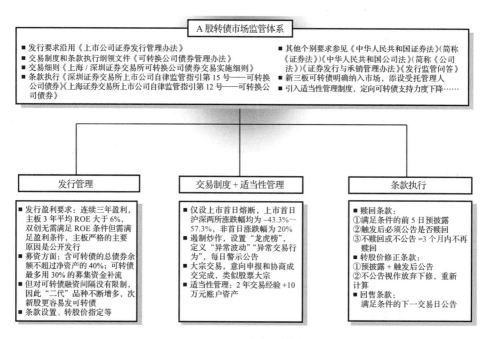

图 B-1　A股转债市场监管体系

资料来源：证监会、上海证券交易所、深圳证券交易所。

1.发行制度可参照《上市公司证券发行管理办法（2020版）》和双创板块独立的《创业板上市公司证券发行注册管理办法（试行）》《科创板上市公司证券发行注册管理办法（试行）》，简称《发行管理办法》；发行程序和细则等还可参照《上海证券交易所上市公司可转换公司债券发行实施细则（2018版）》《深圳证券交易所上市公司可转换公司债券发行上市业务办理指南（2018版）》等。

2.交易制度可参照《可转换公司债券管理办法》，简称《管理办法》;《上海/深圳证券交易所可转换公司债券交易实施细则》，简称《交易所细则》。

3.条款执行可参照《上海证券交易所上市公司自律监管指引第12号——可转换公司债券》《深圳证券交易所上市公司自律监管指引第15号——可转

换公司债券》,简称《自律监管指引》;《管理办法》。

4. 适当性管理方面可参照《关于可转换公司债券适当性管理相关事项的通知》,简称《适当性管理》。

在一级发行方面,《发行管理办法》对可转债发行的财务门槛、募集资金用途和规模、信用资质等做了相对严格的要求。如在盈利上,首先要满足上市公司证券公开发行条件,如最近三个会计年度连续盈利等(少数发行人曾因此中止发行可转债);主板要求最近三个会计年度的平均ROE(加权平均,取扣非前后净利润孰低计算)不低于6%,双创板块相对宽松,但总体来看较定增等仍然更严格。在募集资金方面,发行可转债后全部债券余额不得超过净资产的40%;可转债最多可用30%的募集资金补充流动性(定增可全部补流),其余需有项目需求支撑;不过,可转债和所有股权融资没有间隔时间限制,比定增更宽松(6~18个月)(如图B-2所示)。

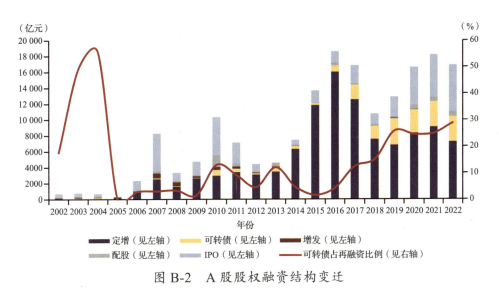

图 B-2 A股股权融资结构变迁

资料来源:Wind。

此外,《发行管理办法》对可转债条款设置、转股价格制定(不低于发行前20个交易日收盘价均价和前一交易日交易均价的高者,原则上不低于每股净资产,这是溢价发行的基础)和调整、信用资质评级、持有人制度等也做了详细规定。总体来看，A股转债发行要求较海外可转债和定增仍然更严格，有改善空间；定增要求的松紧在历史上对可转债发行也产生过较大影响，不过，随着可转债市场快速扩容，其在大类资产也越来越有影响力，关注度与日俱增，转债已经走上快速发展通道，2019年后每年发行2000亿～3000亿元（如图B-3所示）。

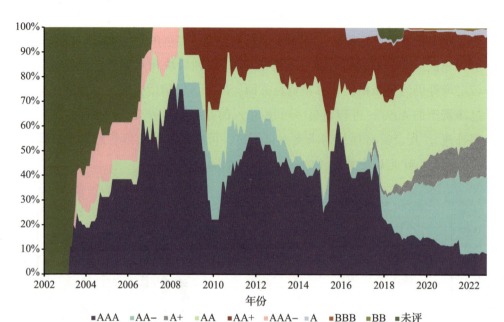

图 B-3　可转债市场信用评级分布变化，中低评级占比显著提升

资料来源：Wind。

在二级交易制度方面，可转债具备独特优势，但炒作行为也推动监管进一步完善。为提升流动性和吸引力，可转债交易制度设计更偏向纯债端。可转债拥有可进行T+0交易（转股后T+1卖出）、涨跌幅限制宽松（有熔断限制）、减持限制少（按2019年修订的《证券法》，大股东和董监高配售可转债有6个月锁定期，但仍少于定增的18个月）等优势，也是可转债的独特优势之一。不过，2020年后，游资利用可转债交易特性恶意炒作（利用T+0特性进行日内多次回转交易，可转债波动范围大，甚至和正股变动脱钩），

多次干扰可转债市场交易秩序，推动监管体系进一步完善。2021年施行的《管理办法》和2022年施行的《交易所细则》对交易制度进行详细规定，简单来看，包括：

1. 进一步限制可转债涨跌幅，区分首日上市与非首日交易的要求。上市首日存在熔断制度，即首次触及20%涨跌幅熔断30分钟，首次触及30%涨跌幅熔断至14时57分，上市首日可转债价格理论区间为56.7~157.3元；非首日交易的涨跌幅区间为20%，无熔断制度（如图B-4、图B-5所示）。

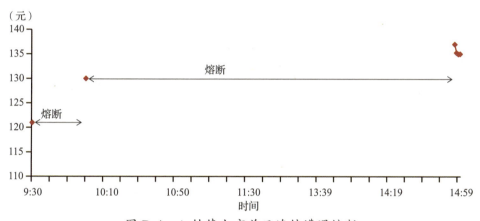

图 B-4　A 转债上市首日连续遭遇熔断

资料来源：Wind。

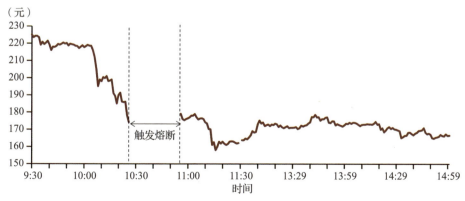

图 B-5　B 转债下跌熔断对平抑情绪有一定作用

资料来源：Wind。

2.严格定义和警示炒作行为。包括设立强制披露高波动可转债信息的"龙虎榜",定义可转债价格"异常波动"标准和可转债"异常交易行为"(如表 B-1 所示)。

表 B-1 《交易所细则》主要新增监管内容

法规要求	旧规则	新交易规则
交易方式	集合竞价、连续竞价	匹配成交、协商成交(与债券对标)
涨跌幅	每个交易日设置 20% 和 30% 熔断,熔断打开后无限制	首日涨跌幅为 -43.3%~57.3%,设熔断机制(首次触及 20% 涨跌幅停牌 30 分钟,首次触及 30% 涨跌幅停牌至 14:57,后续放至涨跌幅区间);非首日涨跌幅为 20%,不设熔断
开盘价范围	上交所为 50%,深交所为 30%	首日为 30%,非首日为 20%
披露"龙虎榜"情形	无	上市首日的可转债、收盘价涨跌幅达到 15% 的前 5 只可转债、每日振幅(日内最高最低价涨跌幅)达到 30% 的前 5 只可转债公告其前五买入和卖出机构以及各自买卖金额
异常波动	无	连续 3 个交易日收盘价涨跌幅偏离值累计达到 30%,交易所公布"龙虎榜"信息(偏离值:个券涨跌幅与上证/深证可转债指数涨跌幅之差)
严重异常波动	无	连续 10 个交易日内 3 次"异常波动";连续 10 个交易日内涨跌幅偏离值累计达到 -50%~100%;连续 30 个交易日内涨跌幅偏离值累计达到 -70%~200%,交易所将公布波动期间分类交易信息,并督促上市公司发布波动公告和监督自查
异常交易行为	无	异常监控:①通过大笔申报、连续申报、密集申报,维持可转债交易价格和交易量处于特定状态,加剧可转债价格异常波动;②大量或频繁日内回转交易
其他监测指标	无	可转债换手率、转股溢价率
大宗交易	无具体规范	意向申报和协商成交,类似股票大宗
退市警示	无	最后一个交易日在可转债名称前添加字母"Z"

资料来源:证监会、上海证券交易所、深圳证券交易所。

在条款执行层面,赎回、下修和回售的信息披露与执行趋于透明化。历史上,针对可转债条款没有设立独立法规,多在发行和交易等法规中兼设,沪深两所执行口径也不一致。2020 年后,部分"爆炒"券的超预期赎回引发较大波动，2021年众多可转债的不赎回操作（2019年前绝大多数发行人在触发赎回后都倾向执行赎回，2020年部分发行人开始考虑二级市场影响力等非传统因素，触发赎回后不执行的案例增加）也让投资者更难判断发行人的赎回意愿。为控制条款风险，《管理办法》和《自律监管指引》重点对条款信息披露和执行做出明确要求，如表B-2所示，并做到沪深两所一致，简单来看包括：

表B-2 《自律监管指引》关于条款执行的主要内容

条款等事项	旧规定	新规定
赎回	上交所触发赎回后披露是否执行，深交所不赎回无须披露、后续一年内不得赎回	①预计触发赎回前5个交易日披露提示；②触发赎回条件当日召开董事会，次日披露是否赎回和近6个月大股东和董监高可转债交易情况，不披露的视作放弃本次机会；③不赎回的，未来3个月不得赎回，且披露大股东和董监高未来6个月可转债减持计划；④赎回的，触发日与资金发放日间隔为15~30个交易日
下修	无强制披露要求，仅提议下修时披露	①预计触发下修条件5个交易日前及时披露公告；②触发下修条件当日，应召开董事会，次日披露是否修正；③不披露的视作本次放弃，下次触发条件从次日重新计算
回售	回售权明确，执行时间待指明	①满足回售条件的次日开市前披露回售公告；②回售触发日与申报期首日间隔不超过15个交易日；③变更募集资金用途的，在股东大会决议后20个交易日内赋予持有人一次回售权
增减持公告	持有可转债达到发行量的20%后，应在2个交易日内公告；后续每增加或减少10%应公告	保持一致
短线交易	2019年修订的《证券法》中要求符合减持规定	大股东和董监高减持可转债有6个月锁定期
停止交易	规模减少至3000万元后停止转让	转股期前3个交易日、赎回资金发放日前3个交易日停止转让
重大事项披露	信评报告等	①信用状况重大变化可能影响可转债还本付息；②可转债担保人发生重大资产变动、诉讼等事件；③信评报告；④重大资产抵押、质押等；⑤有到期未能偿还债务情况；⑥新增借款或对外担保超过上年末净资产的20%；⑦放弃债权或财产超过上年末净资产的10%；⑧发生超过上年末净资产10%的重大损失
回购相关	《公司法》指出回购股份可用于可转债转股	正式强调回购股份可用于可转债转股

资料来源：证监会、上海证券交易所、深圳证券交易所。

1. 关于赎回条款。预计触发赎回条款前5个交易日，发行人应及时提示公告；触发当日必须召开董事会讨论是否执行，且必须公告；对于执行赎回的，触发日与资金发放日间隔为15～30个交易日；如果不执行赎回，至少未来3个月都不得再赎回。

2. 关于回售条款。发行人应在触发回售的次一交易日开市前披露回售公告；回售触发日与回售申报期首日的间隔不超过15个交易日。

3. 关于下修条款。预计触发下修条款前5个交易日，应发布提示公告；触发下修条款当日，应召开董事会讨论是否下修，并公告结果；未召开会议的，视作放弃本次下修权利，且下次触发条件从下一交易日重新计算。

4. 对影响信用资质和经营状况的重大变故应及时披露。例如，公司新增借款或对外担保超过上年末净资产的20%；公司发生超过上年末净资产10%的重大损失；公司放弃债权或财产超过上年末净资产的10%；可转债担保人发生重大资产变动、诉讼和合并分立等情况，以及公司未能到期清偿债务的情况。

完善监管体系推动炒作资金加速退出，赎回执行也更趋理性，风险波动明显降低（如图B-6所示）。从《管理办法》和《交易所细则》的要求看，炒作行为（主要是多次回转操作）的特征已十分明确且对其有具体警示措施，监管层遏制炒作的力度达到最高。以上新规执行后，"龙虎榜""异常交易"等信息被不断披露预警，市场关注度高、游资操作痕迹较明显（如当日多只个券的"龙虎榜"机构相同）。新规执行也推动炒作资金持续退出，特征包括炒作品种价格单边走低，可转债估值收敛，新券上市定位回归理性，大多数个券换手率和成交量恢复正常等。在条款方面，2022年赎回执行数量和占比较2021年大幅提高，发行人考虑赎回选择更理性，高价可转债估值提前收敛。下修触发强制披露后，条款博弈机会的数量也在增加，背后或与上市公司管理层更理性考虑转股节奏与股权摊薄成本有关。

此外，《公司法》和《自律监管指引》明确规定上市公司回购股份可用于配合可转债转股；可转债作为特殊的债券品种也可进行质押式回购，适当增加杠杆，不过仅限于高信用评级可转债（债项评级AAA，主体评级AA）。

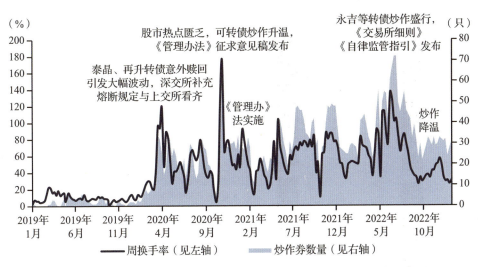

图 B-6　债市炒作行情推动监管体系完善，2022 年 8 月后炒作资金快速退出
资料来源：证监会、上海证券交易所、深圳证券交易所、Wind。

在审核制状态下，可转债发行包括预案公布、股东大会通过、证监会发审委审核、正式发行（如图 B-7 所示）；根据经验，各阶段时间大约为 1 个月内、1~2 个月、4~6 个月、1~2 个月，平均总耗时 7~11 个月。而注册制改革后，审批流程更精简、用时更短，主要包括董事会公告预案、提交交易所审核（提交、交易所问询、上市公司答复流程）、证监会注册、发行，各阶段耗时大约为 1 个月、3~5 个月、半个月、1 个月，平均耗时 6~8 个月。此外，部分发行人可能因经营和融资规划变动、财务状态不满足发行条件、适当延后选择转股价等，"逾期"报送审批或发行；因此发行过程不确定性较大的环节是何时提交审核、问询答复时间和最终能否完成发行。从经验来看（基于近两年新券上市统计数据），在上述提交发审委 / 交易所审核阶段合理耗时以内（审核制为 4~6 个月、注册制为 3~5 个月）交易所完成审核的比例为 60%~70%；而在拿到批文 / 注册完成后，最终成功发行的比例约为90%。

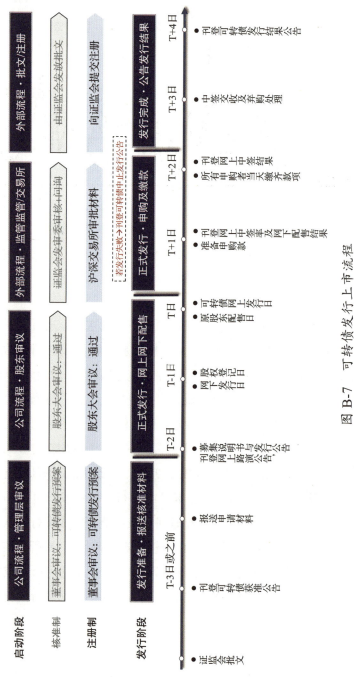

图 B-7 可转债发行上市流程

资料来源：证监会、上海证券交易所、深圳证券交易所。

附录 C　可转债定价模型简介

学术界对可转债定价模型的研究已有 60 多年的历史。最早的可转债定价模型研究开始于 20 世纪 60 年代，其主要思想就是简单地将纯债券价值和转股价值中的较大者进行贴现。随后，Black-Scholes 期权定价公式（1973）与 Merton 公司债券定价理论（1974）的出现为可转债定价提供了更科学的研究范式。此后，Ingersoll（1977）、Brennan and Schwartz（1977）等多位学者不断努力拓展，逐步构建了现代可转债定价模型的理论框架。

从类型上看，可转债定价模型可分为简约化模型与结构化模型。学术界认为，影响可转债价值的核心因素主要有三个：公司价值、利率与信用违约风险。其中最重要的当然就是对公司价值的判断。因此，根据学者对公司价值的理解，可转债定价模型可分为"将整个公司价值作为变量的结构模型"和"将正股股价作为变量的简约模型"。前者由 Merton 于 1974 年提出，他认为公司价值服从一个扩散过程，然后将可转债看作基于公司价值的期权，并通过研究公司资本结构来深入评估可转债的价值。后者则最早由 McConnell 和 Schwartz 于 1986 年提出，其特征就是可转债定价完全以正股股价为基本变量。当然，根据模型所纳入的因素数量，我们也可以把可转债定价模型分为单因素模型、双因素模型和多因素模型。

总而言之，学术界对可转债定价模型的讨论主要集中在如何更科学、更准确地刻画可转债价格的影响因素。但无论哪种模型，都是基于学者对于公司价值、利率与信用风险的理论假设，自然都有适用范围，不能一概而论。

其他工具有生根于 A 股转债的 Zheng-Lin 模型、更前沿的 BSDE 等模型。

Zheng-Lin 模型是中国学者专门针对 A 股转债构建的定价模型。郑振龙、林海（2004）的论文，结合 B-S 公式、蒙特卡洛模拟方法以及 LSM 等模型的思想构建了更适合 A 股转债的定价模型。除计算方法外，文中还给出五个重要推论：① A 股转债发行人最优决策是尽可能早地、以尽可能高的转股价格促使投资者将可转债转股。②当下制度背景下，可转债主要呈现股性。考虑到中国的信用风险溢价并不高，即使将期权部分和纯债部分都用无风险利率贴现也不会对可转债价值造成很大影响。③可转债转股多数不会被提前执行，它实际上是一个欧式看涨期权。④发行人会选择尽可能短的赎回期。⑤理性来看，可转债发行人只有在面临回售压力时才会下调转股价。下修幅度也仅能使可转债价值略超过回售价。

Zheng-Lin 模型的具体实现步骤（参考 Wind 算法说明）：

1. 使用正股复权后价格计算其股价的历史年化波动率，数据长度为计算日前一年。

2. 随机生成 n 条股价路径（蒙特卡洛模拟方法），作为对未来正股价格变化路径的模拟。

3. 在每一计息年度，对 n 条路径进行跟踪，一旦股价满足回售条款，则下调转股价，使可转债价值超过回售价格即可。

4. 分析并处理触发条款的路径。在触发回售条款的路径中，统计触发回售条款之后又触发赎回条款的路径，计算触发日转股价值，并贴现至计算日，加上存续期截止至转股时的利息贴现作为结果；在未触发回售条款的路径中，统计触发赎回条款的路径，计算触发日转股价值，并贴现至计算日，加上存续期截止至转股时的利息贴现作为结果。

5. 对于未触发赎回条款的其余路径，不受任何可转债条款影响，是否转股只与转股价值有关。用 LSM 方法对该美式期权进行定价，具体方法前文已有详述，在此不再赘述。

6. 计算各路径可转债价值的数学期望，即得可转债价值。

除此之外，Bismut（1973）提出的 BSDE（倒向随机微分方程）、Kifer（2000）提出的可转债的博弈期权化、Crepey and Rahal（2009）提出的 RIBSDE（间隔倒向随机微分方程）等也是前沿理论。其中涉及隐性差分、非线性回归蒙特卡洛等较为复杂的数学工具，如图 C-1、图 C-2、表 C-1 所示。我们在此不过多展开，有兴趣的读者可自行搜索阅读。

附录 257

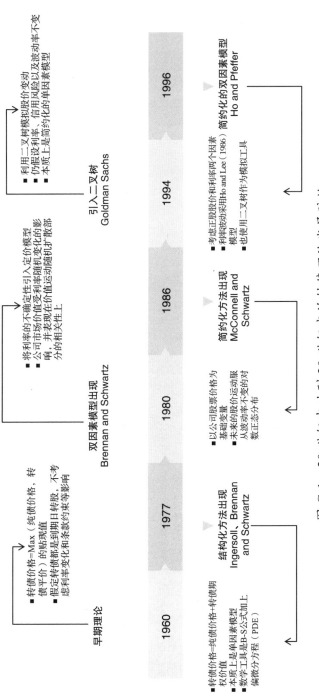

图 C-1 20世纪中叶到20世纪末的转债理论发展脉络

资料来源：《期权、期货及其他衍生品》（约翰 C. 赫尔，2010 年）、《中国可转债市场》（方忠智和马思明，2014 年）、《中国可转换债券定价研究》（郝振龙、林海，2004 年）、《可赎回可转换债券研究》（宋斌等，2016 年），A Contingent-claims Valuation Of Convertible Securities (Ingersoll and Jonathan, 1977 年)。

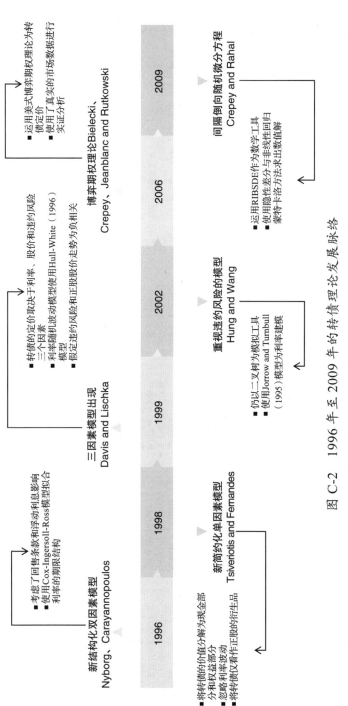

图 C-2　1996 年至 2009 年的转债理论发展脉络

资料来源：《期权、期货及其他衍生品》(约翰 C. 赫尔, 2010 年)，《中国可转债市场》(方忠智和马思明, 2014 年)，《中国可转接债券定价研究》(郑振龙, 林海, 2004 年)，《可赎回可转换债券研究》(宋斌等, 2016 年)，A Contingent-claims Valuation Of Convertible Securities (Ingersoll and Jonathan, 1977 年)。

表 C-1 可转债理论模型的优、劣势与存在的问题

	B-S 公式	二叉树	LSM
优势	B-S 公式是直接由热扩散方程求解析解得到的公式，实现起来最为简单，因此在运算速度上几乎无可比拟。同时，B-S 公式也是最方便得到可转债对正股敏感度等敏感度指标的一种方法。	二叉树方法的优点在于能够充分考虑可转债的美式特征且能够得到收敛的稳定解。	该模型的优点在于可以充分考虑美式特征和路径依赖特征，最接近真实世界的可转债。同时，由于股价是模拟出来的，可以方便地在模型上加入变动的波动率、股价跳跃等因素。
劣势	B-S 公式的缺点也显而易见，那就是对于可转债的复杂条款（尤其是诸多路径依赖条款）的价值估计无能为力。而可转债期权实质上是美式期权，B-S 模型仅仅适合于欧式期权，存在先天缺陷。	对于赎回条款、回售条款而言，由于它们存在路径依赖特征，二叉树方法很难刻画，只能寻求替代方法。	缺点在于计算复杂、对编程能力等要求高，时效性存在问题。此外，"精确的错误"往往不如"模糊的正确"。
共同问题	①所有模型都依赖于"股价几何布朗运动"和"期权可对冲复制"这两大假设。而很不幸的是，这两个假设均存在问题。尤其是在我国，卖空机制不健全，也基本没有对冲交易。 ②"工欲善其事必先利其器"，模型往往是市场投资者沟通的语言，辅助我们判断可转债估值、对股价的敏感度等。如果未来中国可转债市场也进入波动率交易时代，模型的重要性将更显著。 ③在实际应用中，不是有了假设去推测合理"价格"，而是反过来，有了价格倒推隐含波动率并做比较判断。		

代码实践：基于 Python 的可转债 LSM 定价模型

由于原代码过于庞大且复杂，我们在此仅将核心部分进行展示。但缺乏编程基础的读者可能存在一定的阅读困难，稍微了解即可。

1. 代码准备部分，导入相关的包。

```
from math import exp, sqrt, log
from random import gauss, seed
```

2. 创建一个定价模型的类（对象），形式参数为：

转债代码 code、正股初始股价 s0、转债期限（年）T、正股波动率 sigma、无风险收益率 r、蒙特卡洛模拟路径数量 n（默认 3000 或 5000）、现金流折现率 discountr（建议用市场风险溢价）、估值日 valuedate 以及下修意愿 modify_driver。

```
Class ConvertibleBond_LSM_Valuation()
```

如何进行蒙特卡洛模拟？我们的代码思路如下：

```
S = dict()                    #DataFrame预备
for i in range(n):
    path = []                 #时间间隔上的模拟路径
    for t in range(step+1):
```

```
if t==0:
path.append(s0)
else:
_seed = gauss(0.0, 1.0)    #生成一个正态分布种子(随机数)
S_t = path[t-1] * exp((r-0.5*sigma**2) * dt + sigma * sqrt(dt) * _seed)
path.append(S_t)
S[i]=(path)
S=pd.DataFrame(S)
```

运行上述代码，最终可生成一组正股股价的运行路径。

3. 如何模拟可转债的转股价修正行为？对于任一条路径 path_k，可参考以下代码进行：

```
# 针对每一条路径path_k而言，计算各类日期
_tep_deal = pd.concat([path_k, strbV], axis=1)
_tep_deal.columns = ["convv", "strbv"]
_covt_day = z.items["转股期"][0]
_redp_day = z.items["回售期"][0]
if _tep_deal.index[1] < _covt_day:

# 未进转股期
path_k = _tep_deal.loc[_covt_day:, "convv"]
_path_clear = path_k[_redp_day:]<=70
_resell_id=_path_clear[_path_clear.rolling(30).sum()>=15].index[0] if
    _path_clear[_path_clear.rolling(30).sum()>=15].sum()>0 else np.nan
if type(_resell_id)==float:
return _tep_deal["convv"]
else:
#k为转股价下调幅度
k = 100/path_k[_resell_id]
terminalday = max(_tep_deal.index[-1],_resell_id + timedelta(5))
_tep_deal.loc[_resell_id:terminalday,"convv"]=_tep_deal.loc[_resell_
    id:terminalday,"convv"]* k
```

4. 进行赎回与回售的清洗。这一步有三个原则：①最后一天，收盘价小于到期赎回价的，全部按等于赎回价处理；②提前赎回，可转债价值等于平价，如149元，而后续现金流全为0；③提前回售，可转债价值等于回售价格，如101.5元。

```
#针对每一条路径path_k而言，本案例中自动读取转股期和回售期，如果没有相关来源，手动设定即可

_tep_deal = pd.concat([path_k,strbV],axis=1)
```

```
_tep_deal.columns =["convv","strbv"]
_covt_day = z.items["转股期"][0]
_redp_day = z.items["回售期"][0]

if _tep_deal.index[1] < _covt_day:
#未进转股期
path_k = _tep_deal.loc[_covt_day:,"convv"]
#单路径强制赎回判定，求赎回触发日
_path_clear = (path_k>=z.items["赎回条件"][0])
_forced_rep_id = _path_clear[_path_clear.rolling(30).sum()>=15].index[0]
    if _path_clear[_path_clear.rolling(30).sum()>=15].sum()>0 else np.nan

#单路径回售判定，求回售触发日
_path_clear = path_k[_redp_day:]<=70
_resell_id = _path_clear[_path_clear.rolling(30).sum()>=15].index[0] if
    _path_clear[_path_clear.rolling(30).sum()>=15].sum()>0 else np.nan
```

求出两个触发日后，按前文提到的原则对全路径进行调整即可。经过上述步骤，最终目的在于得到一个已经清洗过的 DataFrame，再进行后续计算。

5. 执行 LSM 中的最小二乘迭代过程。需要注意的是，在进行该过程前先要写一个执行 OLS 的函数，例如 OLS_Method（x，y），输入自变量矩阵 x 和因变量向量 y，即可得到回归结果。其余部分中最重要的就是倒推与迭代，参考代码如下：

```
#仍然准备一个储存OLS结果的数据框
_OLS_RESULTS_MATRIX = pd.DataFrame()

#初始化，每次迭代基于清洗好的股价运行路径矩阵
_Iter_OLS = S
_Iter_OLS.iloc[-1, :] = _Iter_OLS.iloc[-1,:].mask(_Iter_OLS.iloc[-
    1,:]<z.items.到期赎回价[0],z.items.到期赎回价[0])

#从最后一天开始向前推算，得到每天的可转债价值
for i in range(len(_Iter_OLS))[-1:1:-1]:
_OLS_MATRIX=pd.concat([_OLS_RESULTS_MATRIX.iloc[:,-1]*exp(-r*dt),_
    Iter_OLS.iloc[i-1,:].T],axis=1,sort=False)
#V是可转债价值，即因变量Y；Conv、Conv2是可转债平价及其平方，即自变量X与X2
_OLS_MATRIX.columns = ["V","Conv"]
_OLS_MATRIX["Conv2"] = _OLS_MATRIX["Conv"]**2
#对每一天执行OLS，得到结果
_func_dict = OLS_Method(_OLS_MATRIX[["Conv","Conv2"]],_OLS_MATRIX["V"])
```

建议用"内部函数和全局变量"来储存每次的回归结果，例如：

```
def _ols_func(convv):
return_func_dict["cons"]+_func_dict["coeffcient"][1]*convv+func_
    dict["coeffcient"][2]*(convv**2)
```

6. 计算每个时点的可转债价值，取 _OLS_MATRIX 最后一列的平均值即可得到 LSM 模型下的可转债价值。

```
#下面的代码是用以比较OLS估计的结果与可转债平价,从而得出每个时点下的可转债价值

_OLS_MATRIX["RST_OLS"] = _ols_func(_Iter_OLS.iloc[i-1,:])

_OLS_MATRIX["COMPARED_VALUE"]=_OLS_MATRIX[["RST_OLS","Conv"]].
    max(axis=1)

_OLS_RESULTS_MATRIX=pd.concat([_OLS_RESULTS_MATRIX,_OLS_MATRIX["COMPARED_
    VALUE"]],axis=1)

print("本次LSM结果: ","转债理论估值为",_OLS_RESULTS_MATRIX.iloc[:,-1].
    mean(),"元。")
```

推荐阅读

宏观金融经典

这次不一样：八百年金融危机史	[美] 卡门·M.莱因哈特（Carmen M. Reinhart） 肯尼斯·S.罗格夫（Kenneth S. Rogoff）
布雷顿森林货币战：美元如何通知世界	[美] 本·斯泰尔（Benn Steil）
套利危机与金融新秩序：利率交易崛起	[美] 蒂姆·李(Tim Lee) 等
货币变局：洞悉国际强势货币交替	[美] 巴里·艾肯格林（Barry Eichengreen）等
金融的权力：银行家创造的国际货币格局	[美] 诺米·普林斯(Nomi)
两位经济学家的世纪论战（萨缪尔森与弗里德曼的世纪论战）	[美] 尼古拉斯·韦普肖特（Nicholas Wapshott）
亿万：围剿华尔街大白鲨（对冲之王史蒂芬·科恩）	[美] 茜拉·科尔哈特卡（Sheelah Kolhatkar）
资本全球化：一部国际货币体系史（原书第3版）	[美] 巴里·埃森格林（Barry Eichengreen）
华尔街投行百年史	[美] 查尔斯R.盖斯特（Charles R. Geisst）

微观估值经典

估值：难点、解决方案及相关案例（达摩达兰估值经典全书）	[美] 阿斯瓦斯·达莫达兰（Aswath Damodaran）
新手学估值：股票投资五步分析法 （霍华德马克思推荐，价值投资第一本书）	[美] 乔舒亚·珀尔（Joshua Pearl）等
巴菲特的估值逻辑：20个投资案例深入复盘	[美] 陆晔飞（Yefei Lu）
估值的艺术：110个解读案例	[美] 尼古拉斯·斯密德林（Nicolas, Schmidlin）
并购估值：构建和衡量非上市公司价值（原书第3版）	[美] 克里斯 M.梅林（Chris M. Mellen） 弗兰克 C.埃文斯（Frank C. Evans）
华尔街证券分析：股票分析与公司估值（原书第2版）	[美] 杰弗里 C.胡克（Jeffrey C.Hooke）
股权估值：原理、方法与案例（原书第3版）	[美] 杰拉尔德 E.平托(Jerald E. Pinto) 等
估值技术（从格雷厄姆到达莫达兰过去50年最被认可的估值技术梳理）	[美] 大卫 T. 拉拉比（David T. Larrabee）等
无形资产估值：发现企业价值洼地	[美] 卡尔 L. 希勒（Carl L. Sheeler）
股权估值综合实践：产业投资、私募股权、上市公司估值实践综合指南 （原书第3版）	[美] Z.克里斯托弗·默瑟（Z.Christopher Mercer） 特拉维斯·W. 哈姆斯（Travis W. Harms）
预期投资：未来投资机会分析与估值方法	[美] 迈克尔·J.莫布森(Michael J.Mauboussin) 艾尔弗雷德·拉帕波特(Alfred Rappaport)
投资银行：估值与实践	[德] 简·菲比希（Jan Viebig）等
医疗行业估值	郑华 涂宏钢
医药行业估值	郑华 涂宏钢

债市投资必读

债券投资实战（复盘真实债券投资案例，勾勒中国债市全景）	龙红亮（公众号"债市夜谭"号主）
债券投资实战2：交易策略、投组管理和绩效分析	龙红亮（公众号"债市夜谭"号主）
信用债投资分析与实战（真实的行业透视 实用的打分模型）	刘婕（基金"嘎姐投资日记"创设人）
分析 应对 交易（债市交易技术与心理，笔记哥王健的投资笔记）	王健（基金经理）
美元债投资实战（一本书入门中资美元债，八位知名经济学家推荐）	王龙（大湾区金融协会主席）
固定收益证券分析（CFA考试推荐参考教材）	[美] 芭芭拉S.佩蒂特（Barbara S.Petitt）等
固定收益证券（固收名家塔克曼经典著作）	[美] 布鲁斯·塔克曼(Bruce Tuckman) 等

推荐阅读

A股投资必读	（金融专家，券商首席，中国优秀证券分析师团队，金麒麟、新财富等各项分析师评选获得者）
亲历与思考：记录中国资本市场30年	聂庆平（证金公司总经理）
策略投资：从方法论到进化论	戴 康 等（广发证券首席策略分析师）
投资核心资产：在股市长牛中实现超额收益	王德伦 等（兴业证券首席策略分析师）
王剑讲银行业	王 剑（国信证券金融业首席分析师）
荀玉根讲策略	荀玉根（海通证券首席经济学家兼首席策略分析师）
吴劲草讲消费业	吴劲草（东吴证券消费零售行业首席分析师）
牛市简史：A股五次大牛市的运行逻辑	王德伦 等（兴业证券首席策略分析师）
长牛：新时代股市运行逻辑	王德伦 等（兴业证券首席策略分析师）
预见未来：双循环与新动能	邵 宇（东方证券首席经济学家）
CFA协会投资系列	全球金融第一考，CFA协会与wiley出版社共同推出，按照考试科目讲解CFA知识体系，考生重要参考书
股权估值：原理、方法与案例（原书第4版）	[美]杰拉尔德 E.平托（Jerald E. Pinto）
国际财务报表分析（原书第4版）	[美]托马斯 R.罗宾逊（Thomas R. Robinson）
量化投资分析（原书第4版）	[美]理查德 A.德弗斯科（Richard A.DeFusco）等
固定收益证券：现代市场工具（原书第4版）	[美]芭芭拉 S.佩蒂特（Barbara S.Petitt）
公司金融：经济学基础与金融建模（原书第3版）	[美]米歇尔 R. 克莱曼（Michelle R. Clayman）
估值技术（从格雷厄姆到达莫达兰过去50年最被认可的估值技术梳理）	[美]大卫 T. 拉拉比（David T. Larrabee）等
私人财富管理	[美]斯蒂芬 M. 霍兰（Stephen M. Horan）
新财富管理	[美]哈罗德·埃文斯基（Harol Evensky）等
投资决策经济学：微观、宏观与国际经济学	[美]克里斯托弗 D.派若斯(Christopher D.Piros)等
投资学	[美]哈罗德·埃文斯基（Harol Evensky）等
金融投资经典	
竞争优势：透视企业护城河	[美]布鲁斯·格林沃尔德（Bruce Greenwald）
漫步华尔街	[美]伯顿·G.马尔基尔（Burton G. Malkiel）
行为金融与投资心理学	[美]约翰 R. 诺夫辛格（John R.Nofsinger）
消费金融真经	[美]戴维·劳伦斯(David Lawrence)等
智能贝塔与因子投资实战	[美]哈立德·加尤（Khalid Ghayur）等
证券投资心理学	[德]安德烈·科斯托拉尼（André Kostolany）
金钱传奇：科斯托拉尼的投资哲学	[德]安德烈·科斯托拉尼（André Kostolany）
证券投资课	[德]安德烈·科斯托拉尼（André Kostolany）
证券投机的艺术	[德]安德烈·科斯托拉尼（André Kostolany）
投资中最常犯的错：不可不知的投资心理与认知偏差误区	[英]约阿希姆·克莱门特（Joachim Klement）
投资尽职调查：安全投资第一课	[美]肯尼思·斯普林格（Kenneth S. Springer）等
格雷厄姆精选集：演说、文章及纽约金融学院讲义实录	[美]珍妮特·洛（Janet Lowe）
投资成长股：罗·普莱斯投资之道	[美]科尼利厄斯·C.邦德（Cornelius C. Bond）
换位决策：建立克服偏见的投资决策系统	[美]谢丽尔·斯特劳斯·艾因霍恩（Cheryl Strauss Einhorn）
精明的投资者	[美]H.肯特·贝克(H.Kent Baker)等